W0252222

ÉLOGE DE LA POLITIQUE

Sous la direction de
VINCENT TRÉMOLET DE VILLERS

ÉLOGE DE LA POLITIQUE

Tallandier/*Le Figaro*

© Éditions Tallandier/*Le Figaro*, 2020
48, rue du Faubourg-Montmartre – 75009
www.tallandier.com

Introduction

Vincent Trémolet de Villers

La philosophie n'est pas un ornement ; les idées ne sont pas un luxe. On a beau les mettre sous vide pour les nécessités du discours politique, les tordre par idéologie, les réduire à 280 signes, jouer avec comme un jongleur fait tourner ses balles, les évacuer au nom d'une inaccessible complexité du réel ou d'une paresse qui s'habille d'évidences, elles continuent malgré tout de façonner les êtres et les sociétés. Ce n'est pas seulement Aristote qui perce dans les victoires d'Alexandre le Grand, Rousseau dans les discours de Danton, Marx dans les décisions de Lénine. C'est Foucault qui inspire le triomphe des marges, Habermas le progressisme de Macron. Les peuples eux aussi suivent des idées qui les précèdent et qui parfois leur échappent. C'est irrésistible. Mussolini l'avait compris : « Nous devons empêcher ce cerveau de fonctionner pendant vingt ans », aurait-il dit au sujet de Gramsci. Peine perdue. C'est en prison que l'intellectuel communiste développera ses concepts et notamment celui d'« hégémonie culturelle ». Lui aussi était convaincu que les idées l'emportent avant la politique. Le spectacle souvent désolant que nous donne la vie publique peut légitimement nous en faire douter. Quand cinq citations (cardinal de Retz,

Charles Péguy, Albert Camus, René Char, Aimé Césaire) font un bagage, quand une génération qui a profité de la culture générale dispensée dans les grandes écoles décide de la supprimer, quand la langue est démantibulée dans les discours comme sur les plateaux de télévision, quand la compulsion semble partout prendre le pas, quand les débats se transforment en divertissement de masse, que les présidents tweetent et les stars de la télé se rêvent en président, le scepticisme le plus radical s'installe dans les esprits. Il ne reste que la dérision mécanique, le ricanement dépressif.

Au fond, nous ne trouvons plus les mots. Ils sont tous à notre disposition, mais nous ne parvenons plus à les agencer pour nous relier au texte qui s'écrit depuis des millénaires. Ce dialogue qui traverse le temps, les espaces, les peuples. Cette longue phrase où se répondent le père et le fils, la guerre et la paix, l'amour, l'amitié, les amis, les bêtes, les rivières et les arbres, les mers et les étoiles, la sève et les tombeaux. La cité. Tout cela subsiste mais les liens se distendent. Les morceaux du miroir brillent sur le sol mais leur reflet est fragile : il faudra tout recoller. Est-ce pourtant le silence qui a succédé à la sociabilité ? Il n'y a plus de silence. Le bavardage contemporain nous casse les oreilles du petit matin jusqu'à une heure avancée de la nuit. Le bruit du monde ne s'éteint plus : même quand vous n'entendez plus rien, le murmure numérique continue son babil sur téléphone. Le monologue des algorithmes nous alerte sans cesse. Ses artifices ne compensent plus nos solitudes, ils les renforcent. Le flux nous emporte comme l'eau d'un torrent : il faudrait être un athlète pour lui résister. Les athlètes sont rares alors nous cédons et nous parlons tout le temps mais nous parlons tout seuls. L'homme n'est plus un animal social, un animal politique. C'est un animal numérique. Nouvelle matrice de notre enfermement, la machine n'est pas seule coupable. Elle catalyse et reflète dans la splendeur de ses écrans la pixellisation de nos liens, de nos attachements, de nos rapports les plus élémentaires. Les bistrots ferment, comme les kiosques et les librairies. Usines, ateliers, petits commerces se volatilisent. Les permanences des partis politiques s'empoussièrent. Quand les cloches sonnent, les voisins rouspètent ; les parvis des églises se dégarnissent comme les cheveux du crâne d'un vieux curé. L'âme humaine s'atrophie à mesure que tout cela disparaît. Elle cherche désespérément, dans ce désert sans beauté, comment étancher sa soif. Enterrée, détournée, polluée, la source cependant coule toujours.

« Ce sont les paroles les moins tapageuses, écrivait Nietzsche, qui suscitent la tempête et les pensées qui mènent le monde viennent sur des pattes de colombe. » Ces paroles, ces pensées exigent l'étude, la rumination. Elles se répondent de siècle en siècle, alternant harmonies et dissonances. Deux mille cinq cents ans séparent Platon (avec lequel commence cet ouvrage) et Allan Bloom (qui le clôt) mais leurs voix se croisent et se répondent. Malgré le brouhaha, il est une confrérie qui poursuit sa discussion. Elle le fait avec exigence et grâce. C'est la première impression qui frappe à la lecture de cette grande traversée dans l'histoire de la philosophie politique : il y a une musique des idées. Bien que traduite du grec, du latin, de l'italien, de l'anglais, de l'allemand, la langue se déploie dans sa justesse et sa précision. Le mot, le concept juste comme la note sur la portée donnent à l'esprit un plaisir rare : celui de l'adéquation entre le corps et l'esprit, de la clarté après le chaos, de l'apaisement après l'inquiétude. C'est pour maintenir cette unité qu'avec François Huguenin (qui a eu l'heureuse idée de cet ouvrage) nous avons voulu confier le soin d'expliquer, de mettre en perspective les grands textes de l'histoire des idées à des auteurs qui ajoutent à leur profonde connaissance du sujet l'art d'écrire.

On réduit à tort les idées à des abstractions. Par les mots qui les expriment, elles sont souvent pour l'âme ce que serait une caresse pour le corps. C'est le grand secret de la vie de l'esprit : elle est le propre des contemplatifs, des sensuels. Les idées ne privent pas ceux qui s'emploient à les comprendre des délicatesses de l'existence, elles leur en font goûter le nectar. Les poètes, les philosophes, les mystiques sont des jouisseurs. Mais la philosophie n'est pas un plaisir solitaire. C'est la confrontation des idées, des impressions, des doutes qui lui permet d'éclore. Comment poursuivre ce dialogue quand une génération pousse sur un terreau éducatif, social, médiatique, numérique si pauvre qu'il favorise les idéologies les plus sommaires ? Bien qu'elles se combattent sans cesse, elles partagent le même mépris pour le doute. Dans ce qu'il reste de l'arène intellectuelle, il en va de même : l'affrontement est plus proche de la guerre civile que de la conversation civique. La culture apparaît désormais comme la marque d'une aliénation à un système impitoyable avec les minorités, les victimes de l'Histoire. L'anachronisme retourne, dévaste des champs entiers de l'art, de la littérature, de la philosophie occidentale pour les purifier de mauvaises herbes qui pourraient y pousser. La démolition remplace l'admiration. Des bataillons d'universitaires ont abandonné la fréquentation intime des chefs-d'œuvre de la pensée pour se concentrer sur un lamentable tri sélectif : à ma gauche le bon grain du progrès illimité, à ma droite l'ivraie des attachements. Personne ne pose des bâtons de dynamite autour de bouddhas géants mais des géants de la pensée et de l'art sont renvoyés à la cave. De maisons d'édition en universités, l'impératif inclusif exclut à tour de bras. Aux États-Unis, le *safe space*, ce lieu où l'on est certain de ne pas être « blessé » dans sa condition comme dans ses convictions, remplace le dialogue et la controverse. « Toute langue est fasciste », écrivait Roland Barthes. Pour nos « inclusifs », toute pensée fondée sur un héritage intellectuel, une filiation, l'est aussi. Entendons-nous : la longue frise de la pensée occidentale n'est pas une ligne claire. Elle contient mille nuances, ruptures, contradictions, même, mais elle reste intelligible par tous ceux qui l'ont composée. Elle repose sur une généalogie d'inquiétudes, d'admirations et de révoltes qui malgré les divisions profondes lui donne son unité. Pourquoi ? Parce qu'une exigence commune hante tous ces penseurs : la recherche de la vérité. Pour eux, la vérité n'est pas un gourdin dont on s'empare pour frapper le contradicteur mais l'objet de la recherche de toute une vie – peut-être, plus encore, le seul véritable intérêt de l'existence. C'est le miracle de la pensée : elle ne mène pas un troupeau à la vérité, mais guide chaque homme dans la transhumance de l'esprit. Elle « sculpte » secrètement, selon le beau mot de Gustave Thibon, « les silences de l'âme ». Rendre à ceux qui le connaissent, faire découvrir à ceux qui l'ignorent ce trésor, c'est l'objet de cet ouvrage.

Reconnaissons-le : il est profondément intimidant d'établir ainsi en un volume, quand il faudrait la plus belle des bibliothèques, une petite histoire de la philosophie politique. Par quelle prétention s'autorise-t-on à choisir vingt textes au milieu de centaines de chefs-d'œuvre ? Pourquoi oublier Épictète, Sénèque, Marc Aurèle, Thomas d'Aquin, Descartes, Pascal, Hegel, Engels, Maurras, Sartre, Merleau-Ponty et beaucoup d'autres encore ? Pourquoi choisir *La République* chez Platon, *Le Prince* chez Machiavel, *L'Ancien Régime et la Révolution* chez Tocqueville, le *Manifeste du Parti com-*

muniste chez Marx ? Tout choix est discutable et le nôtre peut être légitimement critiqué. Il est fondé cependant sur un double désir : sélectionner des textes qui éclairent notre temps, donner un panorama imparfait mais le plus juste possible de l'ample paysage de la philosophie politique. Pour que nous ayons accès à ces grands textes, il nous fallait réunir une compagnie d'écrivains, de philosophes, de professeurs, de journalistes capables de nous hisser à la hauteur d'une pensée sans la dégrader mais sans, non plus, décourager le lecteur dans son ascension. Notre requête était exigeante : offrir au connaisseur comme au néophyte l'histoire d'un chef-d'œuvre, expliquer son contenu, montrer en quoi il éclaire le monde contemporain. Tous ont apporté un soin remarquable à ce travail. Ce souci pédagogique, cette élégance de l'écriture, ce scrupule de vérité distinguent nos plumes. Jamais cuistres, obscurs, jargonnants, ne cédant pas non plus aux facilités, ils ont tous appliqué le principe d'Anatole France qui définissait ainsi le grand style : « Être clair, être clair, être clair. » Chacun de leurs chapitres témoigne de leur grande délicatesse pour le lecteur. Nous ne sommes pas peu fier, avouons-le simplement, de cette pléiade. Voici *La République* de Platon magnifiquement évoquée par François-Xavier Bellamy, *Les Politiques* d'Aristote précisément décrite par Paul-François Schira, *La Cité de Dieu* de saint Augustin campée par Jean-Marie Salamito. Guillaume Perrault nous guide, avec talent, dans la Florence de Machiavel, Maxime Tandonnet démontre l'actualité du *Léviathan* de Hobbes, Gaspard Kœnig celle de Locke, qu'il embarque brillamment dans nos débats contemporains. Suivent Montesquieu superbement peint par Philippe Raynaud, Rousseau intelligemment interprété par Mathieu Bock-Côté. Jacques de Saint Victor est comme chez lui dans le salon de M. Burke, François

Huguenin lutte avec Joseph de Maistre comme Jacob avec l'ange. Voici le subtil Benjamin Constant raconté par Lucien Jaume, Clausewitz, le soldat-philosophe, par Charles Jaigu. François Sureau, magistral, s'entretient avec M. de Tocqueville, Alexandre Devecchio livre malicieusement les prophéties de Marx, Eugénie Bastié rappelle avec bonheur que Péguy et Simone Weil sont nos contemporains. Voici enfin l'immense Hannah Arendt que nous présente Bérénice Levet, Raymond Aron restitué par Nicolas Baverez, Alexandre Soljenitsyne à Harvard avec, au premier rang, Chantal Delsol. Michel De Jaeghere clôt cette fresque par un étincelant portrait du trop méconnu Allan Bloom…

Dans la célèbre fresque de Raphaël que l'on peut contempler au Vatican, les membres de l'école d'Athènes devisent deux par deux, s'assoient sur les marches, réfléchissent, observent, apprennent. Le monde leur apparaît comme une énigme, un poème, un mystère. Leurs attitudes, leurs corps semblent obéir aux mouvements de l'esprit. Tout chez eux s'ouvre à l'intelligence. Jeunes ou vieux, gracieux ou contrefaits, ils sont beaux. La vie intérieure donne sa splendeur à la forme. C'est cette alchimie qui dévoile en l'homme son humanité.

PLATON
LA RÉPUBLIQUE
(v. 380-370 av. J.-C.)

À la recherche de la justice

François-Xavier Bellamy

Texte fondateur de la philosophie politique, La République *de Platon ne cesse d'être interrogée depuis près de vingt-cinq siècles. Dans une méditation personnelle et profonde, François-Xavier Bellamy en tire la leçon essentielle : nous devons être inlassablement des chercheurs de vérité, même si cela doit être tenu en échec par un monde qui s'arc-boute à ses illusions.*

Au milieu du XXe siècle, Alfred Whitehead affirmait que toute l'histoire de la philosophie en Europe n'était qu'une série de notes en bas des pages de l'œuvre de Platon. C'est dire combien la pensée platonicienne, née à l'aube du IVe siècle avant Jésus-Christ, a orienté de manière irréversible toute notre civilisation. Qu'ils aient partagé ou combattu la vision platonicienne, consciemment ou sans le savoir, les penseurs et les peuples européens n'ont cessé de reposer inlassablement les questions qu'il avait le premier formulées, de poursuivre les dialogues qu'il avait ouverts, et de voir le monde tel qu'il nous l'avait montré. Comme s'il était pour nous, Européens, impossible de distinguer ce monde du regard que Platon avait porté sur lui – impossible de dissocier les réalités que nous voyons de l'idéal qu'il discernait au-delà d'elles.

Car ces réalités ne sont que des reflets ; et c'est là, me semble-t-il, le grand enseignement de *La République*, à la fois chef-d'œuvre et clé de voûte de la pensée platonicienne.

À la suite de Socrate

Par où aborder un tel monument ? Ce livre, le plus long des dialogues de Platon, se divise en dix chapitres ; certains commentateurs (August Krohn par exemple) ont cru voir dans ce texte fleuve, qui semble traiter d'objets si divers, une succession de fragments ajoutés les uns aux autres par des hasards d'édition. Mais la continuité du style comme l'unité du mouvement de la pensée qui se déploie dans ce dialogue ne peuvent guère laisser de doute : il s'agit bien d'une seule œuvre, composée par un Platon parvenu au sommet de sa pensée autant qu'à une maîtrise incomparable de la dialectique et de l'écriture. En s'appuyant sur la comparaison avec d'autres textes, la plupart des spécialistes s'accordent à dater *La République* de la période de maturité de Platon, probablement entre 380 et 370.

Né en 428 à Athènes, Platon a alors une cinquantaine d'années. Sa vie a été ponctuée par quelques étapes essentielles : la plus décisive de toutes a été sa rencontre avec Socrate, en 407. Marqué par cet homme d'une condition plus modeste, le jeune aristocrate se convertit à la philosophie et se passionne pour la dialectique. Contrairement à son maître, il commence à écrire, au départ sans doute pour garder une trace des conversations que Socrate engageait avec ses concitoyens sur les grandes questions qu'il ne cessait de poser. En cette fin du Ve siècle avant Jésus-Christ, la guerre du Péloponnèse met fin à l'âge d'or de la Grèce antique ; Athènes est ébranlée par ses revers face à Sparte. Dans la crise de cette démocratie fragile prospèrent de curieux professeurs, qui règnent sur l'opinion : les sophistes se font fort, moyennant rémunération, de vous fournir les arguments nécessaires pour convaincre un auditoire de n'importe quelle idée, ou de sa contradictoire. Le premier d'entre eux, Protagoras, affirme que « l'homme est la mesure de toute chose », que chaque individu peut percevoir différemment ce qu'il considère comme vrai ou faux ; et de ce relativisme absolu, ils font l'occasion de leur commerce : puisque rien n'est juste ou injuste en soi, le langage n'est qu'un pouvoir d'influence dont on doit faire l'usage le plus profitable pour agiter les foules selon les circonstances.

L'exigence intellectuelle de Socrate le conduit à s'opposer aux sophistes, dont il gêne les affaires. En 399, deux d'entre eux lui intentent un procès, et il est condamné à mort par le tribunal des Athéniens, au prétexte qu'il corromprait la jeunesse en la poussant à s'interroger sur les dieux de la cité. Platon a alors vingt-sept ans : l'exécution du maître aura été pour lui, non seulement un deuil profond, mais une expérience brûlante de l'injustice. Il consacre au procès et à la mort de Socrate trois dialogues fondateurs, l'*Apologie de Socrate*, le *Criton* et le *Phédon*.

À L'ASSAUT DES SOPHISTES

Des années plus tard, on retrouvera encore des échos de cette épreuve de jeunesse dans les pages de *La République.* Cette longue conversation, qui aborde, nous le verrons, de très nombreux sujets, a en effet un fil rouge essentiel : il y est question de la justice. C'est d'ailleurs par là que commence le récit : discutant avec le vieux Céphale et son fils Polémarque, Socrate, comme toujours personnage principal du dialogue, se demande ce qu'est cette vertu qui permet à l'homme juste de « vivre en accord avec lui-même ».

Une première définition voudrait que la justice consiste à donner à chacun ce qui lui revient, et ainsi à faire du bien aux bons, et du mal aux méchants. Pourtant, objecte Socrate, on ne rend pas le méchant meilleur en cherchant à lui nuire : si la vertu est ce qui améliore l'homme, alors le juste doit faire du bien à ses ennemis comme à ses amis, sans quoi la justice ne serait pas une vertu. C'est alors que Thrasymaque, qui écoutait la conversation, fait irruption dans le dialogue avec fougue. Polémarque est trop jeune pour critiquer le cheminement de la pensée imposé par Socrate ; il faut pourtant, dit-il, dénoncer le tour qu'a pris cette discussion. Thrasymaque est un sophiste ; et c'est toute son école qu'il représente lorsqu'il affirme brutalement que ce qui est juste, c'est simplement ce qui avantage le plus fort. Pour être plus précis, rien n'est « injuste » en soi : il est toujours rationnel de faire ce dont on pourra tirer profit, si l'on est assez puissant pour cela. L'Histoire est remplie de tyrans comblés par la vie, et de modèles de vertu qui vont d'échec en échec. Il est donc juste de prendre tout ce que l'on est capable d'atteindre, et de faire du mal à ses ennemis si on en a les moyens : les grands discours moraux ne sont bien souvent qu'une manière de se féliciter de sa propre impuissance. Celui qui, quand il est frappé sur la joue droite, est trop peureux pour frapper en retour, affirme qu'il faut tendre la joue gauche ; mais s'il le pouvait, il ferait bien sûr ce qui est réellement bon – vaincre celui qui vous attaque.

Glaucon et Adimante, amis de Socrate, tentent alors de poursuivre la démonstration de Thrasymaque ; ils ne sont pas sophistes comme lui, mais acceptent de prendre son rôle pour que Socrate donne la réponse. Lequel d'entre nous serait vertueux, abondent-ils, s'il pouvait commettre l'injustice sans craindre d'être puni ? Il suffit de rappeler l'expérience du berger Gygès, dont la fable raconte qu'il avait trouvé par hasard un anneau qui rend invisible. Il utilise aussitôt ce pouvoir pour s'introduire chez la reine, la séduire, puis tuer le roi et prendre sa place. Et n'a-t-il pas raison d'agir ainsi ? Mettons-nous à sa place, par une simple expérience de pensée : qui d'entre nous serait assez stupide pour, ayant trouvé un tel anneau, ne pas profiter de l'impunité qu'il offre ? Personne n'est juste volontairement : ce que nous appelons vertu, c'est seulement l'impuissance de l'individu qui se laisse écraser par la règle commune.

La cité platonicienne

À ce point de la conversation, nous n'avons réfléchi qu'au fait de savoir si la justice est avantageuse ou non ; mais elle n'a pas encore été vraiment définie. Il est vrai que déterminer ce qu'est la justice dans une âme est difficile ; l'intériorité est impénétrable, et nous avons la vue trop basse pour voir clair en nous-mêmes. Socrate propose donc d'étudier la justice dans un cadre bien plus grand, celui de la cité : de là vient le titre même de *La République*. Mais il faudra toujours se souvenir que cette œuvre doit se lire sur plusieurs plans, et que l'extériorité politique n'y est jamais qu'une analogie de l'intériorité psychologique. Chez Platon, la cité est une métaphore de l'âme.

Comme l'âme, en effet, la cité est divisée. Trois groupes sociaux se distinguent dans la *polis*, comme trois tendances intérieures dans la *psyché* : les commerçants, et tous ceux qui font vivre l'activité économique, représentent l'*épithumia*, le désir, qui cherche à obtenir et à consommer. Les guerriers, qui protègent la cité, incarnent le *thumos* – un terme difficile à traduire, qui pourrait correspondre au cœur, le siège de la colère, de la passion, de l'enthousiasme. Enfin, les gardiens de la cité, qui la dirigent, doivent constituer le *noûs*, l'esprit, la partie raisonnable de l'âme. Dès le début de cette longue analogie avec la cité, la réflexion platonicienne montre donc combien chaque âme est complexe, partagée, faite de tensions contradictoires : le combat pour la justice n'est jamais d'abord l'opposition de soi aux autres, il est toujours pour commencer un combat intérieur, une lutte de l'âme avec elle-même.

Quant aux cités, si elles sont ainsi composées d'une pluralité de classes, c'est parce que leur complémentarité est nécessaire à la vie de la société dans son ensemble ; c'est cela qui par nature donne naissance à la *polis* : les hommes ont par nature plusieurs besoins vitaux à satisfaire – besoin de se vêtir, d'un toit pour s'abriter, d'aliments pour se nourrir, de sécurité pour se protéger des dangers… Parce qu'il est nécessaire de se répartir les tâches pour pouvoir survivre, nous nous rapprochons les uns des autres, et c'est la division du travail qui fonde ainsi la cité.

À partir de cette complémentarité, la justice consiste à attribuer « à chacun ce qui lui revient » : la cité juste est celle où chaque classe de citoyens remplit la fonction qui est la sienne, sous la direction de ceux qui ont l'intelligence pour gouverner. Par analogie, l'âme juste est celle qui attribue à chaque force intérieure sa place légitime dans nos vies – l'âme qui ne se laisse pas diriger par le désir ou la passion, mais qui met leur activité et leur énergie en action sous la domination de la raison. Cela n'a rien d'une évidence : il nous arrive bien souvent d'être dominés par la violence de nos appétits, de nos colères, sans parvenir à les maîtriser ; de même qu'il n'est jamais garanti qu'une cité se laisse gouverner par le plus sage… *La République* fait un long détour par l'examen des différentes constitutions politiques, que Platon classe en cinq types : la timocratie, l'oligarchie, la démocratie et la tyrannie sont, par ordre de décadence progressive, des régimes politiques qui confient le pouvoir à ceux qui n'ont pas l'aptitude requise pour l'exercer, conduisant ainsi la cité à sa perte. Le meilleur gouvernement, c'est le gouvernement des meilleurs – c'est-à-dire l'aristocratie, au sens étymologique du terme.

Mais qui sont ces « meilleurs » ? Il faudra nécessairement confier le gouvernement aux plus raisonnables, à ceux qui s'approchent le plus de la vérité : les philosophes, ceux qui sont « en quête de la sagesse », devront exercer le pouvoir pour dominer et canaliser les passions et les désirs qui agitent les différentes classes de la cité. Il devient donc nécessaire d'identifier ces futurs gardiens de la cité, de les former, pour pouvoir leur confier ensuite le gouvernement qu'ils assumeront avec sagesse. Le cœur de la politique, pour Platon, est donc l'éducation : par elle se prépare la possibilité d'une cité juste pour l'avenir. Et *La République* consacre donc de très longs passages, en particulier les livres II et VII, au programme pédagogique réservé à ceux que leur caractère naturel rend capables de devenir un jour des gardiens. « Veux-tu donc que nous examinions maintenant de quelle manière se formeront des hommes de ce caractère, et comment on les fera monter vers la lumière ? Cela ne sera pas, apparemment, un simple tour de palet… Il s'agira d'opérer la conversion de l'âme d'un jour aussi ténébreux que la nuit vers le jour véritable, c'est-à-dire de l'élever jusqu'à l'être ; et c'est ce que nous appellerons la vraie philosophie » (521b).

Cette « élévation » qu'est l'éducation platonicienne donne son plein sens au beau nom d'« élève ». Comment devenir philosophe, pour pouvoir un jour apporter un peu de lumière dans le chaos des opinions ? Le programme proposé par *La République* est une montée progressive vers la contemplation de la vérité, dans sa totalité et son unité. La première étape est constituée, en plus de la gymnastique nécessaire à la force du corps, par l'apprentissage de l'astronomie, de l'arithmétique et de la géométrie, que Platon révère pour le caractère immuable de leurs objets. Cette dernière est appelée dans *La République* « la science de ce qui est toujours » : aucune autre connaissance ne témoigne mieux de l'éternité des formes pures, auxquelles elle se consacre. La tradition raconte, on le sait, qu'à l'entrée de l'Académie, l'école fondée par Platon, figurait cet avertissement : « Que nul n'entre ici s'il n'est géomètre. »

Le philosophe et le poète

Se tourner vers la vérité implique en revanche de se détourner du mensonge ; et dès le début de cette réflexion pédagogique et politique, Platon alerte sur le danger que représente, pour le philosophe et pour la cité, la fréquentation de la poésie. Le terme *poïèsis* inclut toute création artistique dont le but est de raconter, de reproduire, de représenter. L'artiste qui imite la nature par la *mimésis* ne cherche pas à aller au-delà des apparences sensibles passagères pour atteindre la vérité éternelle qu'elles reflètent ; il ne cherche pas, dans la belle silhouette ou le beau soleil couchant, à s'élever jusqu'à l'*idée* même de la beauté, universelle et intemporelle. Non, il s'arrête à la surface, il s'enlise dans la matière et sa finitude, et nous entraîne avec lui dans cette séduction mortifère.

Nos filières scolaires placent aujourd'hui la philosophie parmi les disciplines « littéraires » ; mais c'est en fait un paradoxe. *La République* l'arrime au contraire solidement aux sciences mathématiques, et l'installe dans un conflit fondateur avec les arts des lettres. La poésie n'est pas seulement différente de la philosophie, elle est pour Platon son opposée absolue, et elle devient de ce fait son ennemie. La critique platonicienne de la représentation jouera un rôle essentiel dans l'histoire de l'art. Il y a de nombreux lits, explique-t-il au livre X ; mais il n'y a qu'une seule idée de lit, qui fait qu'ils sont tous appelés ainsi. Les idées qui donnent leur essence à chaque chose sont dans l'esprit de Dieu, et le philosophe cherche à les contempler pour elles-mêmes. Vient ensuite le travailleur ordinaire, l'artisan par exemple, qui doit connaître l'idée du lit lui aussi pour pouvoir guider l'effort de sa main dans la matière et fabriquer ainsi un lit particulier – sensible cette fois, non idéal, mais utile. Le peintre, lui, sans rien connaître de l'idée, se contente d'imiter l'apparence matérielle ; il peut reproduire ainsi un lit, une table, n'importe quoi d'autre – mais seulement dans leur superficie sensible, sans posséder aucune connaissance, et sans que cela ne serve à rien. On ne peut dormir dans un lit en peinture, pas plus que se rassasier du récit d'un banquet. « Ce que l'artiste fait n'a pas de réalité » (596e).

La poésie n'est pas seulement superflue, elle est nuisible : quand la philosophie nous élève vers les idées, l'œuvre d'art nous détourne d'elles pour nous attirer au contraire vers les apparences sensibles, dont il faudrait apprendre à se détacher. L'artiste n'a aucune connaissance de l'essence des choses – sans quoi il serait philosophe, ou au moins artisan pour produire des objets utiles… C'est par ignorance qu'il s'attache aux apparences, et qu'il nous y attache ensuite par la séduction de ses œuvres. Car elles sont séduisantes, en effet ; et c'est par là qu'elles sont dangereuses. Les poètes ne sont-ils pas capables de nous persuader par leur chant des opinions les plus contradictoires ? Ils ne convainquent pas par la raison, ils nous entraînent dans leur royaume d'apparence. Qui veut chercher la vérité doit commencer par l'aridité logique des mathématiques, et rompre avec la volupté troublante des Muses. C'est, pour l'Athénien du IVe siècle qu'est Platon, un divorce douloureux, et pourtant nécessaire. « Nous ferons comme ceux qui se sont aimés, mais qui, ayant reconnu que leur amour n'était point profitable, s'en détachent – par force certes, mais s'en détachent pourtant. Nous aussi, par un effet de l'amour qu'a fait naître en nous pour une telle poésie l'éducation de nos belles cités, […] nous l'écouterons en nous répétant, comme une incantation qui nous prémunisse contre elle, ces raisons que nous venons d'énoncer, craignant de retomber dans cet amour d'enfance qui est encore celui de la plupart des hommes. Nous nous répéterons donc qu'il ne faut point prendre au sérieux une telle poésie, comme si, sérieuse elle-même, elle touchait à la vérité, mais qu'il faut, en l'écoutant, se tenir sur ses gardes, si l'on craint pour le gouvernement de son âme, et enfin observer comme loi tout ce que nous avons dit sur la poésie. [...] Car c'est un grand combat, ami Glaucon, oui, plus grand qu'on ne pense, que celui où il s'agit de devenir bon ou méchant ; aussi, ni la gloire, ni la richesse, ni les dignités, ni même la poésie ne méritent que nous nous laissions porter à négliger la justice et les autres vertus. »

Le gouvernement de la raison

Rien ne saurait être épargné, on le voit, pour donner à la raison le gouvernement de nos vies, comme de nos cités ; et c'est pourquoi il faut chasser les poètes des unes comme des autres, quoi que cela puisse nous coûter. L'artiste qui crée des mythes n'a pas droit de cité dans une *République* fondée sur la recherche de la vérité. *Mythos* contre *logos*, mensonge contre raison. Mais Platon l'idéaliste doit assumer au moins un détour presque machiavélien... Si la petite minorité des philosophes doit gouverner, c'est parce que la majorité du peuple n'est pas raisonnable. Colères, appétits, voilà, nous l'avons dit, ce qui anime les classes populaires. C'est pour cela que la sagesse doit dominer ; mais comment la folie acceptera-t-elle que la sagesse gouverne ? Si elle l'acceptait, elle serait raisonnable – et ce serait le signe qu'elle n'aurait pas besoin d'être gouvernée... Ce qui rend nécessaire le règne des philosophes, c'est ce qui le rend impossible : l'irrationalité de l'opinion commune. Voilà pourquoi, puisqu'on ne convaincra pas la folie par de bonnes raisons (sans quoi elle ne serait pas folie), il conviendra de lui raconter... un mythe. Le mensonge est décrit par Platon comme un *pharmakon* indispensable à la cité idéale : *pharmakon*, c'est-à-dire un remède – dont chacun sait qu'il peut être aussi un poison, selon la manière dont on l'emploie. Le mot grec exprime les deux sens du terme : ce qui tue, et ce qui sauve. Il faut bannir ceux qui aiment le mythe ; mais il faut que le philosophe qui combat le mensonge sache pourtant en user autant que nécessaire. Pour faire accepter à des fous que les plus sages les dirigent, on racontera ainsi aux foules un « beau mensonge », un mythe selon lequel les hommes sont de trois races, de bronze, d'argent et d'or – la race d'or, destinée à régner, étant celle des philosophes. (L'expression de « philosophe-roi » n'est pas présente dans l'œuvre même de Platon ; mais elle dérive bien de cette position aristocratique, nécessaire en raison mais rendue efficace par le mythe d'une antériorité fictive.) Ainsi, la politique la plus idéaliste ne saurait survivre par la seule et unique passion de la vérité ; même au philosophe, il faut des mensonges pour s'assurer du pouvoir…

Cela ne saurait toujours suffire, et rien ne dit que la cité laissera les meilleurs à sa tête. C'est tout le sens de la prodigieuse allégorie de la caverne, victime de la notoriété générale que lui a donnée la grande tradition des cours de terminale, et qu'ainsi chacun croit connaître sans jamais s'y replonger. Depuis la grotte où des prisonniers fascinés observent les ombres qui défilent sur la paroi, en croyant voir toute la réalité existante, l'un d'entre eux échappe à ses fers. Toute *La République*, et tout le platonisme, se condense dans l'aventure de cet affranchi solitaire qui s'élève peu à peu vers la sortie de la caverne. Ses membres sont endoloris par l'effort, ses yeux habitués à la pénombre sont éblouis, et ne discernent d'abord plus rien. La philosophie éprouve avant de combler, comme la lumière aveugle avant d'éclairer… Mais le voilà maintenant au-dehors ; il découvre que les ombres qui captivaient son esprit n'étaient que le reflet d'une réalité infiniment plus réelle, plus substantielle, plus immuable que leur projection passagère. Ce premier des évadés est bien sûr une image de Socrate lui-même, et ce récit le chant de reconnaissance du vieux Platon au maître de sa jeunesse. Voilà le philosophe parvenu à la contemplation, non des ombres superficielles que sont les apparences sensibles, mais de ce qui les cause – les idées qui peuplent le réel, et le soleil même de la vérité. Comblés par cette révélation, resterons-nous avec lui à goûter cet émerveillement infini ?

Libérer l'homme de ses illusions

Non, car un autre devoir nous appelle : celui de redescendre vers nos frères humains toujours prisonniers de leurs illusions, pour prendre leur tête et les conduire à la liberté. C'est une constante chez Platon : le meilleur des gouvernants pour la cité est celui qui ne désire pas le pouvoir, celui que la vie contemplative suffisait à combler. Et nous savons, en mettant le philosophe devant son devoir politique, que nous le condamnons au malheur… Il faut pourtant redescendre. Socrate, pour avoir exploré le ciel des idées, ne s'est pas désintéressé des malheurs d'Athènes. Dût-il risquer sa vie en tentant de réveiller ses compatriotes dont l'esprit s'était endormi… L'allégorie de la caverne, on l'oublie trop souvent, s'achève par un meurtre : alors qu'il tente de défaire les liens de ses anciens camarades d'infortune, l'évadé ne parvient pas à les arracher au spectacle des ombres dont ils font commerce entre eux, et ils finissent par le tuer. Sophistes et poètes ont trop intérêt à ne pas sortir du monde des illusions dans lequel ils prospèrent sans partage…

Aucune cité n'est parfaite, et Platon sait bien que sa république pourrait bien ne jamais advenir. Mais ce n'est pas là l'essentiel ; ce que nous aurons découvert en chemin, c'est que la vie bonne, la vie selon la justice mérite d'être vécue, pour ce qu'elle offre de joie intérieure bien plus que de succès extérieurs. J'ai toujours été touché par ces lignes souvent méconnues de l'œuvre, parce qu'elles tranchent tellement avec le projet triomphant de la cité idéale : gardant l'écho des crises que vivait Platon, elles parlent bien mieux à nos temps troublés… « Parmi ce petit nombre, celui qui est devenu philosophe et a goûté la douceur et la félicité que procure la possession de la sagesse, qui a bien vu la folie de la multitude et qu'il n'est pour ainsi dire personne qui fasse rien de sensé dans le domaine des affaires publiques, celui qui sait qu'il n'a point d'allié avec qui il pourrait se porter au secours de la justice sans se perdre, mais qu'au contraire, comme un homme tombé au milieu de bêtes féroces, se refusant à participer à leurs crimes et par ailleurs incapable de résister seul à ces êtres sauvages, il périrait avant d'avoir servi sa patrie et ses amis, inutile à lui-même et aux autres : pénétré de ces réflexions, il se tient en repos et s'occupe de ses propres affaires – semblable au voyageur qui, pendant un orage, alors que le vent soulève des tourbillons de poussière et de pluie, s'abrite derrière un petit mur, il voit les autres souillés d'iniquités, et il est heureux s'il peut vivre sa vie d'ici-bas pur lui-même d'injustice et d'actions impies, et la quitter, souriant et tranquille, avec une belle espérance » (496e).

Le choix inconditionnel de la vertu

Cette immense œuvre de Platon, on le voit, peut se lire en permanence selon plusieurs dimensions – comme un texte politique, pédagogique, éthique, et finalement comme une proposition métaphysique décisive. Ce que nous aurons découvert dans *La République*, ce n'est pas seulement un projet de gouvernement, c'est une « conversion du regard » que nous portons sur le réel, et c'est un principe de vie. Thrasymaque avait tort : l'injustice n'est jamais enviable. Dans le combat intérieur auquel se livrent les parties de notre âme, l'esprit doit finir par vaincre pour que nous puissions nous affranchir de ce qui nous abaisse, et pour nous élever ainsi, au-delà des évidences sensibles, vers la contemplation de ce qui seul peut nous combler : l'éternité du vrai. Mieux vaut la vertu intérieure, même tenue en échec par la médiocrité du monde, que les conquêtes déprimées d'une avidité jamais satisfaite. Mieux vaut être Socrate tué par la foule, que cette foule que rien n'a fait vivre. Toute la civilisation européenne découle de cette affirmation inouïe. Avant que le procès du Christ ne réponde au procès de Socrate, *La République* constitue déjà le pari décisif qui la fonde : on peut miser toute sa vie sur l'affirmation que « l'essentiel de l'être » est au-delà de l'éphémère expérience sensible, au-delà de l'illusoire évidence de la matière, au-delà de l'apparent désordre établi de l'injustice triomphante. La vie vraiment vécue commence quand nous nous évadons de tout calcul terrestre pour le choix inconditionnel de la vertu. « Ainsi, nous pourrons être amis avec nous-mêmes comme avec les dieux, pendant notre séjour ici, et lorsque nous aurons remporté les prix de la justice, comme les vainqueurs qui passent aux jeux dans l'assemblée pour être comblés de ses présents. Et nous serons heureux ici-bas et au cours de ce voyage de mille ans que nous venons de raconter. »

Bibliographie sélective

Bloom, Allan, *La Cité et son ombre. Essai sur* La République *de Platon*, trad. par Étienne Helmer, Paris, Le Félin, 2006.

Platon, *La République*, introduction et traduction par Georges Leroux, Paris, Garnier Flammarion, 2016.

Pradeau, Jean-François, *La Communauté des affections. Études sur la pensée éthique et politique de Platon*, Paris, Vrin, 2008.

Robin, Léon, *Platon*, Paris, PUF, 2009 (1re éd. 1935).

ARISTOTE
LES POLITIQUES
(IVe siècle av. J.-C.)

L'homme est un animal politique

Paul-François Schira

À la suite de Platon, Aristote s'interroge sur le fondement de la politique. Paul-François Schira montre la magistrale logique de cette pensée : l'homme est un animal politique et la cité permet l'expression la plus aboutie de son humanité en le guidant à la recherche d'un ordre juste, que l'individualisme et les idéologies ont oublié dans leur persistance à considérer les communautés politiques comme autant de freins à l'émancipation de l'homme.

Quelle est la place de l'activité politique chez l'homme, et, réciproquement, quelle est la place de l'homme, du citoyen, dans la vie politique ? Voilà la double question fondamentale à laquelle Aristote, dans un ouvrage fragmentaire tiré de ses leçons prononcées au Lycée, école philosophique qu'il a fondée non loin de l'Acropole, propose des réponses qui semblent aujourd'hui encore d'une actualité remarquable, à l'heure où la politique se réduit bien souvent à la vacuité d'un exercice de communication doublé d'un rituel électoral répétitif.

Que le lecteur ne s'égare pas : il ne trouvera pas dans les enseignements d'Aristote les réponses à toutes les interrogations que notre monde agité lui enjoint de se poser. Il n'est pas question, dans cette œuvre fondatrice, d'y lire une recette de la cité idéale – exercice auquel s'est prêté Platon, son maître – ni de la constitution parfaite. Qu'est-ce que l'intérêt général ? Selon quelle ligne doit s'opérer le juste partage des richesses ? Comment répartir le pouvoir ? Libéralisme ou socialisme ? Mondialisation ou protectionnisme ? Progressisme ou conservatisme ? Autant de préoccupations contemporaines sur lesquelles Aristote reste, dans l'enseignement qui nous est parvenu, silencieux.

Mais il n'est pas besoin d'anachronismes grossiers pour pouvoir, malgré tout, profiter encore de nos jours de sa pensée.

Aristote est le grand penseur du « nous ». Il a, plus que n'importe qui, défendu la particularité de l'activité politique parmi toutes les autres activités humaines. Né en 384 avant Jésus-Christ, disciple de Platon dont il fut l'élève à l'Académie, il consacre la *politeia*, la cité, comme la forme la plus achevée de la vie collective, le point d'orgue d'une civilisation raffinée.

Pourtant, Aristote décrit et étudie cette forme politique au moment même où son modèle disparaît de l'histoire hellénique. L'âge d'or d'Athènes et de Sparte s'éteint à mesure que l'Empire macédonien s'étend. Aristote, lui-même macédonien, deviendra d'ailleurs précepteur d'Alexandre le Grand – le fossoyeur de l'indépendance politique des cités grecques. L'époque n'est plus aux cités mais aux empires éphémères dégénérant en royaumes anarchiques, et le barycentre de la vie politique occidentale, à la recherche de stabilité, bascule progressivement d'Athènes vers Rome au cours du siècle suivant.

C'est peut-être précisément parce qu'il constate la disparition de ce qu'il considérait comme l'apogée de la civilisation hellénique qu'Aristote prend la peine d'en fixer pour l'avenir ses grands principes. Sa démarche nous invite, encore aujourd'hui, à procéder au libre examen des fondements de nos modes de vie collectifs. Elle nous enseigne que la politique n'est pas seulement l'exercice du pouvoir, mais avant tout la conscience de cet exercice. Elle signifie donc que la politique est l'apanage de l'homme libre, qui ne le subit plus comme une fatalité, et qu'elle est consubstantielle à la définition même de son humanité. Ce qu'Aristote ramasse en une seule phrase : « L'homme est un animal politique. »

La cité comme cadre naturel de la vie humaine

À rebours des sophistes pour lesquels, avant nos Hobbes et Locke modernes, l'individu est le fondement premier de toute collectivité, l'atome à partir et au service duquel se construit l'ordre politique fondé sur le contrat, Aristote qualifie l'appartenance de l'homme à la cité comme « naturelle ».

Cela ne signifie pas que la forme politique en général, *a fortiori* celle de la cité en particulier, existe spontanément partout sur la terre. Aristote ne nie bien évidemment pas les peuplades *barbares*, apolitiques, organisées en tribus régies par la force. Il réserve au contraire la vie politique, et particulièrement la vie de la cité, aux hommes issus d'une civilisation raffinée, ayant, au terme d'une longue histoire, patiemment tissé entre eux les vertus civiques nécessaires à son apparition. Ce n'est donc pas tant la cité qui est universellement répandue, et donc naturelle, que l'aspiration à y vivre. D'où la nature profondément politique de l'homme : elle tient à ce que la vie politique répond à un désir naturel, c'est-à-dire universellement présent en chaque homme. La cité, elle-même forme par excellence de la vie politique, est naturelle par sa finalité, qui est de combler un besoin naturellement présent en tout homme, qu'elle seule peut combler.

Pour Aristote, une collectivité est donc « naturelle » lorsqu'elle répond à un manque spécifique qui afflige tous les hommes. Le premier manque, c'est sa mortalité : une imperfection que le couple et la procréation permettent, à la manière humaine, de combler naturellement. Le deuxième, ce sont les besoins matériels, satisfaits par le foyer, cellule naturelle de l'activité économique. Restent également les besoins spirituels, étanchés par les cérémonies religieuses, et le besoin de la paix, assurée par les habitants d'un village se groupant par instinct, ou par les villages s'associant en traités pour leur protection mutuelle.

La cité, et donc la politique dont elle est l'apogée, répond, elle, à un inachèvement naturel particulier, qu'Aristote qualifie de supérieur à tous les autres. Ce besoin, c'est le goût de chaque homme pour la justice.

Pourquoi faudrait-il une communauté particulière pour assouvir ce besoin singulier ? Car la justice ne s'exerce pas seul. Elle dépend des valeurs partagées d'une communauté, c'est-à-dire d'un échange, d'une communication. En effet, les hommes ont tous en partage la faculté de s'exprimer par le langage. Certes, le *logos* est lié à la voix, qui exprime un sentiment – douleur ou plaisir. Les animaux eux-mêmes en sont dotés. Mais le langage humain va au-delà : en plus d'*exprimer*, il a la capacité de *communiquer*. Que peut-il communiquer de si spécifique ? Le jugement. Le juste et l'injuste sont fondamentalement objets de reconnaissance. Comme l'explique Francis

Wolff, parler l'humain, ce n'est pas s'exprimer (« J'ai mal »), mais plutôt *mettre en commun*, communiquer, les valeurs du commun : « *Ceci* est mal. » L'objet du langage excède le besoin de la *signification* : il est celui de la *désignation* à quelqu'un d'autre que soi. Comme la nature a donné des ailes aux oiseaux pour voler, elle a donné aux hommes le langage *afin* qu'ils puissent désigner à d'autres l'objet du juste, et ainsi former une communauté politique qui les élèvera mutuellement.

Une fois ce besoin suprême et ultime rempli, c'est-à-dire une fois l'homme devenu citoyen, alors ce dernier se regardera comme « autarcique » : tous ses manques étant comblés, il vivra la « vie heureuse ». L'inachèvement fondamental de l'homme serait donc naturellement comblé par l'état civil, qui lui offre les conditions lui permettant d'étancher sa soif naturelle de justice. Par conséquent, « celui qui n'est pas capable d'appartenir à une communauté ou qui n'en a pas besoin parce qu'il se suffit à lui-même [...] c'est soit une bête soit un dieu ». L'homme qui se dispense de vie politique se dispense de vie éthique. C'est soit qu'il *est* lui-même la Justice – donc Dieu ; soit qu'il n'éprouve pas ce besoin de justice – donc animal.

Cette façon de réfléchir nous plonge dans la perplexité, pour nous qui, pétris de modernité, pensons souvent que « le commun ne peut surgir que comme un prolongement du particulier, seul être naturel » (Pierre Manent). La société est, pour nous modernes, fondée sur le contrat social, fruit d'un accord entre individus rationnels. Bien au contraire, Aristote considère que la communauté politique n'est pas le privé mis en commun par intérêt. Car dans un contrat social, « ni les uns ni les autres ne se soucient des qualités éthiques que leurs partenaires devraient posséder, ni ne s'efforcent d'empêcher ceux qui leur sont liés par ces conventions d'être injustes ou affligés de quelque perversité : ils font seulement en sorte de ne pas se causer mutuellement de préjudice ». Il poursuit : « Alors la loi est pure convention, et, comme l'a dit le sophiste Lycophron, elle est un garant de la justice dans les rapports mutuels, mais elle n'est pas capable de rendre les citoyens bons et justes. » Il ajoute : « La cité n'est pas une communauté de lieu, établie en vue de s'éviter les injustices mutuelles et de permettre les échanges. » La justice entre rapports individuels, le droit civil et pénal, est nécessaire mais non suffisante à la cité. Ne pas se faire de mal est un bon point de départ, mais certainement pas la finalité de la vie politique. Les dix commandements ne fondent pas une communauté civique. Celle-ci existe « en vue de vivre heureux », et non seulement « en vue de vivre ». Aristote ne fonde pas la cité sur la force des choses, le pis-aller, le mal nécessaire à la satisfaction d'un minimum de besoins individuels exigeant un socle minimal de contraintes : mais sur la fin la plus élevée, celle de la « vie bonne », qui suppose, selon lui, le souci de l'autre et le dépassement de soi.

La cité, en vue de la « vie bonne »

Quelle est donc cette « vie bonne », la fin la plus élevée qu'il revient aux hommes de poursuivre dans la cité ? Nous l'avons dit : une justice qui ne se borne pas à garantir la justesse des rapports entre individus mais qui organise les conditions d'accès au bonheur de tous. Un ordre juste *pour tous* : voilà ce qu'Aristote érige comme critère absolu de la constitution parfaite. Est-ce d'une banale et naïve évidence ? Gardons-nous de le croire.

En premier lieu, Aristote en tire des conséquences d'un réalisme inédit dans l'histoire de la pensée politique. En effet, il reprend l'habitude classique, inaugurée par Hérodote, de ranger les régimes selon qu'un seul (le roi), une partie du tout (l'élite), ou tous les membres (le peuple) de la communauté politique gouvernent. Mais il va plus loin : il estime qu'il n'y a pas lieu de hiérarchiser ces régimes, et que chacun peut, à sa manière, réaliser l'excellence politique. Refusant la construction imaginée d'un ordre social parfait, universellement réplicable, Aristote ne cherche pas la constitution excellente *en soi*, mais plutôt la constitution excellente dans chaque cité *déjà existante*, c'est-à-dire à partir de leurs réalités concrètes et historiques. Pour le dire autrement, les projets de réformes, de VIe République et autres cénacles de citoyens représentatifs de la société civile désintéresseraient Aristote, qui les regarderait comme autant de mystifications superficielles ne traduisant rien de la vertu de ceux qui, *in fine*, gouverneront.

Ainsi, lorsqu'un seul gouverne, la constitution peut être tour à tour monarchique (régime vertueux) ou tyrannique (régime perverti) ; lorsqu'une partie du tout gouverne, la constitution peut, semblablement, être vertueuse et aristocratique, ou pervertie et oligarchique ; lorsque tous gouvernent, elle est démocratique ou, à l'inverse, démagogique. L'important ne se situe donc pas tant dans le nombre de ceux qui gouvernent, c'est-à-dire dans la forme du gouvernement, mais dans la façon dont ils gouvernent, c'est-à-dire dans la finalité de ce dernier. Tout régime, quel que soit le souverain, peut gouverner pour le bien de tous ou, par perversion, pour le bien du seul gouvernant. La justesse d'un gouvernement se mesure à ce qu'il fait et non à la façon dont il est organisé. Il n'y a pas de juste *distribution* du pouvoir : il n'y a que des pouvoirs justes. Alors peut se nouer la délibération des citoyens, plutôt que le combat de chefs de factions. À l'heure où l'opposition entre peuple et élite semble si aiguë, où chaque segment de la société souhaite être *reflété* plutôt que *représenté* dans les lieux de pouvoir par la « discrimination positive », la préoccupation de l'identité de sexe ou d'origine ethnique des dirigeants n'a-t-elle pas trop gagné sur celle, plus difficile, de la finalité et du sens de leur mandat ?

En second lieu, Aristote ne nie pas les courants divergents qui traversent une société. Il ne méconnaît pas les antagonismes, théorisés dans *La République* de Platon, entre le petit nombre – les fortunés – et le grand nombre – la masse des moins fortunés. Mais il prétend que la politique ne se borne pas à la seule organisation du rapport de force entre concurrents. Il soutient qu'elle est l'exercice du pouvoir au bénéfice de l'ensemble, ce qui suppose que les prétentions de chacun à diriger soient évaluées à l'aune de critères communs reposant sur un sens partagé de la justice.

« Les uns, sous prétexte qu'ils sont inégaux d'un point de vue déterminé (par la richesse, par exemple), se croient globalement inégaux, les autres, sous prétexte qu'ils sont égaux d'un point de vue déterminé (par la liberté, par exemple), se croient globalement égaux. » Chacun réclame le pouvoir en fonction de ses caractéristiques, dans une sorte de conflit de tous contre tous. Or, Aristote l'affirme : « Aucun [parmi ces critères] n'est correct, au nom desquels certains estiment convenable que ce soient eux qui gouvernent et que tous les autres leur soient soumis. » Le pouvoir n'a pas à être réparti selon la part d'intérêts (sa liberté ou sa richesse) que chacun y apporte, au risque, sinon, d'être constamment déchiré par des conflits d'individus égoïstes réclamant leur dû. Le pouvoir politique est un instrument au service d'une communauté, qui n'est pas la somme des individus qui y participent. Entre l'individu et la cité, il n'y a pas un *continuum*, mais une rupture, un changement de nature qui la rend digne d'être aimée indépendamment de tout intéressement personnel. L'exercice de la vie politique ne peut donc se résumer à la lutte de classe, mais suppose un creuset d'où cette lutte peut être surmontée au nom de principes communs.

La cité fondée sur l'affection

Quel est ce creuset commun ? Aristote nous surprend presque, nous modernes si facilement sceptiques. Ce creuset, c'est, pour lui, cette dose d'affection amicale qui lie un citoyen à l'autre.

Si Aristote affirme que tous les régimes peuvent se valoir tant qu'ils sont exercés vertueusement, il ne se contente pas de ce qui s'apparenterait presque à un truisme. Il pousse plus loin et identifie celui des régimes qui a, *dans les faits*, le plus de chances d'être vertueux. Les Grecs appelaient « isonomie » la démocratie telle qu'on l'entend aujourd'hui, c'est-à-dire le régime de l'égalité de tous les citoyens. Aristote estime que c'est dans le cadre d'un tel régime que le gouvernement à l'avantage de tous a le plus de chances de réussir, pour deux raisons.

D'abord parce que le peuple réuni en assemblée gouverne *mieux* que l'individu seul. En effet, le tout acquiert des propriétés supérieures à celles de chacun de ses membres, fussent-ils extraordinairement doués : « Les uns jugent une partie, les autres une autre, et tous jugent du tout. » Aristote réfute ainsi Platon, chez qui seul le savant détient le pouvoir. De plus, la délibération collective a ceci de supérieur qu'elle *anime* les lois impersonnelles du savant en leur permettant de trancher les cas particuliers qu'elles n'auraient pas entrevus, sans pour autant les déprécier dans les passions individuelles.

Mais la raison principale pour laquelle la démocratie est le régime le mieux à même de gouverner à l'avantage de tous tient à l'égalité qu'elle instaure entre les citoyens. Propre à la démocratie, cette égalité favorise l'amitié civique, ce souci des autres et de ce qui les affecte. Dans la démocratie, « l'excellence du bon citoyen est de bien savoir commander et de bien savoir obéir », sachant « qu'il n'est pas possible de bien commander si l'on n'a pas bien obéi ». Par conséquent, chacun a sa place dans la prise de décision. Car sinon, « comment des gens qui ne participent pas au pouvoir politique seraient-ils susceptibles de sympathie pour la constitution en place ? ». Une telle garantie de la participation de tous permet de poser les conditions de l'amitié. Dans cette participation de tous, la confrontation des deux groupes qui prétendent au gouvernement les force à sortir d'eux-mêmes pour obtenir un consentement au-delà de leur puissance respective – richesse pour l'un, force du nombre pour l'autre. Un effort s'élabore, une méthode émerge, un dialogue naît, pour l'évaluation des titres que chacun possède selon une mesure commune des mérites. En démocratie, il est inacceptable de réclamer le pouvoir par la loi du plus fort, qu'elle soit économique ou démographique : d'autres principes, communs, doivent être recherchés. Ce faisant, non seulement des critères partagés de justice naissent, mais une amitié se construit, fruit du travail en commun. Comme l'explique Saint-Exupéry, « si tu veux que les hommes s'entre-déchirent, jette-leur du pain. Si tu veux qu'ils deviennent frères, demande-leur de construire une tour ensemble ». L'amitié, tout à la fois pré-condition de la délibération sur le juste choix et effet produit par cette dernière, permet de dépasser les rapports de justice mutuels entre individus et de porter une aspiration collective qui les unit.

Aristote l'affirme : « La cité est affective », car les hommes « la reconnaissent comme leur patrie », comme un bien indivis qu'ils ont en commun. Cette affection évite que la cité ne devienne une assemblée « d'esclaves et de maîtres, les uns envieux, les autres méprisants ». Elle permet de servir de *pont*, de médiation entre des points de vue antagonistes, et de tolérer ne pas voir le sien triompher à chaque occasion. Face à la vision, au fond très marxiste, d'une autorité publique déchirée par les coalitions qui prétendent chacune avoir le pouvoir au nom de son titre à l'exercer, Aristote soutient qu'il y a « chez les humains deux choses principales qui les portent à la sollicitude et à l'amour : ce qu'on possède en propre et ce qu'on chérit ». Or, la cité est composée de multiples courants sociaux : son unité ne saurait se trouver dans la propriété communiste des choses qu'elle renferme – sauf à ce que ces biens soient laissés à l'abandon par désintérêt (« On prend fort peu de soin de ce qui est commun à un très grand nombre ») ou qu'ils soient maîtrisés par une autorité despotique (car le communisme heureux, « c'est beau encore qu'irréalisable »). Si la propriété des biens ne peut qu'être privée, la cité ne peut alors exister que par l'affection qu'elle engendre, c'est-à-dire l'usage commun que l'amitié permet d'en faire.

L'éducation à la cité

Comment instaurer cette amitié, cet usage commun des biens particuliers, cette délibération où se confrontent non des ego mais des points de vue à la recherche de l'avantage de tous ?

Aristote offre deux réponses.

La première tient au fonctionnement interne de la démocratie, régime, on l'a dit, le plus à même, dans les faits, d'aboutir à une véritable cité. En démocratie, la prise en compte de la partie « adverse » est imposée par l'égalité de tous et le risque de la sédition que tout despotisme ne manquera pas de faire naître. La force relative des dominés et l'évaluation réaliste des rapports de force des dominants doivent conduire tout dirigeant rationnel à privilégier une forme de modération en évitant toute spoliation d'un parti au profit de l'autre. De plus, la démocratie permet mécaniquement l'émergence d'une classe moyenne, qui est en elle-même facteur de rapprochement social. En effet, « là où les uns ont énormément et les autres rien, s'établit soit un régime populaire extrême, soit une oligarchie à l'état pur, soit une tyrannie du fait de ces deux excès ». Cette classe moyenne permet de donner à tous en partage une culture commune, facteur de rapprochement. Aujourd'hui, la mondialisation a creusé les inégalités à l'intérieur des nations tout en les ouvrant à la circulation permanente des hommes : elle constitue un véritable défi pour que l'amitié soit maintenue au sein d'un peuple dont les parties ne se fréquentent plus.

La seconde réponse tient à « la tâche propre du législateur », qui est de faire « ce qu'il faut pour que les gens acquièrent une disposition correspondante » à l'amitié. « Il faut que la cité soit une multiplicité, qui soit faite une et communautaire par le biais de l'éducation », ajoute-t-il. L'éducation est donc centrale : c'est elle qui permet de transmettre aux enfants les dispositions de l'esprit et du cœur nécessaires au décentrement de soi, qui permet la délibération et le jugement des mérites plutôt que le lobbying. « Aucune des lois les plus utiles ne sera du moindre profit [...] si les citoyens ne sont pas dotés de dispositions, c'est-à-dire éduqués », affirme Aristote. La qualité éducative d'une société doit amener l'enfant à devenir « celui qui est capable de choisir de manière réfléchie d'être gouverné et de gouverner en vue d'une vie menée selon la vertu ». S'il n'en est pas capable, la cité s'effondre dans un stade pré-politique, où la loi n'est plus respectée et où les hommes sont soumis au caprice de leurs passions, et donc, par conséquent, à la rigueur distante d'un pouvoir autoritaire. L'expert politique chez Aristote n'est pas le juriste, mais l'éducateur moral. Le partage d'une culture commune, langue, histoire, géographie, arts, favorise non seulement, en tant que tel, une forme de complicité collective et de creuset commun, mais aussi, par l'ouverture d'esprit que de tels biens immatériels permettent et leur capacité de médiation vers l'universel, les conditions d'une délibération décentrée de soi-même.

Malgré tout, Aristote admet que le législateur ne doit pas attendre les citoyens parfaits et les conditions idoines pour réaliser l'excellence politique. La cité idéale ne sera jamais atteinte : en raison de hasards dus à des conditions extérieures (comme, par exemple, une pandémie) ; en raison de courants internes que la loi ne peut domestiquer qu'à grand-peine (les passions humaines). Elle est radicalement en faction, et menace constamment de s'écrouler. Pour la garder unie, il est donc une vertu qu'il faut que le citoyen, et notamment celui qui, nommé magistrat, exerce le pouvoir, possède : la *prudence*.

La prudence, vertu politique par excellence

Aristote a beau assigner à la cité la finalité d'un ordre juste pour tous, il se garde bien de fournir une définition substantielle indiscutable de ce que signifie un « ordre juste ». Pas de formule mathématique qui « marche à chaque fois », qui, quel que soit le problème posé, offre toujours la solution permettant de rallier les factions et de faire consensus. Au contraire, Aristote estime qu'une telle abstraction du « Bien en soi » n'est pas possible, et que les tentatives d'en élaborer une, bien loin de les apaiser, achève d'exacerber les conflits sociaux qui traversent nos sociétés.

Platon a proposé, dans sa *République*, l'image d'une cité idéale répondant aux critères du Bien que les hommes ont le pouvoir de connaître grâce à l'approfondissement continu de leur science. Chez lui, le savoir immuable de l'être immuable, le Bien en soi, accessible aux seuls philosophes, constitue le fondement de la politique : les structures de la cité idéale, unique et uniforme, découlent par déduction d'une Vérité, qui ne peut qu'être unique et uniforme (sinon elle ne serait pas Vérité). Le rôle de l'homme politique est alors de corriger la nature pour qu'elle corresponde à cet idéal.

Par conséquent, l'effort politique n'est, selon Platon, que secondaire par rapport à l'effort philosophique. La gestion de la cité se borne à appliquer une recette, que le savant doit découvrir. Les faiblesses des hommes ne sont pas des éléments *donnés* avec lesquels l'homme politique compose, mais des erreurs à gommer par la lumière de son savoir. Les dissensions humaines ne sont que le fruit d'une nature imparfaite que la connaissance de l'ordre unique, immuable et parfait doit, à terme, aplanir. Les contradictions ne doivent pas être *surmontées*, mais *résolues*. Si bien que celui qui persiste dans son désaccord n'est pas un simple adversaire politique, mais un ignorant dans l'erreur.

Or, du nazisme prétendant fonder dans la biologie la supériorité des races, au marxisme prétendant fonder dans la science sociale la nécessité de la terreur prolétaire, derrière la prétention à la vérité univoque se dissimulent souvent les intérêts et les passions d'hommes assoiffés de pouvoir. On l'a vu lors de la crise sanitaire du Covid-19 au cours d'échanges virulents par études interposées, rien ne ressemble plus à la science que la fausse science. Aristote se méfie de telles constructions, qu'il qualifie d'« idéologiques », qui considèrent que le chemin découle naturellement de la finalité décidée, sans égard aux circonstances de temps et de lieux. Ce chemin est la route de l'asservissement : c'est parce que l'homme se voit comme un dieu capable de posséder la vérité qu'il devient loup pour l'homme, dira plus tard Feuerbach en paraphrasant Hobbes.

À l'inverse, la cité idéale n'intéresse pas Aristote. Ce dernier ne subordonne pas la pratique politique à la seule possession du savoir. Si tout événement est toujours causé par quelque chose, il estime que les règles de cette causalité échappent pour partie à l'homme et que le résultat d'une action n'est jamais parfaitement prévisible à l'avance. Pour lui, l'écart entre la vérité philosophique ou mathématique et la réalité de la vie humaine ne sera jamais pleinement comblé. Ces deux vérités se situent sur deux plans différents : la Vérité universelle est un pôle lointain, mal connu, imprécis, qui indique une direction générale mais dont le chemin, semé d'embûches, n'est pas en ligne droite. Dieu est suffisamment visible pour être désiré, dira Pierre Aubenque, mais il est trop loin pour régler les cas pratiques de la politique : aux limites de la métaphysique commence le monde humain de l'éthique.

Cette coupure entre le « Bien en soi » et le « meilleur dans les circonstances » ouvre alors un espace d'incertitude, donc de liberté. L'action libre n'a plus pour but de redessiner le monde, mais de s'y engager. L'effort politique n'est plus dans la désignation d'une vérité abstraite et universelle, ni dans la confrontation violente de vérités hermétiques, qu'il appartiendra à quelque besogneux expert de plaquer à la réalité rétive. Il n'est plus dans l'aboutissement, mais dans la recherche du chemin concret permettant, dans des circonstances mouvantes, de réaliser le meilleur *possible*. Il n'est plus dans la *définition* du Bien par le savoir, mais dans la *recherche* du bien par la délibération. Ce « saut » n'est pas l'abandon fataliste des stoïques, mais l'engagement dans un choix dont on ne maîtrise pas toutes les conséquences, qu'on exerce *prudemment*, « en conscience » plutôt qu'en « connaissance » seulement.

Une telle capacité de se diriger dans l'aléa des circonstances ne s'enseigne pas, mais s'expérimente concrètement dans chaque vie humaine. Comme l'explique lumineusement Pierre Aubenque, le prudent n'est pas celui qui possède « le savoir du géomètre, mais le savoir-faire du charpentier ». Il y a, entre le relativisme humaniste de Protagoras (où chaque homme est son propre bien) et l'absolutisme du Bien de Platon (où le Bien surplombe les hommes), le critère intermédiaire de l'homme *de* bien. Ce dernier récolte la confiance d'autrui par son expérience vécue et la démonstration de son savoir-faire, par la rectitude de son jugement que tous peuvent regarder, scruter, délibérer, questionner, s'approprier. La personne du gouvernant est donc cruciale, non tant, on l'a dit, en vertu de son identité sociale, ethnique, religieuse ou sexuelle, mais en vertu de son expérience vécue, et donc de la confiance qu'il est capable d'inspirer aux gouvernés.

La politique comme recherche du bien commun

S'il estime l'homme impuissant à décréter le Bien en soi, Aristote n'en abandonne pas pour autant toute référence morale, bien au contraire. Il estime simplement que les lois morales ne sont pas immédiatement connaissables par les hommes, ni donc immédiatement applicables à la réalité. Il existe un « Bien » et un « Juste » uniques, à défaut desquels le relativisme plongerait la cité dans une déliaison de ses habitants, seulement préoccupés par leurs propres affaires. Mais ce « Bien » ne se décide pas, ne se maîtrise pas, ne se connaît pas comme l'on connaît les lois mathématiques, ni ne se déduit, ne se plaque mécaniquement à la réalité. Le « Bien » a besoin de médiations : il ne s'énonce pas ; il se délibère.

Le hasard des multiples situations, des causalités collatérales et des corrélations ne permet pas de déduction mathématique dans l'application des lois morales. Le Bien n'est pas sujet de connaissance mais d'*opinion*, donc de doute, et donc de recherche. L'expérience personnelle et sa mise en commun avec celle des autres, par la délibération que soutient l'amitié, jouent ce rôle fondamental de médiation. C'est l'expérience partagée qui met l'homme sur la voie de l'universel, par un savoir vécu plutôt qu'appris, enraciné dans la vie concrète de chacun et transmissible, non par la génétique, mais par le verbe et l'imitation, la *reprise*, des générations suivantes. L'éducation va donc au-delà de la seule instruction : elle vise à façonner par la culture l'intelligence de cœur plutôt que la seule intelligence académique – d'où le formidable essor des humanités en Europe, qui subit aujourd'hui la spécialisation des savoirs que l'on connaît dans les grandes écoles anglo-saxonnes et chinoises.

Pour Aristote, la délibération politique n'est donc pas le lieu de l'affrontement de visions antagonistes du monde, mais celui, soutenu par l'amitié, de la recherche commune, dans chaque cas concret, d'un bien qui nous dépasse et que nul ne peut jamais prétendre posséder en totalité. Il n'est pas dans la seule confrontation des intentions qui, d'une simplicité déconcertante, relèvent souvent d'un consensus. Vouloir que « tout le monde puisse se loger », que « la planète respire » ou encore que soient assurées « la paix et la tolérance entre tous » et se borner, pour tout programme politique, à l'annoncer, c'est affligeant. C'est dire l'inverse qui serait inquiétant. Aussi, le débat politique ne se situe pas entre la fin bonne et la fin mauvaise, au risque de déchirer le tissu social à coups d'anathèmes, mais dans la convenance du choix des moyens pour atteindre une fin concrète que tous admettent pour bonne. On ne délibère pas sur notre intention d'être en bonne santé, heureux, prospère et protégé, mais sur la justesse des moyens d'atteindre ces biens. L'homme ne vit ses principes que dans l'événement particulier, pas dans les énoncés abstraits des systèmes idéologiques. Sinon, le débat se résume à l'affrontement des forces du bien contre les forces du mal et se termine dans le chaos d'une guerre civile.

Or, nos civilisations semblent aujourd'hui confrontées à deux phénomènes en apparence opposés, mais qui constituent autant l'un que l'autre une occasion de « sortie de la politique », de cette activité par nature humaine qu'Aristote a érigée comme condition du bonheur.

Le premier phénomène, c'est l'individualisme. Il est désormais acquis que la politique n'est plus que le lieu de la répartition individuelle des biens. Chacun fait ce qu'il veut tant qu'il ne nuit pas à autrui : voilà la politique rabotée à n'être qu'une régulation des contrats entre individus indifférents les uns aux autres pour ce qui dépasse leurs intérêts respectifs à s'associer. La collectivité disparaît derrière la règle du droit et du marché, dont la vocation est de s'étendre au-delà des frontières et d'ainsi réglementer un vaste empire multiculturel. Seul demeure le « vivre ensemble », sorte de politique qui n'en est plus une mais qui se résume à la question technique de la dépense d'argent public dans la rénovation urbaine ou l'installation de terrains de sport, dans des quartiers qui constituent autant d'îlots fragmentés vivant en marge du grand récit national, qu'on a abdiqué à transmettre.

Le second phénomène, c'est la réactivation des grandes idéologies collectives et des Vérités imposées d'en haut. La plus dangereuse, la plus visible, est bien sûr l'éclosion, au cœur de l'Occident, du fondamentalisme islamique et des séparatismes identitaires, notamment ethniques. Mais ces instincts grégaires peuvent s'exprimer différemment. Fondée sur un constat scientifique certes indéniable, l'écologie est devenue mystique : omniprésente, elle sature les ondes de déclarations d'intentions d'un simplisme déconcertant, enjoignant avec ferveur l'humanité tout entière, sous la menace d'un cataclysme prochain, à dépasser ses désaccords au nom d'un mot d'ordre unique, unilatéral et univoque.

Que le second phénomène constitue, pour partie au moins, une réaction au premier, par la médiation d'une complexe chaîne de causes à effets, ne fait pas de doute. L'individualisme a desséché nos sociétés en même temps qu'il les a déstructurées, créant le vide que remplissent désormais les clameurs d'idéologies conquérantes.

Mais l'essentiel, pour les besoins de ce propos, est de relever que l'un comme l'autre de ces deux phénomènes nient l'existence de la politique. Le premier l'évide par le bas, en la privatisant parmi les individus porteurs de vérités toutes relatives – il n'y a plus de politique, puisque chacun a raison et pense ce qu'il veut. Le second l'écrase par le haut, en la dépassant au nom d'une vérité simple et absolue – il n'y a plus de politique, puisque tous sont soumis à une injonction tutélaire revêtue de l'onction scientifique ou religieuse. Il n'y a plus de « nous », mais une somme de « je » juxtaposés, ou un « Je » tout-puissant dominant les autres. La politique n'est plus qu'une administration, un système, une procédure, qui sert tantôt à la régulation des indifférences réciproques, tantôt à la gestion des moyens pour imposer un programme décrété à l'avance.

L'amitié civique comme médiation concrète entre les hommes, c'est-à-dire la délibération dans le cadre d'une communauté liée par le partage d'une culture commune : voilà le modèle politique que nous propose la cité d'Aristote. Le cadre national a longtemps joué, par son creuset affectif, un rôle similaire dans nos États modernes. Mais vidée de son substrat culturel, déchirée par les idéologies simplistes, avachie dans sa recherche de jouissance matérielle et le cercle vicieux de l'envie, la nation résumée en marché régulé par une administration redistributrice se borne désormais à assurer la médiation entre individus par le biais des « droits à » que chacun réclame à l'État-providence. Comme l'explique Pierre Manent, le petit et le grand nombre ne se corrigent plus mutuellement : détachés de leur appartenance commune, ils s'affirment simultanément à l'égard de l'autorité tutélaire. Les plus pauvres y ont gagné l'illusion de l'égalité, les plus riches l'ordre et la stabilité pour faire fructifier leurs affaires privées en se détournant de ceux que l'impôt est désormais censé nourrir et assister.

Notre défi est donc le suivant : enraciner les hommes et les ouvrir à l'autre-que-soi par la médiation d'une appartenance commune, puisée dans l'éducation à une culture partagée. Seule cette dernière permet un appel à l'affection qu'une vieille demeure aménagée par le long fil des siècles peut engendrer dans le cœur d'individus pour lesquels la tentation de l'égoïsme n'est jamais aussi forte – il faut le croire – que celle qui aspire à l'héroïsme, au service concret de ceux avec qui ils se sentent liés et d'une communauté politique qui nous donne, à nous mortels, une part d'éternité dans l'histoire des hommes.

Bibliographie sélective

Aristote, *Les Politiques*, traduit par Pierre Pellegrin, Paris, Flammarion, 2015.

Aubenque, Pierre, *La Prudence chez Aristote*, Paris, PUF, « Quadrige », 2014 (nouvelle éd.).

Manent, Pierre, *Les Métamorphoses de la cité*, Paris, Flammarion, 2010.

Wolff, Francis, *Aristote et la politique*, Paris, PUF, 1991.

SAINT AUGUSTIN
LA CITÉ DE DIEU
(412/413-426/427)

Penser l'histoire du salut et l'autonomie du politique

Jean-Marie Salamito

Avec La Cité de Dieu, *saint Augustin a écrit une œuvre apparemment de circonstance, marquée par le sac de Rome en 410, appelée à devenir un des classiques les plus commentés de la pensée occidentale. Autour de cette idée de deux « cités » qui se juxtaposent sans cesse, une régie par l'amour de Dieu et des hommes, l'autre par l'égoïsme et l'orgueil, Jean-Marie Salamito montre qu'Augustin a cherché sans relâche les conditions qui permettent à l'homme de vivre dans l'amitié et la paix.*

À propos de saint Augustin (354-430), tout le monde pense d'abord, aujourd'hui, aux *Confessions. La Cité de Dieu* fait partie de ces grands classiques dont on parle avec respect, mais que peu de gens osent ouvrir. Dans toute l'histoire de l'Occident, c'est pourtant un des ouvrages les plus lus et les plus commentés. C'est aussi l'un des plus importants et des plus actuels de ce géant.

Une œuvre de circonstance ?

Chose étonnante, ce livre aux perspectives grandioses naît comme une œuvre de circonstance. Les 24, 25 et 26 août 410, une troupe de Barbares de différentes origines mais commandés par un chef unique, Alaric, met Rome à feu et à sang, puis se retire. Cette « chute de Rome » ne signifie pas la fin de l'Empire. Alaric n'a pas anéanti la puissance romaine ; il l'a blessée. Ses soldats ne sont pas des conquérants, mais des mercenaires qui, parce que l'on tardait à les rétribuer, se sont payés eux-mêmes en pillant. Il n'empêche que ces trois jours de violence provoquent à travers le monde romain un traumatisme. Dans cette société religieusement mixte, ce choc entraîne un débat. Du côté païen, on déplore que la récente législation des empereurs chrétiens, en proscrivant les sacrifices, ait conduit les divinités à retirer à Rome leur antique soutien. Du côté chrétien, on s'émeut de ce que la cité abritant les tombeaux de Pierre et de Paul n'ait pas bénéficié d'une protection divine.

En 410 et 411, Augustin, qui est alors évêque d'Hippone depuis une quinzaine d'années et qui accueille dans son Afrique natale des réfugiés romains et italiens, prêche plusieurs fois sur cette catastrophe. Il réconforte ses coreligionnaires et leur fournit des arguments contre leurs adversaires. En 412 ou 413, il commence le grand livre qu'il n'achèvera qu'en 426 ou 427. Il faut dire que, durant la même période, il compose, pour répondre aux attentes de ses frères chrétiens, beaucoup d'autres ouvrages.

Il a certainement exprimé dans *La Cité de Dieu* des idées qu'il portait en lui bien avant le désastre de 410, et qu'il a approfondies bien après. Le résultat dépasse de loin les événements qui l'ont suscité. C'est une réflexion de théologien sur l'actualité, mais aussi sur l'histoire universelle. C'est une vaste fresque, une encyclopédie du monde antique et de la doctrine chrétienne, un manuel complet de christianisme, une source toujours actuelle de culture et de pensée.

Les deux « cités »

L'ensemble s'intitule *La Cité de Dieu*, mais il traite de deux cités différentes. La première – appelée « cité de Dieu », et plus souvent « cité céleste » – rassemble les anges fidèles à leur Créateur et elle comprendra aussi, à la fin des temps, tous les êtres humains qui, au long de l'histoire du monde, auront reconnu et aimé Dieu. La seconde – dite « cité terrestre », parfois « cité des hommes », rarement « cité du diable » – se compose des anges qui, optant pour Satan, sont devenus des démons, et elle englobera, au dernier jour, les humains qui auront persisté à adorer des idoles et qui n'auront aimé qu'eux-mêmes. Le mot « cité » a donc un sens allégorique ou, comme dit aussi Augustin, « mystique » : il désigne deux immenses « sociétés » fondées, l'une sur l'amour pour Dieu et pour le prochain, l'autre sur l'égoïsme et sur l'orgueil. L'histoire mondiale est celle de ces deux cités et de leurs relations mutuelles.

La cité céleste n'est pas l'Église telle qu'elle existe ici-bas, et la cité terrestre n'est pas l'État. Aucune des deux cités n'a en ce monde de frontières qu'un œil humain pourrait voir. Au long de l'Histoire, elles restent enchevêtrées, et seul le Jugement dernier les séparera. Si l'Église actuelle est le lieu privilégié où se construit progressivement la cité céleste, c'est-à-dire l'Église à venir, celle du Ciel, elle inclut aussi, temporairement, des citoyens de la cité terrestre : des chrétiens qui n'aiment pas Dieu. Inversement, certains adversaires du christianisme ignorent qu'ils deviendront un jour des amis de Dieu. Les deux cités ne sont donc pas, ici-bas, deux communautés irréductiblement antagonistes : la cité terrestre, peuplée de païens qui n'ont pas encore rencontré Dieu, constitue la matière première de la cité céleste. Avec l'aide de la grâce divine, on passe librement de l'une à l'autre, de Babylone à Jérusalem. *Les Confessions* racontent la conversion d'Augustin ; *La Cité de Dieu* se réjouit de conversions innombrables, à l'échelle des siècles et de toute l'humanité.

Une théologie de l'Histoire

Cet ouvrage imposant (866 pages denses dans l'édition latine de référence, plus d'un millier dans les traductions actuelles) est solidement construit, même si Augustin aime les digressions. Ses vingt-deux livres se divisent en deux masses : les livres I à X défendent le christianisme contre les critiques des païens ; les livres XI à XXII proposent une lecture chrétienne de l'histoire universelle. Il y a toutefois de l'exposé positif dans la section apologétique, et inversement. La première étape comprend deux parties de cinq livres chacune : l'une nie que le polythéisme soit profitable à la vie en ce monde (livres I à V), l'autre ajoute qu'il ne permet pas non plus d'obtenir le bonheur dans l'au-delà (VI à X). Le second massif consiste en trois parties de quatre livres chacune : la première explique la naissance des deux cités (XI à XIV) ; la deuxième, leur parcours historique jusqu'au

Christ (XV à XVIII) ; la troisième, leurs sorts respectifs à la fin des temps (XIX à XXII).

La Cité de Dieu offre donc, surtout dans sa seconde section, ce qu'il est convenu d'appeler une théologie de l'histoire. Celle-ci diffère fortement du providentialisme que l'on a parfois prétendu en tirer, et des philosophies modernes de l'histoire. Ce n'est pas une pensée totalisante, fermée, interprétant le moindre événement, mais une réflexion ouverte qui, se fondant sur une patiente exégèse de la Bible, s'en tient à de grandes lignes. Augustin scrute l'histoire du salut telle que la révèlent les Écritures. Pour la période postérieure à ce que racontent les Actes des Apôtres, il se limite à exalter, dans l'expansion mondiale de sa religion, l'accomplissement des promesses du Christ. Il n'interprète pas les siècles qui ont suivi la fondation de l'Église, il ne spécule pas sur sa propre époque, il ne se laisse pas fasciner par les empereurs chrétiens. Quand il se demande, au livre V, pour quelles raisons Dieu a permis le succès de l'Empire romain, il s'en tient à de prudentes hypothèses, car il n'entend pas se prononcer fermement sur ce que la Bible ne dit pas. Pour lui, l'action de Dieu dans l'Histoire existe indubitablement, mais – sauf pour la part que les Écritures éclairent – elle échappe à la compréhension humaine.

De la guerre

La Cité de Dieu n'est donc pas un traité politique ; mais la réflexion politique y abonde dans les livres II, V et XIX, à un moindre degré dans les livres I, III, IV, XII et XV. C'est l'ouvrage dans lequel Augustin a mis l'essentiel de ses idées sur la guerre, l'impérialisme, le pouvoir, la cohésion sociale, la paix.

Dès le début du livre I, son ancrage dans l'actualité l'amène à réfléchir sur la violence guerrière à partir d'un aspect particulier du désastre de 410. Certains des Barbares qui ont alors pillé Rome étaient chrétiens : ils ont épargné les habitants qui les imploraient au nom du Christ, ils leur ont permis de se réfugier dans des églises. Très attentif à ce que sa propre religion apporte de neuf à l'humanité, Augustin se félicite que, contrairement aux temples païens des siècles passés, les sanctuaires chrétiens aient servi, en 410, de lieux d'asile. Peu importe ici qu'il soit trop optimiste (ou insuffisamment informé) sur les événements ; ce qui compte, ce qui ouvre une voie d'avenir, c'est sa préoccupation d'une limite concrète enfin imposée par la morale évangélique aux horreurs de la guerre.

Cette réflexion culmine au livre XIX en une critique de l'insensibilité du sage stoïcien. Ce dernier ne s'afflige pas de devoir participer à des guerres, pourvu qu'elles soient justes. La notion de « juste guerre », dont on attribue à tort l'invention à Augustin, est une vieille idée romaine, illustrée notamment par Cicéron. Pour l'évêque d'Hippone, la juste guerre n'a rien de glorieux ni d'exaltant : elle n'est que la guerre inévitable, principalement la guerre défensive. Il n'admet pas que l'on recoure aux armes sans le regretter, sans en souffrir. En manquant d'empathie pour les malheurs des hommes, on sombrerait dans l'inhumanité.

Ce que sont les empires

Augustin déplore de tels malheurs aux livres I à V, pour montrer que, depuis les origines de Rome, les défaites face aux étrangers et les guerres civiles n'ont jamais manqué.

On ne peut donc pas imputer le désastre de 410 à la christianisation de l'Empire. Quant à celui-ci, Augustin en voit aussi bien les ombres que les lumières. Il préférerait une multitude de petites nations indépendantes, vivant en paix les unes avec les autres ; il regrette l'effroyable coût humain de la conquête romaine. Mais il considère, emporté peut-être par son patriotisme, que les Romains ont avant tout voulu se défendre, et il les loue d'avoir cherché la gloire plutôt que la domination pour elle-même, et l'alliance avec les vaincus plutôt que leur anéantissement. Surtout, il admire Caracalla d'avoir, en 212, accordé la citoyenneté romaine à tous ses sujets (sauf aux esclaves, à dire vrai). Africain, probablement d'origine berbère, il se sent chez lui dans la langue et la culture latines ; il se considère comme un bénéficiaire de la romanisation.

Il n'en fustige pas moins, en un passage fameux du livre IV, les empires qui ne se fonderaient pas sur la justice, c'est-à-dire sur des guerres défensives et sur une attitude respectueuse envers les peuples conquis. De tels empires se résument à « du brigandage à grande échelle », tandis qu'inversement une bande de malfaiteurs sévissant sur un certain territoire ressemble à un empire en réduction. Augustin ne se laisse jamais fasciner par la puissance ; sa théologie de l'histoire ne reconnaît pas le droit du plus fort.

Sociable et libre

Les empires naissent de la violence ; les autres entités politiques – peuples, cités, royaumes – procèdent au contraire d'un élan foncier de l'être humain vers l'alliance et la paix avec ses semblables. Augustin n'oppose pas l'individu à la société, ni la société à l'individu. Si Dieu a voulu façonner Ève à partir d'une côte d'Adam et faire provenir toutes les nations d'un seul couple initial, c'est pour mettre en valeur l'unité et la sociabilité du genre humain. La vie sociale découle des lois fondamentales de la nature humaine. Celles-ci, même après la chute, demeurent inscrites en chacun : le péché originel et ses suites ne peuvent pas les effacer. Augustin, par ailleurs très attentif aux conséquences de la faute d'Adam, veille néanmoins à souligner ce qui, à toute époque et en toute personne, reste conforme au dessein du Créateur. Il ne voit rien de plus querelleur que l'être humain qui cède au vice, mais rien de plus sociable que le même quand il laisse parler sa nature telle qu'elle a été créée, telle qu'elle perdure au plus profond de lui.

Dieu a voulu l'être humain sociable, mais aussi libre. Selon la Genèse (chapitre 1, verset 26), il lui a donné pouvoir sur les animaux, mais, remarque Augustin, pas sur ses semblables. L'être humain a été créé pour n'obéir qu'à son Créateur. La vie sociale est inscrite dans le dessein divin initial ; le pouvoir politique, en revanche, ne l'est pas. Comme Irénée de Lyon deux siècles avant lui, Augustin ne voit dans les autorités publiques ni des réalités procédant de la nature humaine ni des inventions du diable, mais simplement des réponses aux conséquences du péché originel. Ces réponses témoignent de la prévenance divine : la coercition régalienne vise à éviter la violence de tous contre tous. Comme Irénée, Augustin se situe ainsi dans le sillage du chapitre 13 de l'épître aux Romains, où Paul dit que les gouvernants, même païens, sont « au service de Dieu » pour promouvoir le bien et réprimer le mal. C'est là, selon Augustin, une mission indispensable ici-bas, mais seulement ici-bas. Dans la béatitude éternelle, il n'existera plus aucun pouvoir d'un être humain sur d'autres, tandis que la sociabilité restera : la vie céleste des saints sera une vie sociale.

Le peuple et ce qu'il aime

Augustin fonde sa réflexion politique avant tout sur la Bible ; mais il s'appuie aussi, en la discutant, sur la pensée gréco-romaine. Au livre XIX, il reproche à Cicéron de définir le peuple – et par suite la république, qui est littéralement la chose publique, la chose du peuple – en recourant à la notion de droit, laquelle implique, chez le même Cicéron, la justice. Celle-ci, selon l'évêque, consiste à rendre à chacun ce qui lui est dû. Un peuple païen n'est donc pas juste, puisqu'il ne rend pas au seul vrai Dieu le culte qu'il lui doit. Si la justice entre dans la définition du peuple (ce qu'Augustin conteste), alors le peuple romain, n'étant pas un peuple juste (au sens augustinien), n'est même pas non plus un peuple (au sens cicéronien). Par conséquent, la République romaine n'est pas une république. En lisant ces pages trop vite, certains commentateurs se sont imaginé qu'Augustin déniait aux païens la possibilité de former des peuples et des républiques, donc qu'au lieu de reconnaître un domaine propre au pouvoir politique (ce que faisaient Jésus puis Paul), il soumettait celui-ci à des critères religieux. Il n'en est rien. Augustin sait, bien entendu, que la République romaine est une république. Il s'est tout simplement livré à un raisonnement par l'absurde, afin d'écarter la définition cicéronienne, de découpler l'idée de peuple et celle de justice, et ainsi de pouvoir donner du peuple – et par suite de la république – une définition libre de tout jugement de valeur.

Pour Augustin, un peuple est une multitude de créatures raisonnables qui s'assemblent en s'accordant sur les choses qu'elles aiment. L'amour entre ici dans la réflexion politique, parce qu'il joue un rôle central dans l'anthropologie augustinienne. Il est ce qui conduit une personne vers des réalités variées, qu'il s'agisse d'avantages matériels, de relations affectives ou de Dieu lui-même. Il ressemble à la volonté. À l'instar de la volonté, il peut être bon ou mauvais, ordonné ou désordonné, selon les buts qu'il choisit, selon la hiérarchie qu'il établit entre ces buts. Comme celle d'un individu, la qualité d'un peuple dépend de la qualité de ses amours. Cette définition du peuple, non pas normative mais descriptive, moralement neutre, contient en germe une sociologie politique, qui étudierait ce qu'aiment les peuples ou les milieux sociaux, ce qui les motive, comme nous le dirions aujourd'hui.

L'importance des mœurs

Cité, peuple, république : dans le monde romain, voilà presque des synonymes. Chacun de ces trois mots évoque une communauté vivante, un rassemblement de citoyens. Aucun n'équivaut à la notion moderne d'État, trop abstraite pour l'Antiquité. Or, Augustin est un homme de l'Antiquité (n'en déplaise à ceux qui, faute de l'avoir lu, le prennent pour un précurseur des tendances théocratiques du Moyen Âge). Nourri de Tite-Live, de Cicéron et de Salluste, il pense qu'une république – au sens de société organisée, de corps politique, pas seulement de régime républicain – doit plus à la vertu de ses citoyens qu'à la solidité de ses murailles. S'il n'a pas de préférence pour un mode de gouvernement plutôt que pour un autre, c'est parce qu'il s'intéresse avant tout, qu'il s'agisse d'une monarchie, d'une aristocratie ou d'une démocratie, à la moralité des gouvernants et des gouvernés.

Consacré à une réflexion sur les mœurs, le livre II contient un chapitre très frappant qui décrit, à la manière d'une noire fiction, d'une dystopie, une société parvenue à un stade extrême de corruption dans les comportements individuels comme dans les usages sociaux et politiques. Tous ces aspects interagissent : dépourvus de pudeur autant que de justice, des riches offrent des distractions frelatées à une plèbe qu'ils exploitent mais qui préfère les plaisirs à l'émancipation. La domination des uns se renforce par la dépravation des autres, qu'elle entretient sciemment. Augustin ne porte pas seulement en lui l'indignation du moraliste, mais aussi l'esprit d'analyse du sociologue : il réfléchit sur la concaténation de causes multiples, relevant des pulsions individuelles aussi bien que des intérêts économiques et des enjeux politiques.

Il fait même de la sociologie religieuse avant la lettre, quand il compare les effets respectifs, en matière sociale et politique, du polythéisme et du christianisme. Les divinités romaines, qui ne sont à ses yeux que des démons usurpant ce titre, ont corrompu la cité par leurs mauvais exemples, narrés dans la mythologie et portés à la scène. Les aristocrates n'ont pas éclairé le peuple sur cette imposture. À l'opposé, l'Église enseigne ouvertement aux masses un altruisme qui enrichit leur civisme.

La concorde et la paix

Nous l'avons vu, un peuple se constitue en s'accordant sur les choses qu'il aime. Cet accord s'appelle la concorde, une valeur romaine qu'Augustin intègre à la fois à sa réflexion politique pour ce monde et à son esquisse de la vie éternelle des saints. Toute république (au sens large) se fonde sur la concorde, c'est-à-dire sur l'adhésion de la multitude plus encore que sur l'autorité des gouvernants. L'humanité tout entière a, elle aussi, besoin de concorde.

Point culminant de celle-ci, la paix fait l'objet du livre XIX, qui s'avère ainsi le plus riche en pages politiques. Quelqu'un qui l'aurait lu aurait déjà acquis, même sans aller plus loin, une idée assez adéquate de la pensée politique d'Augustin. Il s'agit du premier des quatre livres formant la dernière partie de *La Cité de Dieu*, consacrée au sort final des deux cités, à ce que les théologiens nomment les fins dernières ou l'eschatologie. Or, c'est en méditant sur le bonheur ultime, sur la paix éternelle, qu'Augustin analyse les différentes formes de la paix terrestre. C'est à partir de l'au-delà qu'il éclaire l'ici-bas.

Il ne réduit pas la paix à l'absence de guerre ; il en donne une définition positive, applicable à tous les domaines de cette vie et même à l'au-delà : « la tranquillité de l'ordre ». Que chaque réalité se tienne à sa juste place, voilà l'ordre. Que cet ordre repose sur des consentements réfléchis et paisibles, et non sur la contrainte et la peur, voilà la paix. Celle du corps politique suppose la bonne entente et le respect mutuel entre ceux qui commandent et ceux qui obéissent. Il existe aussi de fausses paix, comme celle qu'un chef de bande despotique impose à ses complices ; mais même cette paix de bas étage vaut mieux que le conflit. Car pour chaque chose, la paix, au sens d'un minimum de cohésion, apparaît comme la condition de l'existence.

Si parfois Augustin désigne la paix éternelle comme la seule véritable, son aspiration à l'absolu ne lui fait pas perdre le sens du relatif. Il souligne que la cité céleste formée des amis de Dieu, tant qu'elle chemine dans l'Histoire, a besoin de la paix terrestre. Il voit en celle-ci un bien provisoire, mais, à l'échelle de ce monde, un bien indispensable.

Le christianisme et les civilisations

Revenons à la théorie des deux cités. Chacune est une réalité double : mouvante au long du temps, définitive au jour du Jugement. Dans leur dimension historique, toutes deux sont entremêlées ; devenues des entités eschatologiques, elles seront séparées. Nous avons aussi vu que la cité terrestre est la matière première de la cité céleste. En d'autres termes, les citoyens de la seconde sont des convertis issus de la première. Il nous reste à comprendre, grâce au chapitre 17 du livre XIX, qu'il existe même, au quotidien, « une concorde entre les deux cités ».

Les idolâtres et les amis du vrai Dieu ont tous besoin, nous l'avons dit, de la même paix terrestre. Ils ont aussi en commun l'usage des biens matériels, car ils partagent tous, tant que dure l'Histoire, la même condition mortelle. Conscients de tout cela, les chrétiens sincères, d'ores et déjà citoyens – en espérance – de la cité céleste, n'en hésitent pas pour autant à obéir « aux lois de la cité terrestre », dans la mesure où celles-ci régissent la vie politique, sociale et économique. Ce que la cité terrestre ne peut demander aux chrétiens, c'est de participer à d'autres cultes que celui du vrai Dieu. Libre de toute tentation théocratique, Augustin délimite un domaine séculier, un espace socio-politique religieusement neutre, où païens et chrétiens vivent paisiblement en concitoyens.

Cet espace est aussi celui des coutumes, des langues et des cultures propres aux différents peuples. Recrutant ses citoyens parmi toutes les nations, la cité de Dieu ne s'émeut pas de cette diversité, ne cherche pas à la réduire, pourvu que soit respecté le culte dû à Dieu. Pour Augustin, il peut exister autant de civilisations chrétiennes qu'il y a de civilisations tout court. Il n'a lié sa foi ni à un pouvoir ni à une culture.

Bibliographie sélective

Il faut lire *La Cité de Dieu* dans les tomes 33 à 37 de la collection « Bibliothèque augustinienne – Œuvres de saint Augustin », publiée par l'Institut d'études augustiniennes (IEA) : on y trouvera le texte latin, une traduction française, des introductions, des notes très abondantes et très utiles.

Deux excellentes biographies d'Augustin permettent de s'initier aussi à sa pensée : Serge Lancel, *Saint Augustin*, Paris, Fayard, 1999 ; Peter Brown, *La Vie de saint Augustin*, Paris, Seuil, « Points histoire », 2001.

Pour une approche philosophique, il faut toujours recourir à Étienne Gilson, *Introduction à l'étude de saint Augustin*, Paris, Vrin, 2e éd., 1943 (constamment réimprimé) ; sur la société et la politique, voir p. 225-242.

Sur la pensée politique d'Augustin, la seule synthèse en français est celle de Gustave Combès, *La Doctrine politique de saint Augustin*, Paris, Plon, 1927. En anglais, l'ouvrage indispensable est celui de Robert Markus, *Saeculum. History and Society in the Theology of St Augustine*, Cambridge, Cambridge University Press, 2e éd., 1988.

NICOLAS MACHIAVEL
LE PRINCE (1532)

Contre l'influence politique du christianisme

Guillaume Perrault

« J'aime ma patrie plus que mon âme », écrit Machiavel peu avant sa mort, en juin 1527. La patrie de l'auteur du Prince, *c'est Florence. Le républicain signifiait, par cette formule, qu'il plaçait la liberté de sa cité au-dessus de la morale individuelle et de la foi, fondant ainsi la pensée politique moderne. C'est ce qu'expose ici Guillaume Perrault.*

L'œuvre de Machiavel, nourricière pour la pensée politique depuis des siècles, et le joyau de la Toscane sont unis par un lien indéfectible. C'est là une singularité de ce grand esprit. Le plus souvent, l'apport d'un philosophe peut être étudié sans prêter guère d'attention à la ville où il a vécu, aimé, espéré et souffert. Et sa biographie elle-même s'efface au profit de ses livres. Pas pour Machiavel. La passion qu'il porte à Florence et sa vie romanesque éclairent *Le Prince*. Aussi méritent-elles d'être dépeintes.

Un lien indéfectible à Florence

Né dans une famille honorable mais non fortunée, Machiavel connaît chaque rue de sa chère ville. L'orgueil d'être citoyen de Florence coule dans ses veines. Le jeune homme observe les ateliers travaillant laine et soie, que les marchands de la ville vendent dans toute l'Europe. Le passionné des grandes affaires mesure le rayonnement international de ses banques. Le lettré s'enorgueillit de voir, sur les rives de l'Arno, les plus éminents artistes porter l'orfèvrerie, la peinture et la sculpture à un degré de beauté incomparable. Le féru d'histoire romaine est fier que Florence représente un des cinq grands États de l'Italie morcelée d'alors – avec la République de Venise, le duché de Milan, les États pontificaux et le royaume de Naples –, entourés d'une kyrielle d'entités souveraines de second rang.

La rencontre de la violence

C'est là, dans ce foyer de la Renaissance, que Machiavel se familiarise dès l'enfance avec la violence. Depuis les guerres civiles entre partisans du pape et de l'empereur, au XIIIe siècle, clans et classes sociales s'entre-tuent dans ses rues. À la veille de ses neuf ans, Machiavel est le témoin de l'échec de la conjuration des Pazzi contre le maître de Florence, Laurent de Médicis. Après quelques heures de confusion, des dizaines de comploteurs sont massacrés ou pendus aux fenêtres du palais du Bargello. Léonard de Vinci et Botticelli dessinent les suppliciés.

Devenu un jeune homme, en 1494, le futur auteur assiste à l'effondrement d'un monde. Le roi de France franchit les Alpes à la tête d'une puissante armée. Il entend traverser la péninsule et conquérir le royaume de Naples. Or, Florentins, Milanais et Romains plaçaient toute leur confiance dans une diplomatie fondée sur l'art des atermoiements subtils. Leurs mercenaires ne sont ni capables ni désireux d'en découdre avec l'armée permanente d'un grand royaume. Pour les élites italiennes, convaincues de la supériorité de leur civilisation – Machiavel évoquera dans *Le Prince* « la puanteur des barbares » –, la révélation d'une telle fragilité est un traumatisme. À Florence, le fils du Magnifique, discrédité par son impuissance, est chassé par ses concitoyens. Charles VIII, en définitive, épargne la cité et les Florentins lui réservent un accueil triomphal. Puis, quatre ans plus tard, l'homme fort de la ville depuis l'exil des Médicis, Savonarole, finit lui-même pendu et brûlé sur le bûcher, Piazza della Signoria.

Place aux jeunes : à la faveur de l'épuration consécutive à la chute du dominicain, Machiavel est nommé à vingt-neuf ans secrétaire de la Deuxième Chancellerie, en charge de la diplomatie et de la guerre sous les ordres d'un des conseils de la Seigneurie, le gouvernement, qui siège au Palazzo Vecchio, d'allure si massive et intimidante. Le voilà bientôt l'homme de confiance du gonfalonier. Un exploit pour un homme qui n'appartient pas à une grande famille.

C'est que la République florentine avait été dirigée, jusqu'au XVe siècle, par une oligarchie d'environ 2 000 personnes tandis que les institutions représentaient les corporations et assuraient la participation populaire. Des règles sophistiquées – partage de l'autorité entre un grand nombre de titulaires, tirés au sort parmi des candidats sélectionnés lors d'élections, rotation accélérée des impétrants, non-rééligibilité immédiate – visaient à garantir la liberté politique. À partir de Côme l'Ancien, mort cinq ans avant la naissance de Machiavel, les Médicis dénaturèrent ces institutions au profit d'un pouvoir personnel. Le Magnifique faisait figure de prince. Puis, après l'exil de son fils, la République est restaurée.

Des temps inédits qui appellent un art nouveau

À l'instigation de Savonarole, l'instance de décision souveraine alors créée, le Grand Conseil, s'ouvre aux représentants des corporations mineures. Or, Machiavel, s'il ne siégeait pas au Grand Conseil, fait partie de la petite et moyenne bourgeoisie favorisée par sa politique. Le penseur désigne souvent, sous le terme de « peuple », cette catégorie sociale.

De 1498 à 1512, voilà donc l'administrateur au cœur du Palazzo Vecchio. Ces années-là, l'Italie devient le champ de bataille des grandes monarchies européennes. Un autre Florentin, Amerigo Vespucci (dont le frère travaille avec Machiavel), fait comprendre à la chrétienté que Christophe Colomb a découvert un Nouveau Monde. En Allemagne, un jeune moine tourmenté, Martin Luther, s'apprête à bouleverser l'Europe. Toutes les certitudes des contemporains volent en éclats, et singulièrement en Italie.

Pour Machiavel, ces temps inédits appellent un art politique nouveau. Il ne cesse de voyager. En 1500, son gouvernement l'envoie pendant six mois à la cour de Louis XII. Le conseiller du roi qui le reçoit, le cardinal d'Amboise, lui assène que les Italiens « n'entendent rien à la guerre », selon le témoignage ultérieur de Machiavel dans *Le Prince*. Et l'on sent la jubilation de la vengeance dans ces lignes écrites treize ans plus tard : « Le cardinal d'Amboise, avec lequel je m'entretenais de cet événement [la conquête de la Romagne par César Borgia], m'ayant dit que les Italiens n'entendaient rien à la guerre, je lui répondis que les Français n'entendaient rien aux affaires d'État » (chap. III, « Des principautés mixtes »).

Reste que, en 1500, le Florentin, inquiet de l'ivresse de la force qu'il perçoit chez les Français, met en garde ses supérieurs avec une franchise brutale : « Messeigneurs, ils vous estiment pour rien. » Entre le jeune secrétaire et les dirigeants de la République, le conflit de générations affleure. Le patriote humilié juge que les élites politiques de toute l'Italie ont failli. Il scrute l'horizon à la recherche de la relève. Machiavel appelle de ses vœux un prince qui serait un maître dans l'art de la guerre et dans l'art politique, capable de doter un État des racines profondes qui ont jusqu'alors, en Italie, fait défaut. Dépêché auprès de César Borgia, le Florentin est le témoin fasciné de son ascension puis assiste, déçu, à sa chute.

Le temps des épreuves

On peut être un grand penseur politique et un homme d'action au bilan mitigé. L'administrateur convainc la Seigneurie de faire creuser un canal en amont de Pise pour détourner l'Arno, assécher le port de la ville rebelle et la contraindre à la reddition. Les travaux s'achèvent par un désastre. L'autre grand dessein de Machiavel – la création d'une milice composée de Florentins afin d'en finir avec les *condottieri* – obtient des résultats contrastés. L'infanterie de la République réussit à reprendre Pise mais se débande face aux Aragonais (1512). Et l'Espagne rétablit les Médicis à Florence.

Crânement, Machiavel ne s'enfuit pas, attend les nouveaux maîtres, offre de les servir. A-t-il surestimé son pouvoir de séduction ? Le voilà démis de sa charge. Puis, soupçonné – à tort – de participer à un complot contre les Médicis, Machiavel est arrêté. Incarcéré à la prison des Stinche, non loin de la basilique Santa Croce, il subit trois fois le supplice de l'estrapade, suspendu par les bras au risque d'être estropié. Le diplomate déchu tient bon et nie. Faute de preuves, l'ancien serviteur de la République est remis en liberté et assigné à résidence dans la propriété héritée de son père à Sant'Andrea in Percussina, à quinze kilomètres au sud de la ville.

La demeure de Machiavel est une maison médiévale robuste. Ses chers livres tapissent bientôt son cabinet de travail au rez-de-chaussée. Le maître des lieux fait installer des portes imposantes à l'entrée de la pièce pour marquer qu'il s'agit d'un sanctuaire. À l'abri de murs épais, l'exilé jouit d'une appréciable tiédeur pendant l'été toscan. Une campagne grandiose entoure le bâtiment. Du jardin, l'ancien secrétaire aperçoit, au-delà des collines, le dôme de la cathédrale Santa Maria del Fiore de Florence. Et son cœur se serre. Un désir le hante : revenir en grâce, servir de nouveau la patrie !

Dans une lettre émouvante, le 10 décembre 1513, il raconte ses efforts pour ne pas sombrer. « Je me lève avec le soleil, je vais dans un de mes bois que je fais couper. J'y demeure deux heures à examiner l'ouvrage qu'on a fait la veille et à m'entretenir avec les bûcherons. Lorsque je quitte le bois, je me rends auprès d'une fontaine, et de là à mes pièges aux grives, portant avec moi, soit le Dante, soit Pétrarque, soit un de ces poètes appelés *minores*, tels Tibulle, Ovide, et autres. Je lis leurs plaintes passionnées et leurs transports amoureux ; je me rappelle les miens, et je jouis un moment de ce doux souvenir. »

L'infortuné gagne ensuite l'auberge en face de sa demeure. « Je cause avec les voyageurs, je leur demande des nouvelles de leurs pays », poursuit-il. Après un déjeuner en famille, Machiavel retourne à l'auberge et joue au trictrac avec les habitués, un boucher, un meunier et deux chaufourniers. La compagnie se dispute pour un liard. À l'en croire, on frôle la rixe d'ivrognes. « C'est ainsi que, plongé dans cette ignoble existence, je tâche d'empêcher mon cerveau de se moisir, écrit l'exilé. Je donne ainsi carrière à la malignité de la fortune qui me poursuit ; je suis satisfait qu'elle ait pris ce moyen de me fouler aux pieds et veux voir si elle n'aura pas honte de me traiter toujours de la sorte. »

La nuit lui apporte la consolation. « Le soir venu, raconte le penseur, je retourne chez moi, et j'entre dans mon cabinet ; je me dépouille sur la porte de ces habits de paysan, couverts de poussière et de boue ; je me revêts d'habits de cour ou de mon costume et, habillé décemment, je pénètre dans le sanctuaire antique des grands hommes de l'Antiquité : reçu par eux avec bonté et bienveillance, je me repais de cette nourriture qui seule est faite pour moi et pour laquelle je suis né. Je ne crains pas de m'entretenir avec eux et de leur demander compte de leurs actions. Ils me répondent avec bonté ; et pendant quatre heures j'échappe à tout ennui, j'oublie tous mes chagrins, je ne crains plus la pauvreté, et la mort ne saurait m'épouvanter : je me transporte en eux tout entier. »

Un bréviaire de l'art politique

Au fait, poursuit Machiavel dans cette lettre, il vient de composer un petit livre, *De Principatus*, *Des principautés*. Plus tard, un éditeur trouvera un titre plus accrocheur : *Le Prince*. L'auteur le dédie au Médicis qui dirige Florence dans l'espoir de lui prouver qu'il connaît son métier, l'art politique (*arte dello stato*), comme d'autres l'art de la laine ou de la sculpture. Le penseur se regarde comme un physicien. Affranchissant sa discipline de tout surplomb religieux et moral, il explicite les lois de l'ordre politique et, au premier chef, le rôle de l'exercice de la violence.

Un fil directeur parcourt ainsi les vingt-quatre chapitres du *Prince*, consacrés à la science de la conquête du pouvoir et aux qualités requises pour le conserver : une lutte résolue contre le pouvoir temporel du pape, et, plus profondément, une contestation radicale de l'organisation médiévale de la cité inspirée par le christianisme, une volonté de mettre fin à l'influence de la religion chrétienne dans l'ordre politique[1].

Contre le pape...

Machiavel éprouve une hostilité totale envers le pouvoir temporel du pape. Que le successeur de saint Pierre soit

1. Les développements qui suivent doivent beaucoup aux *Pensées sur Machiavel* de Leo Strauss (Payot, 1982, pour la traduction française), ainsi qu'à deux ouvrages de Pierre Manent, *Naissances de la politique moderne : Machiavel, Hobbes, Rousseau* (Payot, 1977 ; rééd. Gallimard, « Tel », 2007) et *Enquête sur la démocratie. Études de philosophie politique* (Gallimard, 2007).

aussi, à l'époque, un souverain et un chef de guerre, voilà qui lui paraît aberrant. En raison du prestige indu qui les entoure, les princes des États ecclésiastiques sont dispensés de l'obligation de gouverner et échappent à la sanction de leur légèreté : « Ceux-là seulement ont des territoires et ne les défendent point, ils ont des sujets et ne les gouvernent point ; et leurs États ont beau ne pas être défendus, on ne les leur ôte point ; leurs sujets, bien que non gouvernés, ne pensent ni ne peuvent se débarrasser d'eux. Seules donc ces principautés sont sûres et heureuses », insiste Machiavel avec une ironie amère (chap. XI, « Des principautés ecclésiastiques »).

L'aura du souverain pontife fait commettre à ses adversaires des erreurs absurdes. Le roi de France Louis XII accepte d'aider le pape Alexandre VI à occuper la Romagne. « Et il ne s'aperçut pas que, par cette décision, il s'affaiblissait lui-même en se privant de ses amis et de ceux qui s'étaient jetés dans ses bras, et qu'il rendait l'Église puissante, en ajoutant au pouvoir spirituel, qui lui donne tant d'autorité, un tel pouvoir temporel » (chap. III, « Des principautés mixtes »).

De même, lorsque Jules II, en 1505, enlevant Pérouse à un *condottiere*, fait preuve d'une grande imprudence (le pape, sans attendre ses troupes, est entré désarmé dans la ville, entouré d'une simple garde et de sa suite), Machiavel s'irrite que ce *condottiere* n'ait pas saisi l'occasion et « écrasé d'un seul coup son ennemi ». Par peur du sacrilège, le *condottiere* a reculé devant sa vocation : mener à bien une « entreprise » inédite qui lui aurait valu l'admiration des contemporains. Car il eût ainsi « montré aux chefs de l'Église le peu d'estime qu'on devait faire de ceux qui gouvernaient comme eux » et accompli un coup d'éclat « dont la grandeur eût effacé l'infamie » et garanti la gloire à son auteur (*Discours sur la première décade de Tite-Live*, livre I, chap. XXVII). Mesurons le caractère inouï du propos pour l'époque.

C'est encore la papauté, soutient le Florentin, qui est responsable de la faiblesse politique de l'Italie. « La cause pour laquelle l'Italie ne se trouve pas dans la même situation [que la France et l'Espagne], et n'est pas soumise à un gouvernement unique, soit monarchique, soit républicain, c'est l'Église seule, qui, ayant possédé et goûté le pouvoir temporel, n'a eu cependant ni assez de puissance, ni assez de courage pour s'emparer du reste de l'Italie, et s'en rendre souveraine » mais a toujours réussi à éviter « qu'un autre s'en empare » (*Discours sur la première décade de Tite-Live*, livre I, chap. XII). En somme, pour Machiavel, le pouvoir temporel du pape dérègle les lois de la physique politique.

… ET CONTRE LE CHRISTIANISME

Cependant, Machiavel incrimine aussi le christianisme lui-même. Si les Italiens ne brillent guère sur les champs de bataille face aux puissances étrangères, « il faut en accuser les nouvelles mœurs introduites par la religion chrétienne. Il n'y a plus de nos jours la même nécessité de résister à l'ennemi » car la défaite n'entraîne plus l'extermination des vaincus comme sous l'Antiquité. « Une ville a beau se révolter vingt fois [en Italie], elle n'est jamais détruite », argumente Machiavel (*L'Art de la guerre*, livre II, chap. XIII). Le citoyen ne s'identifie plus à sa cité, car la défaite n'emporte plus pour lui des conséquences extrêmes. Le courage civique, qui s'éprouve à la guerre, se relâche. Ce n'est donc pas le seul pouvoir temporel du pape, mais bien la religion chrétienne elle-même qui, selon le penseur, entrave les lois de la mécanique politique.

Pour le Florentin, il faut donc restaurer « le pouvoir contraignant de la nécessité » (Pierre Manent) qui se manifeste par la peur de la mort violente lors de situations extrêmes, seule capable de pousser l'homme à accomplir de grandes choses dans l'ordre politique. D'où son insistance à recommander au prince de, certes, « ne pas s'écarter du bien, s'il le peut, mais [de] savoir entrer au mal s'il y a nécessité » (chap. XVIII, « Comment les princes doivent tenir leur parole »).

L'ancien secrétaire de la Seigneurie adopte le même raisonnement lorsqu'il considère une insurrection de prolétaires. Machiavel donne la parole au meneur des Ciompi, ces petits artisans et ouvriers du textile révoltés qui, au XIVe siècle, ont ensanglanté les rues de Florence. Et il lui prête ce discours, destiné à convaincre les hésitants de continuer à tuer pour se faire craindre des maîtres de la cité et les contraindre à négocier : « En quoi ces termes de conscience, d'infamie peuvent-ils nous épouvanter ? [...] Quant à la conscience, nous n'avons pas à nous en soucier, car chez des gens comme nous, tout pleins de peur – peur de la faim, peur de la prison –, il ne peut pas et ne doit pas y avoir de place pour la peur de l'enfer » (*Histoire de Florence*, livre III, chap. XIII). C'est la crainte du péché qui dérègle les comportements rationnels engendrés par la peur naturelle de la mort, juge le penseur. C'est pourquoi il entend la combattre.

La subversion de la culture chrétienne chez Machiavel est ainsi systématique. *Le Prince* fourmille de préceptes provocants. Un exemple : le christianisme ambitionne de fonder sur l'amour. Non, répond Machiavel avec délectation, qui recommande au prince d'être plutôt craint qu'aimé, choix « beaucoup plus sûr ». S'attacher à être aimé, c'est se placer dans la dépendance d'autrui ; vouloir être craint, c'est placer les autres dans sa dépendance : « La crainte est maintenue par la peur du châtiment, qui ne vous abandonne jamais » (chap. XVII, « De la cruauté et de la pitié ; et s'il vaut mieux être aimé que craint, ou le contraire »).

Naissance de la pensée politique moderne

C'est que le Florentin rompt avec la tradition d'Aristote et de saint Thomas d'Aquin. Ses illustres prédécesseurs étudiaient la vie de la cité dans la perspective de sa fin. Lui l'examine dans la perspective de ses commencements, de ses origines. D'où son vif intérêt pour l'étude des situations extrêmes : fondations de cités, conjurations, conflits, assassinats. La moralité en temps ordinaire (que Machiavel ne blâme pas) lui paraît subordonnée à une immoralité en temps de crise. Le bien n'advient et ne subsiste que sous la protection du mal, qu'il prenne la forme de la ruse ou de la force.

En définitive, c'est une nouvelle science de l'être (en termes philosophiques, une ontologie) que propose l'auteur du *Prince*. La philosophie grecque puis la scolastique avaient conçu une ontologie de l'essence, de la nature, de la finalité, de la perfection. Machiavel guerroie contre cet héritage. Il lui substitue une ontologie des accidents, de l'Histoire, du mouvement et du désordre. Son ontologie s'expérimente dans la division du corps politique entre les Grands et le peuple (chap. IX, « De la principauté civile »). De leur antagonisme découle pour le Florentin la vitalité de la cité, dont la Rome antique offre l'exemple le plus accompli. Et s'il se consacre autant à l'étude de l'historien romain Tite-Live, c'est pour s'autoriser du prestige alors reconnu à l'Antiquité et invoquer une autorité qu'il pourra opposer à celle de la Bible, comme l'a observé Leo Strauss.

L'ancien diplomate juge que Savonarole a échoué à fonder de nouvelles institutions parce qu'il était un de ces « prophètes désarmés » qu'on rencontre dans l'histoire (chap. VI, « Des principautés nouvelles que l'on acquiert par ses propres armes et sa vaillance »). Mais Machiavel aussi est convaincu de la nécessité de créer un nouvel ordre politique. Son dessein, certes, est infiniment plus radical : arracher la vie de la cité à l'influence du christianisme. L'abîme qui sépare l'entreprise des deux hommes ne doit pourtant pas masquer le point de départ commun de leur raisonnement. Évoquant l'invasion de l'Italie par Charles VIII en 1494, Machiavel concède à Savonarole : « Qui disait que nos péchés en étaient la cause disait vrai ; mais ce n'était certes pas ceux qu'il croyait [la corruption des mœurs des Florentins et de la papauté] mais ceux que j'ai racontés » (chap. XII, « Combien il y a de sortes d'armées, et des soldats mercenaires »). Machiavel ne présente-t-il pas, en définitive, les traits du fondateur d'un ordre politique nouveau, la plus haute ambition humaine à ses yeux ? Certes, il est, comme le dominicain déchu, un prophète désarmé. Mais, beaucoup plus prudent et patient que Savonarole, le Florentin, affranchi de la tradition chrétienne et de la Providence, dessine la méthode et le cadre intellectuel de la pensée politique occidentale des siècles qui s'annoncent.

BIBLIOGRAPHIE SÉLECTIVE

MACHIAVEL, Nicolas, *Le Prince*, Paris, « Classiques Pocket », 2018.

–, *Le Prince et autres œuvres*, Paris, Robert Laffont, « Bouquins », 2018.

–, *Lettres à Francesco Vettori*, Paris, Rivages, « Petite bibliothèque », 2013.

MANENT, Pierre, *Naissances de la politique moderne : Machiavel, Hobbes, Rousseau*, Paris, Payot, 1977 ; rééd. Gallimard, « Tel », 2007.

–, *Enquête sur la démocratie. Études de philosophie politique*, Paris, Gallimard, 2007.

STRAUSS, Leo, *Pensées sur Machiavel*, Paris, Payot, 1982 ; rééd. Klincksieck, 2017.

THOMAS HOBBES
LÉVIATHAN (1651)

Aux origines de l'État protecteur

Maxime Tandonnet

Profondément marqué par le chaos qui domine l'Angleterre du milieu du XVIIe *siècle, Hobbes considère que l'homme est un loup pour l'homme et doit remettre contractuellement toute possibilité de violence dans les mains d'un État protecteur de tous. Maxime Tandonnet, refusant d'y voir l'origine des régimes totalitaires, s'interroge sur ce que cette pensée peut nous dire aujourd'hui de la nécessité d'un État souverain.*

« Et Léviathan, le pêches-tu à l'hameçon ? / Conclura-t-il une alliance avec toi, / Pour devenir ton serviteur à vie ? / Ton espérance serait illusoire, / Car sa vue seule suffit à terrasser. / La terreur règne autour de ses dents ! / De sa gueule jaillissent des torches, / Il s'en échappe des étincelles de feu. / Il a été fait intrépide. / Il regarde en face les plus hautains, / Il est roi sur tous les fils de l'orgueil. »

Thomas Hobbes a puisé dans le Livre de Job le titre de son œuvre phare consacrée à l'État et à la puissance publique.

Léviathan est ce monstre biblique terrifiant à la forme de crocodile, dominateur, invincible et indestructible. Écrit en anglais, puis en latin, publié en 1651, cet ouvrage fut longtemps mésestimé, voire ignoré, en France. « Chez nous, Hobbes est singulièrement négligé », constatait R. Anthony en 1921, auteur d'une traduction non achevée. D'ailleurs, la première version complète en français, de François Tricaud, date de 1971. Le philosophe anglais est en effet aux antipodes de la pensée dominante française, issue des Lumières, fondée sur le culte de l'optimisme et du progrès. « La nature a fait l'homme heureux et bon mais la société le déprave et le rend misérable », écrit Jean-Jacques Rousseau, qui annonce l'idéologie progressiste fondée sur le postulat de la bonté de l'espèce humaine pervertie par les inégalités. Hobbes affirme précisément le contraire : l'homme n'est à l'origine ni bon ni heureux, mais trouve son salut dans le pacte social. Leur opposition peut ainsi se concevoir comme un reflet du clivage gauche/droite, qui structure la conscience politique des nations occidentales.

La peur et moi sommes deux jumeaux

« La peur et moi sommes deux jumeaux », affirmait Thomas Hobbes, qui a vu le jour en 1588 dans le village (aujourd'hui disparu) de Westport, au sud de l'Angleterre, entre Bristol et Oxford. Il serait, selon lui, né prématuré en raison de la frayeur éprouvée par sa mère à l'approche de l'Invincible Armada espagnole, finalement vaincue. Délaissé par son père, pasteur anglican, il accomplit ses études à Oxford, de 1604 à 1608. Rebelle envers l'enseignement de la scolastique qui vise à combiner la pensée grecque et la théologie chrétienne, critique envers le conformisme de ses maîtres, épris de géométrie et de sciences exactes, autant que de grec et de latin, il obtient le diplôme de « *Bachelor of Art* ». Par la suite, il gagne sa vie comme tuteur d'enfants de la haute noblesse britannique. Il se place ainsi au service de William Cavendish (1552-1626), qui porte le nom de l'une des grandes familles du royaume, désigné baron de Hardwick par le roi Jacques Ier en 1605.

Thomas Hobbes est rattrapé par sa sœur jumelle : la peur. Le règne de Jacques Ier (1603-1625), fils de Marie Stuart, a été dominé par un climat de tension entre la monarchie et le Parlement, gardien de l'ancienne tradition libérale britannique contre les velléités autoritaires du roi et de la cour, dans un contexte de persécutions des catholiques et d'affrontements opposant anglicanisme et puritanisme (calvinisme). En 1642, sous Charles Ier , dont les ambitions autocratiques dépassent celles de son père, le conflit dégénère en guerre civile entre l'armée royale, soutenue par la noblesse, et la force militaire de la Chambre des communes. Le pays est dévasté par les combats, de l'Écosse au sud de l'Angleterre, jusqu'à la prise de pouvoir d'Oliver Cromwell à la tête de la force parlementaire, puis la décapitation de Charles Ier, le 30 janvier 1649.

Dès 1640, voyant s'installer le chaos en Grande-Bretagne, compromis par ses amitiés avec la cour royale, Thomas Hobbes choisit l'exil dans la France de Louis XIV. C'est donc en France, où il s'est réfugié pendant plus de dix ans, que Thomas Hobbes entreprend la rédaction de son chef-d'œuvre. Manque de courage de sa part ? En tout cas, ce geste est conforme à sa doctrine qui fait de la quête de la sûreté le mobile principal des comportements humains. La monarchie dite absolue, dont les principes ont été théorisés par Bossuet – « qui se fait un prince souverain lui met en main [...] toutes les forces de l'État » –, lui offre un modèle de régime politique assurant durablement la protection des sujets du roi, et apporte une réponse satisfaisante à sa hantise du désordre. À la faveur de la sécurité revenue en Angleterre, sous la poigne de Cromwell, « Lord protecteur », fondateur d'une république anglaise ou « Commonwealth », Hobbes retourne à Londres à l'occasion de la parution de *Léviathan* en 1651.

L'affirmation des États modernes, organisés et centralisés, sur les décombres de la féodalité, a donné lieu, à partir de la Renaissance, à un renouveau de la réflexion politique. *Le Prince* de Machiavel, publié en 1532, en est l'exemple le plus célèbre. En dissociant la politique de la morale, le Florentin invite le Prince à recourir sans scrupule à la ruse et à la force. En 1576, la parution des *Six Livres de la République* de Jean Bodin marque une autre étape décisive dans cette réflexion. Ce philosophe français, pour sa part, développe une conception de la souveraineté, la faculté de faire la loi, qui ne saurait être qu'« inaliénable et absolue ». Ces deux œuvres majeures de la pensée politique considèrent le pouvoir comme une donnée, mais ne s'interrogent pas sur son origine.

Hobbes aborde la question du politique sous un angle différent. Dans une démarche matérialiste, fondée sur l'observation de la réalité, lui se penche sur les raisons profondes de l'existence de l'État. Il s'inscrit donc dans la tradition de l'empirisme britannique dont Francis Bacon (1561-1626) est considéré comme le précurseur. Le recours à la raison pour expliquer le pouvoir – Hobbes entretient une correspondance avec René Descartes – donne à son livre un caractère sulfureux. Il dynamite la notion de droit divin, selon laquelle les monarques tiennent leur autorité de Dieu et de lui seul. Face au scandale, il ne sera réadmis à la cour des Stuart, rétablis sur le trône en 1660, qu'à la condition de ne plus s'exprimer ni sur la religion ni sur le pouvoir.

L'homme est un loup pour l'homme

Léviathan, 700 pages dans la traduction française de François Tricaud[1], est composé de quatre parties : « De l'homme », « De la république », « De la république chrétienne », « Du royaume des ténèbres ». Ce livre part d'une réflexion sur la nature humaine. « L'homme est un loup pour l'homme » : la célèbre formule de Thomas Hobbes, extraite d'une lettre qu'il adressait le 1er novembre 1646 au comte de Devonshire, illustre la vision tragique qui l'imprègne. Sa thèse repose sur un constat : les individus, dans l'état de nature, c'est-à-dire livrés à eux-mêmes, en l'absence d'une autorité supérieure, sont voués à un affrontement sans fin : « Si deux hommes désirent la même chose alors qu'il n'est pas possible qu'ils en jouissent tous les deux, ils deviennent ennemis [...]. La compétition pour les richesses, l'honneur, le commandement, ou quelque autre puissance porte à la lutte, à l'inimitié et à la guerre, parce qu'alors, le moyen d'atteindre ce qu'on désire est de tuer, de vaincre, d'éliminer son compétiteur. »

Dans cet état de nature, il n'existe aucune notion partagée du bien et du mal. L'idée même de morale naturelle est absente. Tout est relatif et le seul critère susceptible de fonder les comportements des uns et des autres est l'intérêt

1. Titre complet : *Léviathan. Traité de la matière, de la forme et du pouvoir de la république ecclésiastique et civile.*

individuel. L'humanité est dès lors plongée dans un état de chaos permanent : « Il apparaît clairement par là qu'aussi longtemps que les hommes vivent sans un pouvoir commun qui les tienne tous en respect, ils sont dans cette condition qui se nomme guerre [...]. Cette guerre de chacun contre tous a une autre conséquence : à savoir que rien ne peut être injuste. Les notions de légitime et d'illégitime, de justice et d'injustice, n'ont pas ici leur place. Là où il n'est pas de pouvoir reconnu, il n'est pas de loi ; là où il n'est pas de loi, il n'est pas d'injustice. La violence et la ruse sont en temps de guerre les deux vertus cardinales. Justice et injustice ne sont en rien des facultés du corps et de l'esprit. »

Un dieu mortel

Cependant, l'instinct de survie pousse les hommes à vouloir quitter cet état de nature : « Le désir de bien-être et de plaisir sensuel dispose les hommes à obéir à une puissance commune [...] la crainte de la mort et des blessures les dispose à la même chose et pour les mêmes raisons. » L'État, le Léviathan, est le résultat d'un pacte entre tous les hommes. Ces derniers renoncent à la liberté de se nuire les uns aux autres. Ils se fondent en une république – *commonwealth* – dont la mission est d'organiser l'état de paix à travers l'élaboration de lois, ou règles de la vie en société, et d'un outil de sanction destiné à châtier ceux qui les enfreignent.

« La seule façon d'ériger un tel pouvoir commun, apte à défendre les gens de l'attaque de l'étranger, et des torts qu'ils pourraient se faire les uns aux autres, et ainsi de les protéger [...] de telle sorte qu'ils puissent se nourrir et vivre satisfaits, c'est de confier tout leur pouvoir et toute leur force à un seul homme, ou une seule assemblée, qui puisse réduire toute leur volonté [...] en une seule volonté. Il s'agit d'une unité réelle de tous en une seule et même personne, unité réalisée par une convention de chacun avec chacun passée de telle sorte que c'est comme si chacun disait à chacun : j'autorise cet homme ou cette assemblée, et je lui abandonne mon droit de me gouverner moi-même, à cette condition que tu lui abandonnes ton droit et que tu autorises toutes ses actions de la même manière. La multitude ainsi unie en une seule personne est appelée une république. Telle est la génération de ce grand Léviathan, ou pour en parler avec plus de révérence, de ce dieu mortel, auquel nous devons, sous le Dieu immortel, notre paix et notre prospérité. »

Le contrat fondateur du Léviathan est une métaphore de l'accord de volonté entre tous les membres de la cité, pour s'en remettre à une puissance supérieure. Il faut dire que Hobbes ne lésine pas sur la toute-puissance de son souverain. Puisqu'il n'existe, à l'état de nature, aucune morale naturelle, il incombe à ce dernier de déterminer les notions de bien ou de mal et les règles du jeu de la vie sociale par l'exercice du pouvoir législatif. À travers la justice pénale, il lui revient de faire respecter les normes de comportement ainsi définies en châtiant les réfractaires. La république peut prendre plusieurs formes, inspirées des critères définis par Aristote : une monarchie, une aristocratie ou une démocratie. La première a la préférence de l'auteur, dès lors qu'elle est la plus propice à l'unité.

Quant à la « république chrétienne » de Thomas Hobbes, elle doit obligatoirement se conformer à l'impératif d'unité. La « querelle des Deux Glaives », selon la formule de saint Bernard de Clairvaux au XIIe siècle, entre le pape et l'empereur d'Occident pour la prééminence dans le gouvernement de la cité, a marqué l'histoire politique du Moyen Âge. À travers l'excommunication des puissants, la papauté s'est attribué le pouvoir de faire et de défaire la légitimité de droit divin des princes et des monarques. Quand Thomas Hobbes écrit *Léviathan*, la monarchie britannique a rompu depuis plus d'un siècle avec ce principe et son souverain s'est proclamé « chef suprême de l'Église et du clergé d'Angleterre ». Sa république s'inspire du modèle anglican. Elle ne s'accommode d'aucune souveraineté concurrente.

Chez lui, le religieux n'a d'ailleurs pas à se mêler de politique : « Le royaume du Christ n'est pas de ce monde. » Mais pour éviter tout risque d'émergence d'une autorité spirituelle qui viendrait porter ombrage à la toute-puissance de la république, il est essentiel que le souverain temporel et le chef religieux ne fassent qu'un. Les deux fonctions, temporelle et religieuse, sont de nature distincte. Cependant, au sommet, elles doivent se retrouver dans les mêmes mains : « Dans toute république chrétienne, le souverain civil est le pasteur suprême, à la charge duquel est commis tout le troupeau de ses sujets. »

Une doctrine totalitaire ?

Hobbes n'esquive pas la question de la liberté individuelle. Celle-ci est pourtant réduite à la portion congrue dans son système. Elle dépend entièrement du Léviathan, qui en définit les bornes selon son bon vouloir : « Dans le cas où le souverain n'a pas prescrit de règle, le sujet a la liberté de faire ou de s'abstenir selon ce qu'il juge bon. » Le philosophe de la peur estime que « la propriété reconnue à un sujet n'est pas soustraite à l'empire du souverain mais seulement à l'emprise des autres sujets ». Le dieu mortel a de même pouvoir de vie ou de mort sur chacun de ses sujets. Il ne souffre aucun obstacle à son autorité, corps intermédiaires ou contre-pouvoirs. Dans cette logique, la république est irréversible : une fois instaurée, ses membres ne peuvent plus faire marche arrière car tout recul compromettrait l'œuvre de pacification. En cas de guerre, et de défaite militaire devenue définitive, les ressortissants de la république vaincue se soumettent à l'ordre du vainqueur.

John Locke, l'autre grand maître britannique de la philosophie politique, une quarantaine d'années plus tard, reprendra l'idée d'une convention créatrice de la communauté politique. Pourtant, *Les Deux Traités du gouvernement civil*, publiés en 1689, procèdent d'une vision radicalement divergente de celle de Hobbes. L'homme naturel n'est, chez lui, aucunement voué à la violence. Sa condition est bien au contraire régie par « un droit de nature qui s'impose à tous, et rien qu'en se référant à la raison, l'humanité entière apprend que, tous étant égaux et indépendants, nul ne doit léser autrui dans sa vie, sa santé, sa liberté et ses biens ». Les hommes vont s'assembler à travers un pacte pour améliorer leur sort en fondant une communauté dont l'objectif essentiel sera de garantir le droit de propriété. Locke préconise dès lors, à l'inverse de Hobbes, un droit de rébellion et de révolte, « si le souverain fait un usage abusif, exorbitant [de ses prérogatives], s'en servant pour détruire au lieu de préserver les propriétés du peuple ».

À travers son tout-puissant Léviathan, maître du bien comme du mal, de la propriété et de la vie, pourvu d'un pouvoir sur ses sujets quasiment illimité, Hobbes a-t-il inventé le totalitarisme ? Tel est l'avis de nombreux auteurs dont

Joseph Vialatoux, auteur de *La Cité de Hobbes. Théorie de l'État totalitaire.*

La pensée de Hobbes est cependant aux antipodes du système totalitaire tel qu'il s'est développé au XXe siècle. Le communisme, le fascisme et le nazisme se caractérisent par une volonté d'emprise sur les consciences. Par le jeu de la propagande et du culte de la personnalité, ils ont pour outil suprême l'asservissement des esprits. « Le totalitarisme, écrit Hannah Arendt, ne se satisfait jamais de gouverner par des moyens extérieurs, c'est-à-dire par l'intermédiaire de l'État et d'une machinerie de violence ; grâce à son idéologie particulière et au rôle assigné à celle-ci dans l'appareil de contrainte, le totalitarisme a découvert le moyen de dominer et de terroriser les êtres humains de l'intérieur[1]. »

Or, Hobbes, au chapitre intitulé « Du royaume des ténèbres », condamne toute forme de domination sur les consciences. Il s'indigne des dogmes chrétiens de l'Enfer et du Purgatoire, destinés à gouverner les hommes par la terreur. D'ailleurs, selon lui, le souverain n'a aucunement vocation à imposer son emprise sur les esprits. La pire des erreurs serait, à ses yeux, « d'étendre le pouvoir de la loi, qui est seulement la règle de l'action, aux pensées elles-mêmes et à la conscience des hommes, scrutant leur sentiment par examen et inquisition nonobstant la conformité de leurs paroles et de leurs actions ». Hobbes opère ainsi une distinction fondamentale entre le devoir d'obéissance dans le monde des réalités qui est sans limites, et la liberté de conscience, un principe sacré. Les notions de bien et de mal, définies par le souverain, règlent le comportement de chacun, mais ne visent

1. Hannah Arendt, *Le Système totalitaire*, Paris, Seuil, « Points Essais », 2005.

pas à modeler la conscience individuelle. Chaque membre de la cité soumet à la volonté de Léviathan ses gestes et ses paroles extérieurs, mais conserve une vie intérieure préservée de son ingérence. Cette distinction oppose l'obéissance à l'asservissement et le principe d'autorité à la tentation totalitaire. Ainsi, le sujet doit se conformer à la religion officielle dans la vie sociale, suivant le principe *cujus regio, ejus religio* (tel prince, telle religion), que les monarchies européennes tentent alors de faire prévaloir. Cependant, il est entièrement libre, en son for intérieur, de ses croyances. La paix civile est au prix de ce paradoxe.

Inspiré de la logique de *Léviathan*, le *Contrat social* de Jean-Jacques Rousseau, publié en 1762, s'affranchit de la limite ainsi posée par le penseur britannique. Certes, comme lui, il propose « une forme d'association qui défende et protège de toute la force commune la personne et les biens de chaque associé [chacun mettant] en commun sa personne et toute sa puissance sous la direction de la volonté générale ». Cependant, à l'inverse de Hobbes, le philosophe français annonce, au sujet de tout homme réfractaire « qu'on le forcera d'être libre ». Par cette sentence, qui implique une ingérence du souverain dans la conscience individuelle, il entrouvre la voie au système totalitaire qui trouvera sa première expression, vingt et un ans plus tard, sous la Terreur et la loi des Suspects.

Une œuvre visionnaire

L'œuvre de Hobbes est certes profondément ancrée dans son époque. À chaque page s'y exprime la hantise des guerres civiles et de religion qui ont ravagé l'Europe pendant plus d'un siècle. Pourtant, cette réflexion, datée de presque quatre siècles, présente des accents d'une sidérante modernité, comme si les troubles du XXIe siècle reproduisaient ceux qui lui ont inspiré *Léviathan.*

La fin de la guerre froide au début des années 1990 s'est traduite par l'apaisement des tensions planétaires, bloc contre bloc, et simultanément par un spectaculaire retour des désordres civils, ceux que justement redoutait l'auteur de *Léviathan.* Les nations européennes sont gagnées par un chaos qui ne cesse de s'aggraver : crise migratoire, poussée de la violence et de la délinquance quotidienne, terrorisme, fragmentation communautariste, tensions ethniques et religieuses et radicalisation du combat idéologique. En France, le sentiment de chaos et d'impuissance de l'État face à la violence intérieure a atteint son paroxysme avec la série d'attentats islamistes de 2015 à 2020, qui a fait plus de 260 morts. Jamais, depuis la fin de la guerre d'Algérie, le pays n'avait connu un tel déchaînement de barbarie. Ces événements se produisent dans le contexte d'une montée de revendications communautaires qui fragilisent le pacte social. Un sondage de l'Institut Montaigne révélait en 2016 que « 28 % des musulmans résidant en France ne se reconnaissaient pas dans les valeurs de la République », privilégiant ainsi la loi islamique. La société multiculturelle, telles que se définissent les nations européennes du XXIe siècle, heurte de plein fouet les principes de la république monolithique de Hobbes.

L'ébranlement de la cohésion sociale et de l'unité politique, si chères à Hobbes, le retour à la guerre de tous contre tous résultent avant tout d'une crise de l'autorité de l'État. Celui-ci a perdu l'essentiel de son pouvoir de faire la loi. L'influence des juridictions internationales, à travers l'interprétation des traités et des conventions, prévaut désormais sur la souveraineté des parlements nationaux. Le dieu mortel est enchaîné, soumis à une multitude de contraintes, d'obstacles et de contre-pouvoirs qui réduisent ses marges de manœuvre. La libre circulation des personnes, des idées et des images, favorisée par les technologies de la communication, se joue des frontières. Les forces de l'ordre sont entravées dans la lutte contre la délinquance par l'accumulation des procédures et l'exercice d'une justice pénale privilégiant les droits de l'individu sur les considérations de sécurité de l'État. La violence se répand insidieusement dans un climat de relativisme dont l'effet est d'abolir les notions de bien et de mal, en banalisant certains faits criminels tels que les émeutes accompagnées de la destruction des biens privés ou publics. « Jusqu'à ce que fussent constitués de grands États, écrit Hobbes, on ne pensait pas qu'il y eût du déshonneur à être pirate ou voleur de grand chemin, mais bien plutôt que c'était là une profession légale. » Un État trop affaibli pour imposer sa vision du bien et du mal et la faire respecter est seul responsable de la propagation du chaos.

Hobbes présente dans son *Léviathan* les vices de constitution du dieu mortel qui favorisent sa décomposition et, par conséquent, le retour de la violence : faiblesse s'il dispose de « moins de pouvoir qu'il n'en faut pour maintenir la paix et la défense » ; relativisme quand « chaque particulier est juge des actions bonnes ou mauvaises » ; soumission dès lors que le « détenteur du pouvoir souverain est assujetti à la loi civile » (un droit qui lui est supérieur). Ces malfaçons du dieu mortel décrivent de manière étrangement prophétique l'État moderne, aussi obèse qu'impuissant. Hélas, le philosophe ne fournit pas les remèdes à cette défaillance.

Bibliographie sélective

ARENDT, Hannah, *Le Système totalitaire*, Paris, Seuil, « Points Essais », 2005.

BODIN, Jean, *Les Six livres de la République*, t. I, Paris, « Le Livre de Poche », 1993.

CHEVALLIER, Jean-Jacques, *Histoire de la pensée politique,* t. I et II, Paris, Payot, 1979.

COTTRET, Bernard, *Histoire de l'Angleterre. De Guillaume le Conquérant à nos jours*, Tallandier, 2011 ; « Texto », 2019.

HOBBES, Thomas, *Léviathan. Traité de la matière, de la forme et du pouvoir de la république ecclésiastique et civile*, traduction de François Tricaud, Paris, Dalloz, 1999.

LOCKE, John, *Traité du gouvernement civil*, Paris, Flammarion, « GF », 1984.

MACHIAVEL, Nicolas, *Le Prince*, Paris, Mille et une nuits, 2003.

ROUSSEAU, Jean-Jacques, *Du contrat social*, Paris, Flammarion, « GF », 2001.

VIALATOUX, Joseph, *La Cité de Hobbes. Théorie de l'État totalitaire*, Lecoffre et Gabalda, 1935.

JOHN LOCKE
LE SECOND TRAITÉ DU GOUVERNEMENT (1690)

Le précurseur de la propriété de soi

Gaspard Kœnig

Dans ce texte très personnel, le philosophe Gaspard Kœnig prend appui sur les intuitions de Locke exprimées dans Le Second Traité du gouvernement *pour défendre l'idée radicale de propriété de soi, dans une perspective libérale résolument immanente.*

Le droit de propriété est aujourd'hui l'objet d'attaques croisées, de la part des socialistes sur l'autel de la redistribution (Thomas Piketty) comme des libéraux au nom de la fluidité du marché (Glen Weyl). Il n'est donc pas inutile de revenir au fondement conceptuel de la propriété : *Le Second Traité du gouvernement* (1690), rédigé par John Locke en pleine Glorieuse Révolution britannique, et qui influencera substantiellement la Constitution américaine.

Comme Jean-Jacques Rousseau au siècle suivant, Locke lutte contre l'absolutisme. En bâtissant un système philosophique complet, depuis l'épistémologie jusqu'à la théorie de l'éducation en passant par la politique, il nie toute transcendance. Dieu est évacué de l'esprit des hommes par un empirisme radical (car il n'existe pas d'idées innées), et de leur communauté par un contractualisme non moins radical (car dans l'état de nature la liberté est première). L'autorité naturelle est remise en cause, celle du roi comme celle du père. Voltaire admirera cette cohérence : « Jamais il ne fut peut-être un esprit plus sage, plus méthodique, un logicien plus exact que Locke. »

Le droit de propriété, raison d'être du gouvernement civil

Mais contrairement à Rousseau qui, un demi-siècle plus tard, présentera le contrat social comme une réponse aux inégalités engendrées par la propriété privée, Locke fait de la garantie du droit de propriété la raison d'être du gouvernement civil. Il n'est pas difficile de voir comment ces deux points de départ radicalement différents inspireront les traditions politiques anglo-saxonnes d'un côté, continentales de l'autre[1].

Voici la clé de voûte du *Second Traité*, au chapitre V : « Bien que la terre et toutes les créatures inférieures appartiennent en commun à tous les hommes, chaque homme est

1. Traditions que Thomas Paine tenta de réconcilier, dans sa *Justice agraire* (1796), en posant l'idéal d'un revenu universel. Mais c'est une autre histoire, que l'on pourra lire dans mes *Voyages d'un philosophe aux pays des libertés*, chap. V, Paris, Éditions de l'Observatoire/Le Point, 2018.

cependant propriétaire de sa propre personne. Aucun autre que lui-même ne possède un droit sur elle, le travail de son corps et l'ouvrage de ses mains lui appartiennent en propre. Il mêle son travail à tout ce qu'il fait sortir de l'état dans lequel la nature l'a laissé, et y joint quelque chose qui est sien. Par là, il en fait sa propriété. Cette chose étant extraite par lui de l'étant commun où la nature l'avait mise, son travail lui ajoute quelque chose, qui exclut le droit commun des autres hommes. »

La propriété n'est donc pas définie de manière utilitariste comme un facteur de croissance ou d'innovation. Elle est posée comme une nécessité métaphysique dans un monde où, affranchi de la création divine, l'homme cherche à définir sa propre place.

La légitimation de l'appropriation par Locke est limpide : c'est en « mixant » mon travail à la nature que je crée un bien qui m'est propre. Ainsi donc la pomme que j'ai cueillie, la table que j'ai fabriquée m'appartiennent. On en dérive naturellement un contractualisme généralisé. Mais on ne pose pas suffisamment la question préalable : pourquoi mon travail est-il « mien » ? Parce qu'il émane de mon corps. Très bien, mais pourquoi mon corps est-il « mien » ?

L'homme s'appartient lui-même

C'est là l'innovation la plus audacieuse de Locke : parce que je m'appartiens moi-même. « *Every individual man has a property in his own person ; this is something that nobody else has any right to.* » Locke avait débuté ce chapitre essentiel sur la propriété en réfutant à mots à peine couverts l'idée que nous soyons la propriété de Dieu : le refus de la transcendance s'accompagne d'une réappropriation de l'individu par lui-même, poussant à son terme la logique de la modernité. Notons enfin que Locke était médecin autant que philosophe, et que les événements du corps revêtaient pour lui une importance considérable : comme empiriste, il attribuait la formation des idées à la sensibilité ; comme pédagogue, il était intransigeant sur la discipline corporelle. Locke inaugure une nouvelle ère, affranchie des règles divines comme du dualisme entre le corps et l'esprit. Il cherche à penser, à travers la propriété de soi, l'autonomie de l'homme dans un monde immanent.

C'est donc la propriété première de l'homme par lui-même qui fonde la propriété des objets. Ce lien entre *self ownership* et *ownership* est renouvelé aujourd'hui dans certaines doctrines juridiques. Ainsi Meir Dan-Cohen, professeur de droit à Berkeley, interprète-t-il la notion de soi à l'intersection entre ce que je suis et ce que je possède[1]. Le « je » dépasse le corps, il s'incarne dans l'environnement que je m'approprie. Le patrimoine, conçu en un sens à la fois juridique et psychologique, recoupe l'identité : il implique durée, continuité et exclusivité. Dan-Cohen cite à l'appui de sa thèse des expressions courantes, comme « J'ai eu un accident de voiture » : n'est-ce pas plutôt la voiture qui a eu un accident ? J'en fais cependant à cette occasion un prolongement de moi-même, comme pour « mes vêtements » ou « mes idées ». L'expression française « chez moi » est encore plus troublante. Elle me paraît intraduisible (dit-on « *I am with myself* » ou « *Ich bin bei mir* » ?). Chez moi, c'est en moi-même et aussi entre les quatre murs de ma maison. À l'inverse, on ne supporte

1. Voir Meir Dan-Cohen, *Harmful Thoughts*, chap. IX, « The Value of Ownership ».

pas l'atteinte à sa propriété comme on rejette une incision dans son organisme : « *No trespassing* ». Dan-Cohen cite les travaux de la phénoménologie, et en effet il faudrait relire Merleau-Ponty à cette aune, pour comprendre comment le moi se constitue dans le monde en s'y projetant. On pourrait aussi emprunter des concepts de l'anthropologie pour analyser ce que Mauss appelle le « hau », l'âme qui reste dans nos possessions et que l'on transmet lorsqu'elles changent de main[1]. Ou des notions de psychanalyse, comme cet « objet transitionnel » primordial pour le développement de la conscience chez l'enfant[2]. Mais il suffit de penser combien nous éprouvons de peine à nous séparer d'objets qui sont, selon l'expression courante, « une partie de nous-mêmes », ou combien, à l'inverse, nous valorisons ceux appartenant à des personnes chères, depuis le mouchoir de Desdémone jusqu'aux souvenirs amoureux chantés par Barbara[3]. L'être et l'avoir sont indissociablement mêlés. On ne possède des choses que pour autant que l'on se possède soi-même.

Ce caractère ontologiquement premier de la propriété de soi a l'avantage de faciliter le rapport du soi et du corps d'une manière qui gomme un certain nombre d'archaïsmes métaphysiques. En effet, la théorie de l'indisponibilité du sujet implique inéluctablement une forme de dualisme. Le corps est hors commerce parce qu'il « incarne » un sujet ; *substratum* de la personne, il est « porteur » de droits, comme si une âme mystérieuse et singulière imprégnait chacune de nos

1. Voir Marcel Mauss, mais surtout son commentaire par Marshall D. Sahlins dans *Âge de pierre, âge d'abondance*.

2. Voir Donald Winnicott, *Jeu et Réalité*.

3. Voir la chanson *Drouot* : « Ce que vous vendez là, c'est mon passé à moi. »

cellules. Dans cette perspective, le corps est à la fois sacralisé et réifié, intouchable parce que soumis aux diktats de l'esprit. Or, le soi et la conscience de soi se constituent de manière dynamique, dans une interaction continuelle avec le monde extérieur – c'est d'ailleurs toute la théorie lockéenne, sur le plan de la connaissance, des idées acquises (et non innées). La propriété de soi se refuse à séparer un possédant d'un possédé : on *se* possède de manière réflexive. C'est dans l'immanence et l'ambiguïté de ce rapport de soi à soi que se crée le droit. La propriété de soi fonde la propriété du corps, qui justifie à son tour la propriété des biens, selon un continuum phénoménologique.

Un concept non encore reconnu par le droit

Or, la propriété de soi n'existe nulle part en droit. Aucun pays n'a osé briser ce tabou. Même les États-Unis, traditionnellement attachés au libre choix individuel, ont reculé devant ce sacrilège[1].

Un tabou qui vient tout droit de notre culture judéo-chrétienne. Les grands monothéismes s'accordent en effet sur un point : le corps appartient à Dieu, qui peut le détruire mais aussi le ressusciter. Le texte doctrinal qui me semble le plus explicite à ce sujet est la première épître aux Corinthiens de saint Paul. Au chapitre 6, Paul entreprend de justifier l'interdit de la prostitution. « Le corps n'est pas pour l'impudicité » car « il est pour le Seigneur, et le Seigneur pour le

1. C'est la fameuse affaire John Moore, tranchée par la Cour suprême de Californie en 1990 : *Moore v. Regents of the University of California*, 1990.

corps ». C'est donc parce que le Christ est en moi, parce que mon corps contient les membres du Christ, que je ne peux le mêler avec celui, impur, d'une prostituée. La prostitution n'est donc pas condamnée pour des raisons morales mais patrimoniales : je ne peux utiliser à ma guise ce qui ne m'appartient pas... Paul est explicite : « Ne savez-vous pas que votre corps est le temple du Saint-Esprit qui est en vous, que vous avez reçu de Dieu, et que *vous n'êtes plus à vous-mêmes* ? »

Cette conception est loin d'être obsolète. Elle ressurgit régulièrement dans la doctrine catholique. C'est en son nom que le pape Pie XII, dans une allocution au congrès international des médecins à Rome en 1954, avait condamné l'expérimentation sur des êtres humains vivants volontaires (y compris médecins ou infirmiers). Si la question était seulement celle du sacrifice, du don de soi au service d'autrui, une telle pratique serait tolérée et même encouragée par l'Église. Mais, précise Pie XII, « il ne s'agit pas d'engagement personnel. Dans cette démarche, il s'agit en fin de compte de disposer d'un bien non personnel, sans en avoir le droit. L'homme n'est que l'usufruitier, non le possesseur indépendant et le propriétaire de son corps, de sa vie et de tout ce que le Créateur lui a donné pour qu'il en use, et cela conformément aux fins de la nature ». De même qu'on ne peut forcer le Christ à s'unir à une prostituée, on ne saurait en faire un cobaye. Nous ne sommes que les locataires de nous-mêmes, et il faudra rendre ce corps en bonne condition lors de l'état des lieux, au Jugement dernier.

Pour contrôler les âmes, la religion a donc besoin de s'emparer des corps. Reprendre la propriété du corps, ce serait ébranler une tradition intellectuelle millénaire.

Penser le droit de manière radicalement immanente

Il y a aujourd'hui urgence. Car la propriété de soi aurait l'avantage insigne de répondre à l'effondrement du jusnaturalisme. Qui peut encore croire, comme l'affirme notre Déclaration des droits de l'homme, que les hommes sont « nés » libres et égaux en droits, ou comme le prétend le Déclaration d'indépendance américaine que ces droits sont *self-evident* ? *Homo sapiens* est-il l'élu de Dieu ? Son essence est-elle inscrite à l'encre sympathique dans son ADN ? L'historien Yuval Harari a osé dire que le roi était nu. Les découvertes de la biologie comme des neurosciences remettent en cause les fondements de notre droit, qui repose encore sur un ordre naturel empreint de téléologie où l'homme aurait une place à part.

En revanche, la propriété de soi permet de penser le droit sous une forme radicalement immanente. Elle est en ce sens le meilleur fondement de l'égalité juridique, car elle donne d'emblée, avant même la constitution d'une société politique, une autonomie à chacun. Elle pose les prémisses des droits individuels : mon droit à disposer de mon poing s'arrête là où commence votre droit à disposer de votre nez. Sans surprise, la propriété de soi est liée à l'égalité dès la naissance du concept. Quelques décennies avant Locke, Richard Overton fut en effet le premier à concevoir une *self-propriety*. Overton était la figure de proue des « Levellers », un mouvement égalitariste né en opposition à Cromwell. Il posa dans son livre *An Arrow* les fondements du contractualisme : si je m'appartiens moi-même, alors autrui s'appartient lui-même ; de ce fait, les relations entre moi et autrui ne peuvent s'établir que sur la base du contrat, sous la forme d'un transfert de propriété. Je ne m'ouvre moi-même, je n'interagis avec les autres que sur le fondement d'un échange de droits de propriété. Volonté et consentement deviennent les formes appropriées des relations interpersonnelles. Le contrat social se résume donc, dans ce cadre, à la capacité de garantir ces échanges patrimoniaux. Overton plaide logiquement pour un gouvernement constitutionnel, restreint dans ses prérogatives dans la mesure même où les citoyens tirent leurs droits d'eux-mêmes et non d'une quelconque volonté générale. La propriété de soi ouvre la voie à une régulation par le droit, minorant le rôle de la délibération politique.

Il faut ainsi rappeler que, historiquement, la propriété de soi a été invoquée *contre* l'esclavage par les mouvements abolitionnistes. Aristote avait bien vu que l'esclave ne s'appartient pas lui-même[1]. Mais si chacun s'appartient lui-même, et si cette loi s'applique à tous les êtres humains, alors par quel absurde paralogisme pourrait-on appartenir à un tiers ? Le prêtre congrégationiste Edward Tyler, figure de l'American Anti-Slavery Society, érigeait ainsi la *self ownership* en un droit universel, fondement de tous les autres, par-delà les races et les relations économiques[2]. Ne parle-t-on pas dans toutes les langues du monde de « mes membres, mon corps, mon esprit » ? N'est-ce pas suffisant pour en interdire l'usage à tout autre être humain ? La propriété de soi est considérée

1. Voir la *Politique* d'Aristote : « Celui qui, par une loi de nature, ne s'appartient pas à lui-même, mais qui, tout en étant homme, appartient à un autre, celui-là est naturellement esclave. »

2. Voir Edward Tyler, *Slaveholding Malum In Se* : « *Self ownership is an original endowment of every human being – the nucleus around which his other rights gather – the circumference within which they all lie.* »

comme inaliénable, et donc le propriétaire d'esclaves comme un voleur qui ne saurait être compensé[1].

À CHACUN SES VALEURS

L'enjeu de la propriété de soi n'est pas seulement théorique. Les progrès de la médecine et de la technologie posent de manière insistante la question de savoir à qui appartiennent les cellules ou les data. Le droit européen évolue : sang et plasma humains ont été désignés comme « matières premières » en 1989, et donc soumis aux règles de la concurrence. De manière encore plus spectaculaire, l'arrêt Yearworth au Royaume-Uni, en 2009, a établi la propriété d'hommes traités pour un cancer sur leur propre sperme, mis à congeler et accidentellement détruit par un dysfonctionnement du système réfrigéré du North Bristol Hospital. Le juge concluait que « les développements de la médecine impliquent aujourd'hui une réévaluation du traitement de la question de la propriété du corps humain en *common law* ». Récemment, Muireann Quigley, médecin et juriste, a publié une somme importante[2] défendant la propriété du corps comme le meilleur moyen de contrôle dans un marché en pleine expansion. On ne peut plus ignorer la question.

Instaurer la propriété de soi aurait des conséquences éminemment concrètes. De manière évidente, les pratiques qui tombent aujourd'hui sous le couperet de la « dignité

1. Ce qui s'opposait à l'époque au « gradualisme » d'un Abraham Lincoln.

2. Muireann Quigley, *Self Ownership, Property Rights, and the Human Body*, Cambridge, Cambridge University Press, 2018.

humaine », de la GPA à la cryogénisation, seraient légalisées. Évitant des débats sans issue sur l'éthique, le droit de propriété permet à chacun de choisir ses propres valeurs. Il pose également des limites, en ouvrant la voie à toutes les subtilités du contrat. En somme, il s'agit d'achever ce que John Locke avait commencé. À l'égalitarisme des droits entre êtres humains, on pourrait ajouter un embryon de droit des animaux, à travers la propriété pensée comme *trust* entre humain et animal[1], voire d'un droit des robots[2].

Mais au-delà de ces avancées sociétales, deux domaines extrêmement sensibles subiraient une véritable révolution : le numérique et les biotechnologies.

S'agissant du numérique, le Conseil d'État explique aujourd'hui que les données personnelles ne peuvent être soumises au droit de propriété parce qu'elles reflètent la personnalité du sujet et que celui-ci doit rester indisponible[3]. C'est un déni économique, puisque les données personnelles sont de fait agrégées par les plates-formes ; sous cette forme retravaillée, elles peuvent alors être protégées par le droit de la propriété intellectuelle, de sorte que toute la rémunération revient aux plates-formes au détriment des producteurs de la matière première : vous et moi, les utilisateurs du réseau, qui ne cessons de travailler gratuitement pour Facebook & Co. Cela nous laisse dans une forme de féodalisme numérique, où nous offrons l'ensemble de notre production de data au seigneur en échange

1. Voir David Favre, « Equitable Self Ownership for Animals », *Duke Law Journal*, 2000.

2. Alain et Jérémy Bensoussan, *Droit des robots*, Bruxelles, Larcier, 2015.

3. Voir le rapport du Conseil d'État de 2014 sur « Le numérique et les droits fondamentaux ».

de services gratuits… J'ai eu l'occasion de fournir de nombreux arguments en faveur de la patrimonialité des data[1], un sujet aujourd'hui pris très au sérieux aux États-Unis[2]. Mais au-delà d'un débat qui peut devenir vite technique, j'aimerais souligner un point fondamental : pour que les data soient patrimoniales, il faut en bonne logique que le soi le devienne également. C'est toute l'économie du numérique qui en sortirait transformée, en redonnant argent et pouvoir aux citoyens numériques.

La question des biotechnologies se pose exactement dans les mêmes termes : alors que le champ de la brevetabilité du vivant s'étend jusqu'aux organismes génétiquement modifiés, la matière première humaine ne devrait-elle pas à son tour devenir patrimoniale ? Dans la jurisprudence John Moore, l'opinion dissidente de Justice Mosk[3] fournit des arguments en tous points équivalents à ceux que j'ai utilisés sur les data : pourquoi le chirurgien créant la lignée germinale (l'équivalent de la plate-forme agrégatrice de données) pourrait-il s'enrichir sans inclure le « fournisseur de cellule » dans la chaîne de valeur ? Pourquoi n'aurait-on pas le droit de monétiser ses propres cellules alors que des tiers le font déjà légalement ? La reproductibilité des cellules comme celle des data est souvent invoquée contre la patrimonialité : mais en quoi la

1. Voir *La Fin de l'individu* (Éditions de l'Observatoire, 2019), en particulier le dernier chapitre ; ainsi que les rapports du think-tank que j'ai fondé, GenerationLibre : « Mes data sont à moi » (janvier 2018) et « Aux data, citoyens ! » (septembre 2019).

2. Voir ce papier de recherche séminal par Glen Weyl, Jaron Lanier et trois autres chercheurs de Stanford et de Columbia : « Should we Treat Data as Labor ? Moving Beyond Free », *American Economic Association Papers.*

3. Qui conclut logiquement : « *Every individual has a legally protectible property interest in his own body and its products.* »

propriété se réduirait-elle à l'unicité ? Ne consiste-t-elle pas plutôt dans le pouvoir d'exclure ? Enfin, qui peut vendre peut aussi donner, et nul doute que la plupart d'entre nous accepterions de fournir gratuitement nos cellules comme nos data à des fins d'intérêt général, depuis la recherche fondamentale jusqu'à l'amélioration du trafic urbain…

Tout ce qui émane du soi, cellules ou data, fait aujourd'hui l'objet d'une exploitation intensive. Il serait juste économiquement que l'émetteur premier reçoive son dû. Mais surtout, la patrimonialité du soi permettrait une pleine maîtrise sur les flux de données générés par chacun. En choisissant en amont, dans une *smart wallet*, quelles données j'accepte de partager et à quelles conditions, je pourrais réinstaller une forme de libre arbitre dans l'univers du nudge. La propriété ne confère pas seulement le *fructus*, mais aussi l'*usus* et l'*abusus* : la possibilité de se contrôler, voire de se supprimer, virtuellement ou physiquement.

Voici à mon sens l'argument définitif en faveur de la patrimonialité : redonner à l'individu la possibilité de se constituer comme tel dans un univers rhizomatique où son corps comme ses données sont de plus en plus éparpillés et exploités. À rebours du « dataisme » décrit par Yuval Harari, la propriété de soi doit nous fournir les moyens de retrouver la maîtrise de nous-mêmes et d'échapper à la tyrannie du réseau.

Bibliographie sélective

KŒNIG, Gaspard, *Voyages d'un philosophe aux pays des libertés*, Paris, Éditions de l'Observatoire/Le Point, 2018.

–, *La Fin de l'individu*, Paris, Éditions de l'Observatoire, 2019.

LOCKE, John, *Le Second Traité sur le gouvernement*, Paris, PUF, « Épiméthée », 1994.

PAINE, Thomas, *Justice agraire*, 1796.

QUIGLEY, Muireann, *Self Ownership, Property Rights, and the Human Body*, Cambridge, Cambridge University Press, 2018.

MONTESQUIEU
DE L'ESPRIT DES LOIS (1748)

Liberté et modération

Philippe Raynaud

Montesquieu, si important dans l'histoire du libéralisme français, est pourtant un hapax en son temps. Philippe Raynaud montre combien son sens de la modération ne le conduit pas tant à chercher à éclairer la monarchie qu'à limiter le pouvoir royal, avec sa conception de l'équilibre des pouvoirs qui demeure aujourd'hui un thème classique de la pensée politique libérale.

La place éminente de l'ouvrage majeur de Montesquieu dans l'histoire de la pensée politique tient sans doute à la diversité des interprétations dont il a été l'objet. À sa publication en 1748, il s'attire certes l'hostilité des critiques catholiques, mais il est salué par tous les amis des Lumières comme un indiscutable chef-d'œuvre, et il restera une des rares références communes aux Encyclopédistes comme d'Alembert et à leur plus grand critique moderne, Jean-Jacques Rousseau. D'Alembert voit dans Montesquieu un philosophe de type nouveau, dont les vues sont plus larges que celles de ses prédécesseurs, tout en ayant une plus grande portée politique[1]. Montesquieu a certes pu commettre des erreurs comme savant, mais « ce qui est à la portée de tout le monde dans l'*Esprit des lois*, ce qui doit rendre l'Auteur cher à toutes les Nations, ce qui serviroit même à couvrir des fautes plus grandes que les siennes, c'est l'esprit de citoyen qui l'a dicté[2] ». Un peu plus tard, Rousseau reconnaîtra dans « le grand Montesquieu » le seul moderne qui eût pu fonder la véritable science du droit public, s'il avait osé chercher les « principes du droit public » au lieu de se contenter de « traiter du droit positif des gouvernements établis[3] ». Ces éloges ne doivent cependant pas faire oublier que Montesquieu est à beaucoup d'égards un hapax, et que son succès ne l'empêche pas d'être assez isolé dans son siècle, dès lors qu'on veut bien aller au-delà du programme négatif des Lumières. Il partage certes les grands combats des Lumières (pour la tolérance religieuse, pour la liberté de la science, pour l'humanisation du droit pénal, contre l'arbitraire) mais il se distingue de beaucoup de ses contemporains par sa concep-

1. D'Alembert, *Éloge de M. le Président de Montesquieu*, livre VI de l'*Encyclopédie* : « La plupart des autres Écrivains en ce genre sont presque toujours ou de simples Moralistes, ou de simples Jurisconsultes, ou même quelquefois de simples Théologiens ; pour lui, l'homme de tous les Pays & de toutes les Nations, il s'occupe moins de ce que le devoir exige de nous que des moyens par lesquels on peut nous obliger de le remplir, de la perfection métaphysique des lois que de celle dont la nature humaine les rend susceptibles, des lois qu'on a faites que de celles qu'on a dû faire, des lois d'un peuple particulier que de celles de tous les peuples. »

2. *Ibid.*

3. Jean-Jacques Rousseau, *Émile ou De l'éducation*, livre V.

tion des moyens d'améliorer la condition des hommes et de défendre la liberté en France. La plupart des « philosophes » français sont de vigoureux partisans de ce que l'historien Peter Gay appelle la « thèse royale[1] » : ils comptent sur la puissance de l'État monarchique, une fois que celui-ci sera « éclairé », pour imposer de profondes réformes contre la résistance des forces rétrogrades au premier plan desquelles on trouve les parlements ; Montesquieu apparaît presque au contraire comme un tenant de la « thèse nobiliaire » et de l'héritage du « libéralisme aristocratique » dans sa défense d'une « monarchie modérée » appuyée sur la noblesse et sur des juridictions puissantes. Les « philosophes », de Voltaire[2] à Condorcet[3], ont été parfaitement conscients de ces divergences, que nous devons garder à l'esprit si nous voulons comprendre le projet de Montesquieu.

Les lois « sont les rapports nécessaires qui dérivent de la nature des choses »

De l'esprit des lois est précédé d'une épigraphe célèbre, empruntée à Ovide, qui dit bien l'ambition de l'auteur : Montesquieu prétend avoir produit une descendance engendrée sans mère (« *Prolem sine matre creatam* »), ce qui semble indiquer qu'il ne se reconnaît aucun prédécesseur. Pour la

1. Peter Gay, *Voltaire's Politics. The Poet as Realist*, 2e éd., New Haven et Londres, Princeton University Press, 1988.

2. Voltaire, *Commentaire sur l'Esprit des lois*, *in* Voltaire, *Œuvres complètes*, Paris, Baudouin, 1828, t. XL, p. 373-482.

3. Condorcet, *Observations sur le XXIXe livre de l'Esprit des lois* (1780), in *Cahiers de philosophie politique et juridique de l'université de Caen*, 1985.

tradition qui commence avec Auguste Comte et qui trouvera sa formulation classique chez Durkheim, la nouveauté principale de l'œuvre s'exprime tout entière dans la formule célèbre qui ouvre le premier chapitre, « Des lois en général » : « Les lois, dans la signification la plus étendue, sont les rapports nécessaires qui dérivent de la nature des choses : et, dans ce sens, tous les êtres ont leurs lois ; la Divinité a ses lois ; le monde matériel a ses lois ; les intelligences supérieures à l'homme ont leurs lois ; les bêtes ont leurs lois ; l'homme a ses lois » (I, 1). Pour ces auteurs, qui voient en lui le précurseur ou même le fondateur de la sociologie, Montesquieu a eu le mérite de s'écarter de la tradition moralisatrice ou normative de la philosophie politique pour ouvrir la voie à une juste compréhension de la science sociale, qui donne un sens plein et univoque à l'« idée générale de loi », et qui permet ainsi de « concevoir désormais les phénomènes politiques comme aussi nécessairement assujettis à d'invariables lois naturelles que tous les autres phénomènes quelconques[1] ». Cette révolution intellectuelle lui aurait permis de comprendre comment la politique dépend d'autres « causes » comme l'économie, les mœurs ou encore le climat. La compréhension « sociologique » de la définition des lois comme « rapports » paraît néanmoins assez éloignée de celle de la plupart des contemporains, qui, tout en appréciant par exemple l'analyse du rôle du climat, voyaient plutôt à l'œuvre dans l'*Esprit des lois* une métaphysique rationaliste inspirée de Malebranche, mais elle permet de saisir trois aspects importants de ce qui fait la nouveauté de la démarche de Montesquieu. La définition des lois comme « rapports nécessaires qui dérivent de la nature des choses » a d'abord

1. Auguste Comte, *Cours de philosophie positive*, 47ᵉ leçon.

pour effet de relativiser le fait que la loi soit un « commandement », ce qui n'est vrai que pour les êtres intelligents ; elle permet en outre de comprendre la diversité des lois au-delà de l'universalité supposée de la loi morale et elle ouvre enfin la voie à une nouvelle compréhension de la politique, dans laquelle les lois dépendent elles-mêmes d'autres causes plus profondes, dont le concours définit précisément ce qui fait l'« esprit général » d'une nation[1].

De ces discussions, on peut retenir deux idées majeures sur la situation de Montesquieu dans le champ de la philosophie politique. D'un côté, il apparaît comme le défenseur d'une conception assez classique du droit naturel, clairement dirigée contre celle de Hobbes : « Il faut donc avouer des rapports d'équité antérieurs à la loi positive qui les établit : comme, par exemple, que, supposé qu'il y eût des sociétés d'hommes, il serait juste de se conformer à leurs lois » (I, 1). Mais le contenu de ce droit naturel se réduit à un petit nombre de « lois de la nature » très générales, qui se réduisent au désir de vivre en paix, à la recherche des moyens de subsistance à l'attirance réciproque des sexes et, pour finir, au désir de « vivre en société » (I, 2). Tout cela est proche des thèses de Locke sur l'état de nature et s'insère dans le courant principal de la philosophie du XVIIIe siècle, qui insiste moins sur le contrat social que sur la sociabilité humaine pour expliquer les ressorts de la vie en commun. D'un autre côté, Montesquieu défend bien une conception des lois qui s'oppose à la fois à une l'interprétation alors

1. *De l'esprit des lois*, livre XIX, chapitre 4 : « Plusieurs choses gouvernent les hommes, le climat, la religion, les lois, les maximes du gouvernement, les exemples des choses passées, les mœurs, les manières ; d'où il se forme un esprit général qui en résulte. »

dominante de l'héritage chrétien et à la forme de rationalisme qui domine les Lumières françaises. L'opposition à un certain christianisme est présente dès l'« Avertissement aux lecteurs », à travers la manière dont Montesquieu distingue la politique de la morale : « Pour l'intelligence des quatre premiers livres de cet ouvrage, il faut observer que ce que j'appelle la vertu dans la république est l'amour de la patrie, c'est-à-dire l'amour de l'égalité. Ce n'est point une vertu morale, ni une vertu chrétienne ; c'est la vertu politique ; et celle-ci est le ressort qui fait mouvoir le gouvernement républicain, comme l'honneur est le ressort qui fait mouvoir la monarchie. » Cela n'empêche pas Montesquieu de faire de grands éloges de la religion chrétienne, qui nous a « rendus meilleurs » (X, 3) et qui, n'ayant pas seulement pour objet « le bonheur éternel des hommes », veut aussi « qu'ils aient les meilleures lois politiques et civiles » (XXIV, 1). Mais ces éloges eux-mêmes s'insèrent dans des analyses qui font de la religion un élément parmi d'autres des diverses choses qui gouvernent les hommes, ce qui nous renvoie à ce qu'on appelle parfois abusivement le « relativisme » de Montesquieu. Ce « relativisme » est modéré, et il peut être rapproché de la doctrine d'Aristote, qui considérait déjà que l'universalité de la justice ne signifie pas que le meilleur régime puisse être défini indépendamment des circonstances et de la nature des différentes cités : « Il vaut mieux dire que le gouvernement le plus conforme à la nature est celui dont la disposition particulière se rapporte le mieux à la disposition du peuple pour lequel il est établi » (I, 3). C'est ce qui explique les contradictions apparentes que l'on a cru relever dans l'œuvre de Montesquieu qui, par exemple, analyse sobrement la législation sur l'esclavage dans les républiques antiques alors qu'il ne cesse de proclamer que l'esclavage est contraire au droit naturel. Mais cela nous permet aussi de mieux comprendre quels sont les buts politiques que poursuit Montesquieu et quels sont pour lui les principes qui doivent guider les législateurs. *De l'esprit des lois* fait de grands éloges des républiques du passé dont la vertu était le principe, mais c'est pour mieux montrer que ce type de république appartient à un passé révolu. Il donne un tableau saisissant de la « constitution d'Angleterre » qui contraste violemment avec sa vision très sombre du devenir « despotique » de la monarchie française, mais son but n'est nullement d'introduire en France les institutions anglaises. Il a les mêmes buts que ses amis philosophes, mais il s'oppose au courant dominant des Lumières françaises en critiquant les « idées d'uniformité » qui poussent à vouloir « les mêmes poids dans la police, les mêmes mesures dans le commerce, les mêmes lois dans l'État, la même religion dans toutes ses parties », là où il vaut mieux chercher à savoir « dans quels cas il faut l'uniformité et dans quel cas il faut des différences » : « Lorsque les citoyens suivent les lois, qu'importe qu'ils suivent la même ? » (XXIX, 18)[1].

Les trois formes de gouvernement

L'analyse des trois formes de gouvernement développée dans la première partie de l'*Esprit des lois* est justement

---

1. La référence à l'unité de religion rapproche les philosophes imbus des « idées d'uniformité » à l'exemple honni de la politique religieuse de Louis XIV ; elle vise probablement Voltaire, défenseur de la tolérance et des protestants mais admirateur de la monarchie absolue et du « siècle de Louis XIV ».

célèbre et elle fait partie en France de la culture des honnêtes gens : les républicains aiment à rappeler que si la « vertu » est le principe de la démocratie, la « crainte » est celui du despotisme et les amis de l'ancienne France évoquent avec nostalgie l'importance de l'« honneur » comme principe du gouvernement monarchique. Cette analyse s'inscrit dans une vénérable tradition qui, depuis l'Antiquité classique, fait de la classification des différents régimes une des tâches principales de la philosophie politique. D'Hérodote à Cicéron en passant par Platon, Aristote et Polybe, les classiques se sont efforcés de donner une présentation ordonnée des différents régimes en fonction de critères généraux de distinction dont les plus importants sont le nombre de gouvernants, le pouvoir des lois et l'orientation vers le bien commun ou vers l'intérêt des gouvernants. Cette démarche a produit diverses classifications, qui permettent, d'une part, d'opposer le despotisme ou la tyrannie aux régimes libres, et, d'autre part, de distinguer entre la démocratie, où le pouvoir appartient au peuple, l'oligarchie où il appartient au petit nombre et la monarchie où il est détenu par un seul homme. Montesquieu n'ignore pas ces distinctions mais il les réinscrit dans une typologie inédite. Il distingue trois grandes formes de gouvernement qu'il définit ainsi pour ce qui concerne leur « nature » : « Le gouvernement républicain est celui où le peuple en corps, ou seulement une partie du peuple, a la souveraine puissance ; le monarchique, celui où un seul gouverne, mais par des loix fixes & établies : au lieu que, dans le despotique, un seul, sans loi & sans règle, entraîne tout par sa volonté & par ses caprices » (I, 1). Cette typologie est originale en ce qu'elle réduit l'importance du critère du nombre des gouvernants, puisque la démocratie et l'aristocratie relèvent d'une même forme de gouvernement et, surtout, en ce qu'elle fait du despotisme (et non de la tyrannie) une forme radicale du mal politique : le régime despotique n'est pas une forme corrompue de la monarchie mais un régime *sui generis*, qui ne prive pas seulement ses sujets de liberté en les soumettant à un maître mais qui réduit les hommes à un état déplorable.

La nouveauté principale de l'*Esprit des lois* réside dans l'idée que les différences entre les différents régimes ne tiennent pas seulement à leur « nature » mais aussi à leur « principe » : « Il y a cette différence entre la nature du gouvernement et son principe, que sa nature est ce qui le fait être tel, et son principe ce qui le fait agir. L'une est sa structure particulière, et l'autre les passions humaines qui le font mouvoir » (III, 1). Le principe de la république démocratique est ainsi la « vertu », qui doit s'entendre comme dévouement au « bien général » de la république, et non comme vertu morale ou religieuse. La vertu joue un rôle moindre dans l'aristocratie, dont le principe propre est la « modération ». Elle n'est point le principe du gouvernement monarchique, dont le ressort est l'« honneur » : « L'honneur, c'est-à-dire le préjugé de chaque personne et de chaque condition, prend la place de la vertu politique [...] et la représente partout. Il peut, joint à la force des lois, conduire au but du gouvernement comme la vertu même » (III, 6). L'État despotique, où, faute de lois fixes, tous les hommes sont égaux dans la servitude, ne peut pas reposer sur l'honneur puisqu'« on n'y peut se préférer aux autres », et son principe propre, la « crainte », touche au contraire de plein fouet la noblesse ou les grands : « Des gens capables de s'estimer beaucoup eux-mêmes seraient en état d'y faire des révolutions. Il faut donc que la crainte y abatte tous les courages, et y éteigne jusqu'au moindre sentiment d'ambition » (III, 9).

De cette distinction entre « nature » et « principe », Montesquieu nous dit qu'elle est « très importante » et qu'elle est la clé d'une « infinité de lois » (III, 1, note). Elle joue en effet un rôle central dans l'*Esprit des lois*, où elle permet à la fois de comparer la diversité des sociétés à ce que les sociologues appelleraient des « types idéaux » cohérents et, en expliquant ce qui fait la force ou la prospérité des différents régimes, de montrer aussi ce qui peut menacer leur intégrité. La « vertu » républicaine est un bel idéal, mais il était illusoire de chercher à l'établir en Angleterre (III, 1). L'aristocratie carthaginoise a péri faute de vertu (III, 5). La monarchie peut presque à la rigueur se passer de vertu, mais elle a besoin de « lois fondamentales » et de « pouvoirs intermédiaires » et elle ne doit demander à la noblesse rien qui offense l'honneur, sauf à verser dans le « despotisme ».

La typologie des régimes peut se lire de diverses manières selon que l'on insiste sur la nature, sur les principes ou sur l'importance des lois. Si on prend comme fil conducteur le principe de légalité, la *summa divisio* oppose le despotisme à la fois à la république et à la monarchie. Mais Montesquieu nous met aussi en garde contre tous les excès qui peuvent affecter les différents régimes : la vertu même doit avoir des limites, la démocratie serait en danger si elle cédait à l'« esprit d'égalité extrême », et l'empire des lois ne peut s'établir que si elles s'accordent avec les mœurs. On peut donc ordonner les différents régimes selon une autre division, qui distinguerait les régimes « modérés » (la république, la monarchie) de ceux qui ne le sont pas (le despotisme en tant que tel et les formes corrompues de l'aristocratie ou de la démocratie). La modération, qui est « l'âme du gouvernement aristocratique » (III, 4) mais qui est une « vertu bien rare » (XXVIII, 41) est aussi la vertu dont doit principalement être animé un législateur (XXIX, 1).

L'Angleterre, la France et la liberté

Dans l'histoire de la pensée constitutionnelle, Montesquieu passe pour le grand théoricien de la « séparation des pouvoirs », dont la théorie serait présentée dans le chapitre « De la constitution d'Angleterre » (XI, 6). En fait, Montesquieu, s'il dit bien que les « pouvoirs » doivent être séparés, parle plutôt de la division, de la distribution ou de l'équilibre des pouvoirs. Le principe général est que tout pouvoir doit être limité, ce qui ne peut se faire que par l'action d'un autre pouvoir : « Pour qu'on ne puisse abuser du pouvoir, il faut que, par la disposition des choses, le pouvoir arrête le pouvoir » (XI, 4). Dans l'analyse proprement constitutionnelle, cela se traduit par une certaine organisation des relations entre les pouvoirs législatif, exécutif et judiciaire mais cela n'implique nullement une spécialisation complète des organes de l'État ; l'essentiel tient dans le fait que l'« objet » de la constitution anglaise est la « liberté politique », comme l'« agrandissement » était celui de Rome ou comme la gloire du prince et de l'État est celui de la monarchie. Si l'on suit Montesquieu, la liberté dont il est question n'est pas ce que Benjamin Constant appellera la « liberté des modernes », c'est-à-dire l'autonomie ou l'indépendance individuelle : « Il faut se mettre dans l'esprit ce que c'est que l'indépendance et ce que c'est que la liberté. La liberté est le droit de faire tout ce que les lois permettent : et, si un citoyen pouvait faire ce qu'elles défendent, il n'aurait plus de liberté, parce que les autres auraient tout de même ce pouvoir » (XI, 3). Mais il nous dit aussi que la liberté politique des Anglais est extrême, et, dans le livre XIX, il montre comment leurs lois ont contribué à former « les mœurs, les manières et le caractère d'une nation » dans laquelle tout citoyen a sa « volonté propre » et fait « valoir à son gré son indépendance » (XIX, 27). Le régime qui a la liberté pour objet s'accomplit à travers l'expansion du commerce, et l'équilibre entre les différents pouvoirs s'appuie sur le jeu des partis, lui-même fondé sur les rapports de concurrence entre le roi et le Parlement.

En Angleterre, « la république se cache sous la forme de la monarchie », mais cette république qui se passe de vertu n'est pas non plus vraiment aristocratique car la « modération » découle de l'agencement des intérêts et du jeu des partis. Cette voie vers la liberté et la modération est celle du « commerce » ; elle n'est pas la seule possible dans le monde moderne, car Montesquieu s'efforce aussi de montrer qu'à condition de s'écarter de la voie absolutiste pour retrouver le véritable « esprit général » de la nation française, la France monarchique peut incarner une autre voie qui passe par l'affirmation de l'honneur et par le développement de la « politesse[1] ». La vraie « nature » de la monarchie réside dans une forme de gouvernement modéré, où la puissance du roi s'exerce à travers des « lois fixes » interprétées par des juridictions puissantes. Elle a pour principe l'« honneur » dont les lois ont plus de force, dans une monarchie, que les lois positives (V, 19) et où on peut se passer de « censeurs ». Elle n'est pas affaiblie par la politesse de cour, qui a la même source que l'honneur mais qui permet d'étendre peu à peu le

1. Sur cette question, voir Céline Spector, *Montesquieu. Pouvoirs, richesses et sociétés*, Paris, PUF, 2004 ; et Philippe Raynaud, *La Politesse des Lumières. Les lois, les mœurs, les manières*, Paris, Gallimard, 2013.

règne des manières à la société tout entière. Ces deux voies montrent que le déclin de la vertu peut s'accompagner de réels progrès dans la condition des hommes et cet optimisme mélancolique est peut-être le dernier mot de Montesquieu.

Bibliographie sélective

Barrera, Guillaume, *Les Lois du monde. Enquête sur le dessein politique de Montesquieu*, Paris, Gallimard, 2009.

Binoche, Bertrand, *Introduction à* De l'esprit des lois *de Montesquieu*, Paris, Publications de la Sorbonne, 2015.

Durkheim, Émile, *La Contribution de Montesquieu à la constitution de la science sociale* (1892), repris in *Montesquieu et Durkheim précurseurs de la sociologie*, Paris, Librairie Marcel Rivière et Cie, 1966.

Eisenmann, Charles, « *L'Esprit des lois* et la séparation des pouvoirs », dans *Mélanges Carré de Malberg*, Paris, Duchemin, 1933, p. 165-192 ; rééd. dans *Cahiers de philosophie politique*, Université de Caen, n° 2-3, 1985.

Manent, Pierre, *Histoire intellectuelle du libéralisme. Dix leçons*, Paris, Calmann-Lévy, 1998.

Montesquieu, *De l'esprit des lois* (1748), édition de Robert Derathé, 2 vol., Paris, Garnier, 1973.

Raynaud, Philippe, *La Politesse des Lumières. Les lois, les mœurs, les manières*, Paris, Gallimard, 2013.

Spector, Céline, *Montesquieu. Pouvoirs, richesses et sociétés*, Paris, PUF, 2004.

Troper, Michel, *La Séparation des pouvoirs et l'histoire constitutionnelle française* (1973), Paris, LGDJ, 1980.

JEAN-JACQUES ROUSSEAU
DU CONTRAT SOCIAL (1762)

La question du peuple dans la modernité

Mathieu Bock-Côté

La réception du Contrat social *de Rousseau a longtemps été l'occasion de grands débats de philosophie politique, entre libéralisme et républicanisme, ou autour de l'opposition entre démocratie et totalitarisme. Mathieu Bock-Côté choisit ici de dépasser ces clivages historiques pour poser la question si actuelle que soulève Rousseau : celle de l'incarnation d'une vision politique dans la singularité d'un peuple.*

Si Jean-Jacques Rousseau (1712-1778) passe avec raison pour un des fondateurs de la pensée politique moderne, il est aussi associé aux vigoureuses controverses qu'il a engendrées. On l'a chanté comme on l'a maudit, bien qu'ils soient peu nombreux à contester son génie. Rousseau, en d'autres mots, est une figure polémique et tous croient le connaître sans avoir pris la peine, souvent, de fréquenter ses écrits, même minimalement. Son nom est devenu un symbole, une bannière, un étendard, qu'il faut brandir ou combattre. Il n'est pas inutile, avant de se plonger dans le *Contrat social*, son livre le plus célèbre qu'on entend ici revisiter, de rappeler les interprétations dominantes de sa philosophie dans l'espace public.

ROUSSEAU, RÉPUBLICAIN OU TOTALITAIRE ?

La tradition républicaine, en France, a voulu voir très rapidement en Rousseau son philosophe de référence : hanté par la cité antique, en laquelle il décelait un modèle à reproduire au moins en partie, Rousseau aurait cherché à restaurer la liberté des Anciens au moment où s'imposait la liberté des Modernes, avec sa tendance à réduire le monde commun à une simple structure procédurale dévitalisée, la cité ne prenant plus en charge l'existence politique d'un peuple mais se contentant d'assurer la sécurité des individus sur le modèle de la coexistence pacifique, pour qu'ils puissent vaquer à leurs occupations privées, généralement commerciales ou artistiques, sous la garantie explicite du droit. Rousseau aurait restauré symboliquement la figure du citoyen au moment où s'annonce le triomphe de l'individu. Il aurait refusé de définir le politique exclusivement dans des paramètres négatifs, en suivant la logique du moindre mal : c'est que Rousseau comprenait la nécessité existentielle pour l'homme de s'investir dans la cité et de participer à son gouvernement en se reconnaissant comme coauteur de la loi commune. Ce n'est pas sans raison que la Révolution française l'aurait rapidement panthéonisé : il en serait le père spirituel, car « c'est en Rousseau que l'idée républicaine en France [...] trouve sa source profonde », pour le dire à la suite de Jean-Pierre Chevènement. Il n'est pas rare, encore aujourd'hui, qu'on s'en réclame pour en appeler à une autre modernité, qui ne se laisserait pas capter entièrement par la logique de l'individualisme et de la réduction de l'ordre social à une finalité utilitaire.

Sans surprise, les libéraux l'ont conspué pour la même raison : par la conception qu'il se ferait de la cité, à la manière d'une communauté homogène, Rousseau étoufferait la liberté humaine. Son fantasme spartiate serait à l'origine d'un effacement de l'individu et autoriserait l'établissement d'une tyrannie sanctifiée par sa prétention à incarner sous le signe de l'absolu la volonté générale, un concept jugé nébuleux et mystique par ses critiques, rappelant qu'on ne saurait transcender substantiellement la pluralité de la société et la diversité des visions du monde qui s'y expriment. Théoricien de la société fermée, il condamnerait l'individu à l'écrasement collectiviste. Pour emprunter les mots de Taine, qui n'était pas tendre envers lui, « à la souveraineté du roi, le *Contrat social* substitue la souveraineté du peuple. Mais la seconde est encore plus absolue que la première, et, dans le couvent démocratique que Rousseau construit sur le modèle de Sparte et de Rome, l'individu n'est rien, l'État est tout ». L'absolu monarchique serait finalement bénin face à l'absolu démocratique. Rousseau serait à la Terreur ce que Marx a été au goulag. On pourrait suivre longtemps sa trace jusqu'aux horreurs du XXe siècle. Rousseau serait aux origines de la « démocratie totalitaire », pour emprunter la formule de J.L. Talmon. Si on accepte de voir en lui un grand écrivain ayant le « feu du style » capable d'hypnotiser les lecteurs, et pour cela, une figure centrale de la littérature française, les éloges se transforment en procès quand on aborde ses idées politiques. Rousseau serait un mauvais maître à penser à l'influence intellectuelle funeste.

Rousseau et le rousseauisme

Les philosophes sont aussi victimes de leurs formules les plus célèbres, répétées d'une génération à l'autre, et qui se sont ainsi gravées dans l'imaginaire collectif, auxquelles on en vient à les réduire. Ainsi, l'œuvre de Renan en histoire des religions est aujourd'hui occultée par une conférence circonstancielle consacrée à la question de la nation, qu'il définissait partiellement comme un « plébiscite quotidien ». Il s'est fait une place dans l'histoire de la pensée politique à partir de considérations périphériques. Il en est de même pour Rousseau à qui l'on prête l'idée selon laquelle l'homme est naturellement bon, et n'est corrompu que par la société – l'homme naît bon, c'est la société qui le corrompt, comme aiment le répéter ceux qui croient le citer. L'anthropologie rousseauiste ouvrirait théoriquement le chantier de l'ingénierie sociale la plus radicale, pour fabriquer une société parfaite qui pourrait engendrer un homme nouveau, l'éducation ayant la responsabilité explicite de le façonner, la dissolution conceptuelle de la nature humaine donnant au pédagogue l'illusion d'un pouvoir absolu sur la matière qu'il entend façonner. Rousseau serait le théoricien de l'homme originel, qu'il faudrait retrouver en le décivilisant intégralement, pour le reciviliser autrement. En prétendant retrouver l'homme d'avant l'Histoire, d'avant sa chute dans la civilisation, Rousseau aurait injecté le poison de l'utopisme dans la pensée politique moderne – il ne se contenterait pas de rêver au grand législateur, mais penserait ce dernier sous les traits d'un terrifiant démiurge, se croyant capable de changer la nature humaine.

Aborder Rousseau autrement : la question du peuple dans la modernité

Ces lectures ne sont pas sans intérêt et ces polémiques qui nous sont familières nous disent assurément quelque chose de Rousseau et des virtualités contenues dans son œuvre – nous n'avons aucunement l'idée de les contester. Le contractualisme moderne peut se concrétiser dans une théorie de la démocratie permettant à un peuple de définir librement ses institutions politiques comme il peut basculer dans le fantasme de l'autoengendrement tel qu'il se déploie dans le monde contemporain. C'est une chose de théoriser la nécessité du consentement de l'homme au régime politique dans lequel il évolue, c'est en une autre de croire qu'il a non seulement pour vocation d'aménager le monde mais de le créer comme un pur acte de volonté. Mais s'il s'agit de relire Rousseau aujourd'hui non pas comme une œuvre morte, réservée à ses commentateurs savants, mais comme un classique susceptible d'éclairer les temps présents et les querelles qui les traversent, il n'est pas inutile de la revisiter à partir d'un angle nouveau, à tout le moins négligé. En le désenclavant de la seule histoire du républicanisme français, et en l'extrayant de la querelle entre la démocratie libérale et le totalitarisme, qui a déformé sa réception dans la deuxième moitié du XXe siècle, on parvient, dans les termes de sa philosophie, à poser la question du peuple, telle que la modernité n'y parvient plus vraiment, à moins qu'elle ne se l'interdise tout simplement. La démocratie moderne proclame la souveraineté du peuple. Mais qui est ce peuple qu'on proclame souverain ?

Car Rousseau, on le sait, est l'auteur du *Contrat social*, paru en 1762. Il y pose directement la question du fondement de la communauté politique au cœur de la modernité, qui a voulu substituer à la légitimité héréditaire, qu'elle soit monarchique ou aristocratique, la légitimité démocratique, fondée sur la souveraineté populaire, et se donnant à travers la volonté générale. L'ordre social ne doit plus être reçu mais voulu, et élaboré à partir des exigences de la raison. Quelles sont les sources de la légitimité politique, dans ce cas ? Il s'agit de la produire rationnellement, de théoriser ses origines et ses mécanismes d'institutionalisation : telle est la grande entreprise intellectuelle de la philosophie politique moderne. Rousseau, on le sait, place le concept de volonté générale au cœur de son système : c'est elle que les institutions politiques doivent produire, et qu'un bon régime doit savoir expliciter. Rousseau se présente ainsi comme le découvreur des mécanismes authentiques de formation de la souveraineté populaire, même si la question demeure entière deux cent cinquante ans après la publication du *Contrat social* : comment définir la volonté générale, si on ne l'identifie pas à la volonté majoritaire produite par les institutions, comme le répète Rousseau ? Toutefois, pour Rousseau, il ne s'agit pas simplement de constituer le pouvoir pour assurer la sécurité des individus, qui s'en remettraient à lui pour le protéger, mais bien de mettre en forme un peuple, l'homme devant s'accomplir à travers la communauté politique, l'âme humaine étant condamnée à un devenir rachitique si elle ne parvient pas à se déployer dans la cité. De ce point de vue, Rousseau n'est pas qu'un théoricien du contractualisme moderne, même s'il inscrit assurément son enquête philosophique dans ces paramètres. Il pousse la question plus loin, et la pose autrement.

Car la question surgit rapidement – qui est le peuple auquel les théoriciens du contrat social entendent accorder la souveraineté ? Qui sont les hommes qu'il s'agit de contractualiser ? Qui sont les contractants du contrat social ? Sachant que le contrat social ne constitue pas une société universelle, puisque demeure présente la question de la frontière et de la diversité des langues, à partir de quels critères les hommes sont-ils appelés à se rassembler pour ensuite l'élaborer puis s'y soumettre ? On se souvient que Hobbes fut surnommé *Mister Mushroom*, parce qu'il faisait surgir les hommes dans sa théorie comme des champignons. On pourrait dire de même que le contractualisme repose implicitement sur une théorie du peuple-champignon, qui se manifesterait simplement parce que le contrat décréterait son existence. L'Histoire l'a confirmé d'ailleurs : ceux qui ont voulu définir le peuple comme une construction fondamentalement politique ou idéologique ont eu l'occasion de constater cent fois que leur théorie s'écroule aussi rapidement qu'un château de cartes dès lors qu'on la confronte au réel. Il y a des limites à l'artificialisme politique. Derrière la question politique se profile toujours la question anthropologique : sur quelle idée de l'homme repose le système élaboré par un philosophe pour mettre en ordre le monde ?

Les adversaires de la modernité, ceux qui l'ont défiée ouvertement en questionnant ses fondements mêmes, ont d'ailleurs noté la chose – on pourrait dire que c'est le principal apport de la philosophie contre-révolutionnaire, réactionnaire et conservatrice, pour peu qu'on la définisse un peu largement. Pour eux, le contractualisme reposait sur une vision fictive, désincarnée et irréelle de l'homme, et la représentation de la société à la manière d'un ordre artificiel, décrété et planifié dénotait une mécompréhension grave de la part de l'expérience et du sacré dans la constitution du lien social. Joseph de Maistre, en France, a rappelé plus d'une fois qu'un peuple ne se décrétait pas mais se constituait historiquement, et que la société, quoi qu'on en pense, n'était jamais transparente à elle-même – il y avait dans son fondement une part mystérieuse, qui la rend toujours, à certains égards, immaîtrisable. Il rappelait aussi l'importance de la diversité humaine en disant ne pas connaître l'homme en soi, mais seulement à travers ses ancrages nationaux et culturels. Edmund Burke, en Grande-Bretagne, a quant à lui avancé que l'ordre social n'est jamais spontané, et qu'un peuple est toujours particulier, et se caractérise par ses mœurs distinctives. Les droits sont le fruit d'une histoire, et non d'une proclamation philosophique à prétention universaliste. L'homme générique serait une fiction idéologique : c'est l'homme ancré dans une tradition qui existerait. Johann Gottfried Herder, qui incarne bien le romantisme allemand, retracera aussi dans un langage qui est le sien l'identité spécifique des peuples, en soulignant notamment l'importance du folklore, dans lequel il croyait apercevoir leur génie primitif, dans lequel se ressourcer, pour faire une expérience du monde authentique. On ne saurait penser le peuple sans penser sa culture. Une communauté politique est toujours transcendée par le peuple qui à travers elle exprime sa singularité.

La question du peuple chez Rousseau

Rousseau n'est pas étranger à ces considérations. Mais il y apporte une réponse que l'on pourrait dire interne à la modernité en insistant dans le *Contrat social* comme dans d'autres écrits sur la nécessaire prise en compte du caractère spécifique à chaque peuple et prescrit de ne pas faire partout la même constitution comme si chaque peuple devait se mouler dans un modèle unique. On ne saurait construire une théorie générale de la constitution sans d'abord tenir compte de l'histoire et de la géographie de chaque pays. Il en fait même un chapitre à part entière : « Que toute forme de Gouvernement n'est pas propre à tout pays », ce qui veut dire à tout le moins que les hommes ne sont pas partout pareils ou du moins, qu'ils ne sont pas tous rendus au même stade de développement historique, Rousseau remarquant ainsi que les réformes institutionnelles destinées à un jeune peuple ne sont pas celles qu'on destinera à un peuple arrivé à la maturité politique. Surtout, une bonne constitution doit reposer sur une fine compréhension de la psychologie du peuple auquel on la destine : « Le sage instituteur ne commence pas par rédiger de bonnes lois en elles-mêmes, mais il examine auparavant si le peuple auquel il les destine est propre à les supporter. » En d'autres termes, celui qui conçoit une constitution doit d'abord savoir pour quel peuple il la crée. Ce qui implique de bien en connaître les mœurs et la psychologie – nous dirions aujourd'hui l'identité. L'histoire est antérieure au droit et le deuxième ne saurait contredire exagérément et encore moins abolir la première.

Dans ses *Considérations sur le gouvernement de Pologne*, il se fait encore plus précis en la matière : « Si l'on ne connaît à fond la nation pour laquelle on travaille, l'ouvrage qu'on fera pour elle, quelque excellent qu'il puisse être en lui-même, péchera toujours par l'application, et bien plus encore lorsqu'il s'agira d'une nation déjà tout instituée, dont les goûts, les mœurs, les préjugés et les vices sont trop enracinés pour pouvoir être aisément étouffés par des semences nouvelles. Une bonne institution pour la Pologne ne peut être l'ouvrage que des Polonais ou de quelqu'un qui ait bien étudié sur les lieux la nation polonaise et celles qui l'avoisinent. Un étranger ne peut guère donner que des vues générales, pour éclairer non pour guider l'instituteur. »

Rousseau, qui croit au grand législateur, et qui en redit l'importance (ce qui nous rappelle par ailleurs que la politique relève de la décision et non seulement du processus délibératif), nous invite ici, de ce point de vue, à ne pas le confondre avec la figure du roi-philosophe, qui surplombe l'humanité et décrète ce qui est bon pour elle. Il n'est pas inintéressant de repenser la période qui a suivi la guerre froide à la lumière de ces considérations. On croyait alors que la démocratie libérale était un produit aisément manufacturable qu'il était possible et même nécessaire d'imposer à tous les peuples, quels que soient leur histoire, leur religion, leur stade de développement, leur rapport au pouvoir et leur imaginaire collectif. La philosophie politique elle-même s'est transformée en exercice spéculatif quelque peu désincarné, autoréférentiel, parvenant de moins en moins à comprendre le monde sur lequel elle voulait agir.

Dans le *Contrat social*, Rousseau s'intéresse aussi à la taille de la communauté politique, et plus particulièrement à la part d'homogénéité nécessaire dans la définition du peuple. Il juge ainsi qu'un pays exagérément étendu, où des mœurs très variées cohabitent, se prête mal à l'expérience démocratique. « Les mêmes lois ne peuvent convenir à tant de provinces diverses qui ont des mœurs différentes, qui vivent sous des climats opposés, et qui ne peuvent souffrir la même forme de gouvernement. » La volonté générale, si difficile soit-elle à définir, ne parviendra jamais à prendre forme dans une communauté aux mœurs insuffisamment consistantes et cohérentes. Le peuple, pour se constituer politiquement, doit être formé culturellement.

Peut-être est-ce à lumière de ces réflexions sur les fondements historiques de la communauté politique et la diversité irréductible du monde, qui ne saurait se laisser enfermer dans un moule institutionnel et un régime exclusif, que l'on peut aborder un passage souvent considéré énigmatique dans le *Contrat social* – celui sur la religion civile. Quel peut-être le sens de cette religion civile que Rousseau croit nécessaire pour que la cité puisse se déployer pleinement ? Les commentateurs de Rousseau se sont souvent demandé qu'en faire. Ils y voyaient, sans se tromper, une critique virulente du christianisme qui, du point de vue de notre auteur, sépare le religieux du politique, désacralisant ainsi la cité et la condamnant à la sécheresse existentielle, la réalité se scindant en deux pans irréconciliables, la morale du chrétien ne pouvant jamais exactement être celle du citoyen et l'homme se retrouvant divisé contre lui-même. Sur cette question, Rousseau se veut intraitable : « Tout ce qui rompt l'unité sociale ne vaut rien : toutes les institutions qui mettent l'homme en contradiction avec lui-même ne valent rien. »

Mais on peut raisonnablement dégager le noyau rationnel de son propos sans s'enfermer dans une polémique qui n'est plus la nôtre : Rousseau, en fait, pose la question de la sacralisation du lien politique, de son investissement existentiel. Pour vivre, une communauté politique doit interpeller les plis les plus intimes de l'âme humaine et le citoyen doit être prêt à se sacrifier pour elle. C'est ce qu'on a appelé l'amour sacré de la patrie. Rousseau renoue ainsi avec la question du rapport de la cité à la transcendance, ce qui nous rappelle encore une fois sa fidélité à l'héritage de l'Antiquité.

Rousseau, penseur du caractère substantiel du lien politique

Il est assurément d'autres lectures de Rousseau possibles que celle que nous proposons ici : un classique ne se laisse heureusement jamais enfermer dans une interprétation. Nous ne prétendons pas ici éclairer tout son système, en en reconstruisant l'architecture. Il s'agit plutôt de voir comment le philosophe de Genève peut éclairer notre monde, en sollicitant une part de son œuvre trop souvent jugée périphérique. Nos sociétés redécouvrant le lien indépassable entre la culture et le politique, son œuvre nous permet de théoriser le nécessaire ajustement des institutions à l'expérience historique de chaque peuple, à sa psychologie collective. On ne prétendra pas que la question de la définition du peuple soit le fil directeur de la pensée de Rousseau en général et du *Contrat social* en particulier. Elle n'en demeure pas moins partout présente – Rousseau, chez les modernes, est probablement celui qui a pris le plus au sérieux la question du caractère substantiel du peuple –, ce qui permet de jeter un regard neuf sur le républicanisme, tradition à laquelle il appartient sans aucun doute et qu'il aura contribué à refonder. Mais un républicanisme exclusivement universaliste est condamné à s'affaisser dans la mesure où il ne tient pas compte de la singularité de ce peuple. Les « valeurs de la République » ne sauraient non plus se substituer ou servir à oblitérer le peuple historique particulier, qui se constitue en république. Rousseau a posé dans les paramètres mêmes de la philosophie politique moderne la question de l'incarnation de la communauté politique, de la diversité irréductible de l'humanité et de la nécessité d'accorder le régime politique avec ce qu'on appelait hier le caractère d'un peuple, et qu'on nomme aujourd'hui son identité.

BIBLIOGRAPHIE SÉLECTIVE

ROUSSEAU, Jean-Jacques, *Du contrat social* et *Écrits politiques*, in *Œuvres complètes III*, Paris, Gallimard, « Bibliothèque de la Pléiade », 1964.

STAROBINSKI, Jean, *Jean-Jacques Rousseau, la transparence et l'obstacle*, Paris, Gallimard, 1957.

TALMON, J.L., *Les Origines de la démocratie totalitaire*, Paris, Calmann-Lévy, 1966.

EDMUND BURKE
RÉFLEXIONS SUR LA RÉVOLUTION DE FRANCE (1790)

Tradition et liberté

Jacques de Saint Victor

Brillant représentant du mouvement whig, *opposé à l'absolutisme royal, Edmund Burke écrit dès 1790 un livre prophétique dénonçant les dangers de la Révolution qui vient d'éclater en France. Jacques de Saint Victor montre ici combien cette œuvre qui aurait pu être de circonstance est une des premières critiques majeures de la modernité révolutionnaire au nom de la tradition.*

Edmund Burke est un auteur qui déconcerte les Français. Ce brillant orateur irlandais, né en 1729, compte parmi les plus grands adversaires de l'esprit révolutionnaire. Ses *Réflexions sur la Révolution de France* (1790) sont une des charges les plus accablantes et les plus prophétiques contre l'esprit de 1789. Il y dénonce, trois ans avant la Terreur, les dangers de la raison abstraite. Mais, contrairement à Bonald, à Maistre, ou plus tard à Maurras, Burke figure aussi parmi les plus notables représentants de l'école *whig* (partisans des droits du Parlement, à l'inverse des *tories* proches du roi) et il n'eut de cesse de ferrailler, comme député des Communes depuis 1766, contre le despotisme, la corruption et l'arbitraire. Comment peut-on être à la fois libéral et contre-révolutionnaire ? Pour un lecteur français, qui pense avec Mme de Staël que « la liberté est née en 1789 », cela paraît bien difficile.

Un héritier des « premières Lumières »

Pour saisir ce paradoxe, il faut revenir au legs ambigu des Lumières. Celles-ci restent, comme le notait un grand juriste, « mystérieuses » (Stéphane Rials). Un lecteur rapide peut s'imaginer que tout auteur qui s'opposerait à la raison des philosophes français ou de Kant serait à ranger parmi les tenants de la réaction politique et/ou de la tradition religieuse, le camp fourre-tout des « anti-Lumières » (Zeev Sternhell). Or, le combat du XVIIIe siècle fut bien plus subtil et nuancé que celui d'une lutte artificielle entre d'un côté la raison « libérale » et de l'autre l'obscurantisme « illibéral ». Il y a un monde qui sépare les subtiles critiques d'un Montesquieu, d'un Ferguson ou d'un Hume contre l'hétéronomie (la règle qu'on m'impose de l'extérieur) du monde ancien, tout en se montrant attaché aux héritages du passé, et le rationalisme abstrait des Encyclopédistes et autres « économistes » français (ceux qui se faisaient alors nommer les « physiocrates »), voire les amis matérialistes d'un d'Holbach, d'un Helvétius ou d'un La Mettrie, sans parler du « républicanisme » de Rousseau, toujours à part. Ce ne serait qu'une commodité approximative d'opposer les « premières Lumières », celles de Montesquieu ou de Blackstone, aux « secondes Lumières », celles de Paine ou de Condorcet, mais cette distinction facilitera notre propos.

Burke, qui avait écrit quelques essais, notamment sur le Beau, avant de se lancer en politique (où il théorisa dans son célèbre discours de Bristol du 3 novembre 1774 le « gouvernement représentatif »), était un héritier assumé des « premières Lumières » mais il était devenu avant même 1789 un adversaire résolu des secondes. Il avait fait un voyage en France en 1773 et il en était revenu horrifié. Il avait certes apprécié l'élégance de la cour de Versailles, s'étant laissé séduire notamment par la grâce de la dauphine Marie-Antoinette, future reine de France, dont il fit dans les *Réflexions* un portrait emporté. Mais le député *whig* avait été effrayé par l'esprit qui régnait dans les salons parisiens. Il y avait croisé les « philosophes » alors en vogue, et il avait été frappé, outre leur prétention, par leur « esprit de système », leur mépris hautain de toute forme de tradition, même la plus innocente, leurs sophismes destructeurs. La sécheresse de leur raison utilitariste les empêchait de saisir les bienfaits de l'esprit chevaleresque et religieux… À partir de 1764, l'expulsion des Jésuites du royaume avait fait de ces nouveaux « philosophes » les maîtres de Paris, ce qui leur avait permis de ridiculiser tous les soutiens de la vieille société, comme Palissot, Pompignan ou Fréron, tout en continuant à se présenter auprès de l'opinion comme des victimes de l'arbitraire royal. Burke méprisait ces procédés hypocrites de la part d'esprits pour l'essentiel irresponsables (la monarchie absolue réservant à une élite de la naissance l'exercice des fonctions publiques) mais qui jouaient les principaux réformateurs du royaume, avec la complaisance de certains ministres. Il fut pris de vertige par tant d'inconséquence et, de retour à Londres, Burke s'empressa de répondre à cette prétention philosophique en faisant l'éloge de la « science de la jurisprudence » qui, en s'appuyant sur le précédent, était « la fierté de l'intelligence humaine ». En 1784, il fourbissait déjà ses armes contre « la fausse théorie des droits supposés de l'homme », reposant sur l'hypothèse fragile d'un hypothétique « état de nature ». Pouvait-on fonder une société viable sur de telles abstractions ? Certes, l'Anglais John Locke avait inspiré aux Français une théorie de ce type mais seul un « pays d'assassins », comme Burke décrira la France en 1793, pouvait s'y laisser prendre. Ce dernier commença à partir de cette date à nourrir un véritable préjugé anti-français, ce qui ne l'empêchera pas d'avoir des amis outre-Manche, comme l'orateur des aristocrates, le chevalier de Cazalès, qu'il accueillera dans sa propriété de Beaconsfield pendant l'émigration. Ces Français partageaient avec lui une sorte de défiance innée pour « l'esprit cartésien » à la Sieyès.

Révolutions américaine et française

Cela ne faisait nullement de Burke un adversaire des Lumières et de la liberté. Lorsque éclata la révolution américaine de 1776, il avait pris le parti des *Insurgents* contre les amis du roi George III. Même si certains Américains se présentaient comme proches des Français, à l'instar d'un Thomas Jefferson ou d'un Benjamin Franklin, Burke avait saisi que ces colons ne revendiquaient pour eux-mêmes que les « libertés anglaises ». Leur combat reprenait celui des *whigs* de 1689 qui ne s'étaient pas opposés à l'absolutisme des Stuart au nom d'hypothétiques droits naturels, comme Locke le théorisera en 1690 (Peter Laslett a bien montré que les écrits de ce grand théoricien du contrat n'ont joué aucun rôle dans la révolution de 1689) mais des droits bien concrets « anciens et indubitables du peuple de ce royaume », comme l'évoque le fameux *Bill of Rights* de 1689. Il en allait de même de ces Américains qui ne concédaient rien aux idées abstraites des Français. Ces derniers avaient beau inciter, comme Condorcet, la jeune République américaine à s'écarter du modèle constitutionnel anglais, trop peu conforme à la raison, la plupart de leurs interlocuteurs, y compris Franklin, feignaient d'écouter les Français pour obtenir leur soutien militaire. Mais la guerre contre les Anglais une fois gagnée, les Américains s'empressèrent d'adopter une Constitution reposant sur un modèle de « régime mixte », avec notamment un parlement bicaméral à l'anglaise. L'un des Pères fondateurs des États-Unis, John Adams, rendit compte de cette défiance à l'égard de « l'esprit de système » français dans sa *Défense des constitutions américaines* (1787) ; il était déjà au fond sur une ligne burkéenne. Les amis de Condorcet firent tout pour éviter la traduction de la *Défense* d'Adams en France, se rendant bien compte que la Constitution des États-Unis, malgré son caractère républicain, marquait le triomphe de Montesquieu et des « idées anglaises » et nullement celui des penseurs des « secondes Lumières » françaises.

Mais ces derniers purent prendre leur revanche quand éclata la révolution de 1789. Ils mirent en pratique leurs « systèmes » pour refonder entièrement les institutions de la France, s'appuyant sur le texte fondateur du nouvel âge, la Déclaration des droits de l'homme (26 août 1789). Contrairement aux déclarations anglo-saxonnes, celle-ci avait une ambition universelle. Les Français mélangèrent les théories du droit naturel de Locke, selon lesquelles les droits sont antérieurs à la société, et celles, *légicentristes*, de Rousseau, affirmant que les droits ne découlent que de la loi positive, délaissant dès le mois de septembre 1789 les leçons de prudence de l'*Esprit des lois*. Pourtant, au départ, certains libéraux anglais, comme le docteur Price, un pasteur anglican, mathématicien de renom, qui s'était engagé avec Burke et Paine en faveur des insurgés américains, ne virent pas la différence entre la révolution américaine et la Révolution française. Le 4 novembre 1789, jour anniversaire du débarquement de Guillaume d'Orange sur les côtes anglaises en 1688, Price fit à Londres un long discours dans le cadre de la Société de la Révolution. Les membres de cette honorable société de *whigs* avaient l'habitude d'y entendre des harangues classiques à la gloire de la *Glorious Revolution* de 1689. Mais, ce jour-là, le docteur Price innova en prononçant l'éloge de la Révolution française, qui lui semblait une extension sur le continent des principes anglais.

Vrais et faux droits de l'homme

Burke éclata de rage en découvrant le discours de Price. Il écrivit à un gentilhomme français pour dénoncer les illusions de son compatriote. C'est cette lettre qui servira de canevas aux *Réflexions* futures. Il n'y a rien de commun, selon Burke, entre la Glorieuse Révolution anglaise de 1689, sa petite sœur américaine et la sanguinaire Révolution française. Cette distinction, qui sera amplement développée par Hannah Arendt dans son *Essai sur la Révolution* (1963), était alors audacieuse. Burke s'en était persuadé dès l'ouverture des États généraux. Il avait vu, effrayé, le triomphe en politique de l'esprit abstrait qui l'avait dégoûté en 1773 dans les salons parisiens. Il refuse de voir une Nation comme une « carte blanche sur laquelle [l'homme d'État] peut griffonner à plaisir » à partir de quelques « principes de métaphysique ». Burke lance le premier, bien avant Marx, la charge contre les droits de l'homme. Il n'est pas contre les *vrais* droits de l'homme qui sont ceux, *réels*, de l'individu *en société* mais il dénonce « tous les droits prétendus de ces théoriciens » fondés sur un supposé état de nature car ces droits « sont extrêmes, et autant ils sont vrais métaphysiquement autant ils sont faux moralement et politiquement ». Pour Burke, « cette perfection abstraite est leur défaut pratique ». Ainsi, la souveraineté du peuple : il ne faut pas confondre, comme l'avait dit Montesquieu, la « liberté du peuple » avec le « pouvoir du peuple ». Cette « souveraineté populaire » peut se révéler pernicieuse pour le peuple lui-même : « Les rois deviendront tyrans par politique, lorsque leurs sujets se feront rebelles par principe », écrit Burke.

Les nouvelles de Versailles ne vont cesser de l'inquiéter : le coup d'État du Tiers, le 17 juin, les premiers massacres du 14 juillet, la Grande Peur, l'échec en septembre des « monarchiens » du premier comité de Constitution et surtout la sanglante journée des 5-6 octobre 1789 où certains émeutiers parisiens, après avoir massacré les gardes du corps de Versailles, avaient réussi à pénétrer dans le château royal, menaçant jusque dans sa propre chambre la reine de France. Voilà ce qu'il en coûtait de réveiller les rancœurs populaires avec de grands principes de « métaphysique ». Le peuple « souverain » peut se croire tout permis. Burke exprima dans ses *Réflexions* le fort mauvais présage que tout cela lui inspirait : « Le siècle de la chevalerie est passé ; celui des sophistes, des économistes et des calculateurs lui a succédé, et la gloire de l'Europe est à jamais éteinte. »

Contre l'esprit de système

Le début de l'année 1790 ne fera que confirmer ses inquiétudes. Burke se passionne pour les débats de l'Assemblée française, scrutant les discours des uns et des autres, effrayé par le triomphe de « l'esprit de système », ne voyant plus que dans le groupe des « aristocrates », honnis en France, les derniers vestiges du « courage, [de] la magnanimité, [de] la patience dans les longues souffrances », écrit-il dans une longue lettre à M. de Menonville qui va compléter en janvier 1791 les *Réflexions*. Il y précise son état d'esprit. Chaque courrier venant de Paris, où l'Assemblée s'est finalement installée en novembre 1789, ne fait que renforcer son mépris envers les « architectes de la ruine », ces législateurs qui se déchaînent avec de grands mots vides contre les piliers fissurés de la vieille monarchie. C'est de ce constat consterné que naîtra finalement à la fin de l'année 1790 son pamphlet passionné, écrit d'une plume fiévreuse, d'un seul élan, sans chapitres. Ce ton si rare dans les essais politiques assura un grand succès aux *Reflections on the French Revolution* qui s'arrachèrent très vite à plus de 30 000 exemplaires en Angleterre. Le livre fut aussitôt traduit en Europe, dont en France, où il y eut cinq éditions en 1791 (avant la mise entre parenthèses de la liberté de la presse). Il va devenir dans le monde anglo-saxon la bible du conservatisme libéral. Le roi George III affirma que tout *gentleman* se devait de l'avoir lu et Catherine II de Russie fit ses compliments enthousiastes à l'auteur qui dénonçait pourtant comme de dangereux malfaiteurs publics les anciens amis de la tsarine, Voltaire ou Diderot.

Pourquoi faudrait-il encore aujourd'hui lire ce livre rageur, souvent injuste, plein d'humeur contre l'esprit révolutionnaire ? Tout simplement parce que cette œuvre de circonstance n'en est pas une. Écrite d'une plume majestueuse, puissante et cruelle, elle constitue une des plus grandes œuvres politiques, au même titre que *Le Prince* ou le *Manifeste du Parti communiste*. Burke scrute tous les maux avec lesquels notre nation « cartésienne » se débat depuis deux siècles. Au fond, il met son encre là où ça fait mal : les dérives d'un « esprit de système » qui préfère tout détruire au nom d'un idéal inaccessible. Burke a su décrypter en quelques traits incisifs les travers de notre héritage révolutionnaire et c'est pourquoi sa lecture est toujours indispensable pour mieux connaître non seulement les secrets de la culture politique française, mais aussi, bien au-delà, les profondeurs cachées de la complexité politique.

Les *Réflexions* sont en quelque sorte le miroir inversé de toute la littérature apologétique de la Révolution. Pourtant proche de lui par sa *forma mentis*, Tocqueville jugeait Burke avec un certain dédain car sa connaissance de la France d'Ancien Régime laissait à désirer : « [Burke] demeure comme enterré dans le monde ancien et la couche anglaise de ce monde », écrit-il dans *L'Ancien Régime et la Révolution*. L'Anglais avait eu tendance à idéaliser la monarchie des Bourbons pour mieux accabler la Révolution. Mais si le portrait de cette France d'avant 1789 ne présente plus guère d'intérêt, le procès violent et éblouissant de l'idéologie révolutionnaire est précurseur. Burke renverse toutes les certitudes de son temps : la « civilisation des mœurs » n'est pas du côté des révolutionnaires, « géomètres de la politique », abusant de principes abstraits avec une arrogance et une confiance « qui ne doutent de rien », apprentis sorciers froids de la Terreur. Elle est plutôt du côté de ceux qui tentent de résister à cet esprit de système qui croit au « progrès de l'humanité » mais réveille les pires passions, à rebours même de sa prétention rationaliste. Burke lui oppose l'esprit protecteur de la tradition, y compris pour le peuple qui a besoin de certaines digues contre l'individualisme exacerbé, et c'est dans ce conservatisme même que réside, selon lui, le combat contre la sauvagerie du « Progrès » moderne.

Les théoriciens de la *Commercial Society* croyaient au XVIIIe siècle que l'essor du capitalisme favorisait la civilisation. Burke estime à l'inverse que c'est la civilisation chevaleresque qui a permis l'essor du capitalisme : « Le commerce ne peut fleurir que sous la protection des mœurs et les mœurs requièrent la prééminence de la religion et de la noblesse. » Seuls les Anglais semblent capables de saisir, selon Burke, une telle sagesse paradoxale, ce qui tourne, dans cet extrait fameux, à un éloge insulaire : « Grâce à notre résistance obstinée à l'innovation, grâce à la paresse froide de notre caractère national, nous portons encore l'empreinte de nos ancêtres [...] nous ne sommes pas encore, à force de subtilités, devenus sauvages. Nous ne sommes pas les convertis de Rousseau, nous ne sommes pas les disciples de Voltaire [...] des fous ne sont pas nos législateurs. Nous savons que nous n'avons pas fait de découvertes et nous croyons qu'il n'y a pas de découvertes à faire en moralité, ni beaucoup dans les grands principes de gouvernement, ni dans les idées de liberté. » C'était aussi le message de Montesquieu : la supériorité anglaise tenait au fait qu'elle avait su, mieux que toutes les monarchies d'Europe, préserver « l'esprit des origines » : « Ce beau système a été trouvé dans les bois » (ceux des anciens Germains), disait l'*Esprit des lois*.

L'ESPRIT DE LA TRADITION

Burke « retourne » toutes les valeurs du siècle avec une sorte de délectation provocatrice : au culte de la raison et du progrès il oppose celui de la tradition, au mépris de l'histoire (« L'histoire n'est pas notre code », disait le pasteur Rabaut-Saint-Étienne en 1789) le culte des héritages, à l'abstraction des principes généraux l'éloge des « circonstances » (« Les circonstances, qui ne sont rien pour quelques personnes, sont pourtant dans la réalité ce qui donne à un principe de politique [...] son véritable caractère [...] ce sont elles qui rendent un plan civil et politique nuisible ou utile au genre humain »). Dans *Droit naturel et Histoire* (1953), Leo Strauss a montré que Burke avait renversé systématiquement la notion de « nature » contre les théoriciens du droit naturel, en accusant ces derniers d'avoir « déclaré la guerre à la nature », car, chez l'homme, celle-ci se confond précisément avec l'histoire.

Il y a une part de jeu mais aussi une grande profondeur dans l'entreprise de Burke. Toute son argumentation politique part du désir de conserver, en ne réformant qu'avec prudence. Tout ce à quoi les hommes tiennent le plus est le fruit fragile d'un long processus historique : « Nos franchises et nos droits les plus sacrés [sont] comme un héritage. » Il faut donc partir de ce qui *est* et non d'idées générales : « Un bon patriote, un vrai politique considérera toujours quel est le meilleur parti que l'on puisse tirer des *matériaux existant* dans sa patrie. Penchant à conserver, talent d'améliorer : voilà les deux qualités qui me feraient juger de la bonté d'un homme d'État. » Contre l'esprit d'innovation révolutionnaire, qui « met sa gloire à faire dans peu de mois l'ouvrage des siècles », Burke fait l'éloge de la lenteur qui est la véritable méthode de la nature « dans laquelle le temps est un moyen nécessaire ».

L'Anglais va très loin puisqu'il en arrive à faire, avant Barrès, l'éloge des préjugés. Ils ont été la véritable bête noire de l'esprit du siècle. Qu'à cela ne tienne ! Burke n'hésite pas à réhabiliter le préjugé « avec le fond de raison qu'il renferme », évitant de laisser « la raison tout à nu ». Il ne s'agit pas d'un antirationalisme aveugle. Burke fait du préjugé la principale raison pratique : « Il détermine, avant tout, l'esprit à suivre [...] et il ne laisse pas les hommes hésitant au moment de la décision ; il ne les abandonne pas au danger du scepticisme, du doute et de l'irrésolution. » Au fond, le préjugé devient pour l'homme d'État bien plus efficace que tous les grands principes « métaphysiques » qui entravent le politique et le rendent toujours plus « irrésolu ». Et c'est à partir de ce goût du préjugé que Burke définit avec humour l'*esprit anglais* : « Tous nos vieux préjugés, au lieu de les rejeter, nous les chérissons à un très haut degré, et, pour ajouter à notre honte, nous les chérissons *parce qu'ils sont des préjugés* ; et, plus ils ont duré et plus généralement ils ont prévalu, et plus nous les chérissons. »

L'auteur des *Réflexions* appartient à ce courant éclairé des penseurs d'outre-Manche qui craignent de tomber comme leurs homologues continentaux dans les illusions rationalistes. Son compatriote David Hume estimait que « la raison est l'esclave des passions ». Livrée à elle-même, cette dernière pouvait même se révéler « totalitaire », comme le démontreront Adorno et Horkheimer dans *La Dialectique de la raison*. Les Lumières françaises ont trop cru à la Raison. C'est ce « mal français » que Burke avait dénoncé avec virulence. Ce culte semblait toucher chez nous autant les partisans que les adversaires de 1789. Dans une série d'articles brillants sur Burke publiés en 1853 dans la *Revue des Deux Mondes*, Charles de Rémusat le fit remarquer, soulignant qu'en France, même les plus célèbres adversaires de la Révolution, Bonald ou Joseph de Maistre, professaient le même « esprit de système » que celui de leurs adversaires. Tout respirait la parfaite logique géométrique des « jardins à la française ». « Chez nous, les écrivains éminents de la contre-révolution ont réfuté le rationalisme par le rationalisme [...] ; ils ont fait la métaphysique de l'absolutisme », écrit Rémusat.

Aussi, en France, Burke le libéral occupe-t-il dans le camp de la contre-révolution une place à part, partageant avec quelques « marginaux », comme Cazalès, Chateaubriand ou Montlosier, le même goût pour la liberté et pour les traditions. Il se défiait avec force de toute métaphysique, même au service de l'ancien monde. Il ne pouvait que rejeter le providentialisme de la contre-révolution à la française ou ses apories absolutistes. « Burke eût étouffé sous le régime de M. de Bonald ou du comte de Maistre », conclut Rémusat. C'est ce qui en fait toute la richesse mais aussi le grand malentendu en France, où la cause de la contre-révolution pense avoir partie liée avec celle de l'absolutisme et la cause de la liberté avec celle de la Révolution.

BIBLIOGRAPHIE SÉLECTIVE

BURKE, Edmund, *Réflexions sur la Révolution de France*, préface de Philippe Raynaud, Paris, « Pluriel », 1989.

DRAUS, Franciszek, « Burke et les Français », *in* M. Ozouf, F. Furet, *The Transformation of Political Culture (1789-1848)*, Oxford, Pergamon Press, 1989, p. 79 et suiv.

GANZIN, Michel, *La Pensée politique d'Edmund Burke*, Paris, LGDJ, 1972.

RÉMUSAT, Charles de, *L'Angleterre au* XVIIIe *siècle*, Paris, 1856.

SAINT VICTOR, Jacques de, *Les Racines de la liberté (1689-1789)*, Paris, Perrin, 2007.

–, *La Première Contre-Révolution (1789-1791)*, Paris, PUF, 2010.

STRAUSS, Leo, *Droit naturel et Histoire*, Paris, Flammarion, 2008 (1953).

VILLEY, Michel, « La philosophie du droit de Burke », *Archives de la philosophie du droit*, 1970, t. XV, p. 99-111.

JOSEPH DE MAISTRE
CONSIDÉRATIONS SUR LA FRANCE (1797)

Le triomphe paradoxal de la modernité

François Huguenin

Quelques années seulement après Burke, Joseph de Maistre entreprend une critique frontale des principes de la Révolution française dans une langue de feu et fonde ainsi la pensée réactionnaire. François Huguenin montre ici que Maistre, paradoxalement, loin de renouer avec la tradition classique du politique, bâtit une autre posture de la modernité.

Né en 1753 à Chambéry, le comte Joseph de Maistre faisait carrière dans la magistrature du royaume de Savoie quand la Révolution vint toucher de plein fouet son pays. Maistre était alors sous l'influence du rationalisme des Lumières et notamment de Voltaire, avec lequel il gardera une parenté par le mordant de la plume. L'événement fut cependant un déclic pour lui que rien jusque-là ne prédisposait à devenir le grand théoricien de la contre-révolution. Après l'invasion de la Savoie par les armées révolutionnaires, en 1792, et face au déferlement de la violence révolutionnaire, il se réfugie à

Lausanne d'où il œuvre pour le roi de Sardaigne. En 1797, cinq ans après la parution de l'ouvrage de Burke, *Réflexions sur la Révolution de France*, sont publiées ses *Considérations sur la France*. Elles sont le fruit d'une expérience « d'illumination » qui, en 1794, lui fit profondément modifier l'analyse qu'il avait de l'événement. La Révolution est impensable car elle échappe à la rationalité de ses acteurs et ne peut être comprise que sous l'effet d'une paradoxale volonté de la Providence. Au fond, si l'on veut mettre en mots une pensée qui défie les règles de la compréhension habituelle, on pourrait dire que pour Maistre, la Révolution est le fruit d'une logique constructiviste, voulant créer la souveraineté, alors que celle-ci se reçoit et qu'elle réside dans le pouvoir royal dont le renversement crée une catastrophe derrière laquelle se cache la punition de la Providence, qu'il assimile à l'ordre.

L'homme, cette abstraction

L'ouvrage est à l'image de l'œuvre et du personnage. Écrit au pas de charge, dans une langue incandescente dont les vibrations ardentes demeurent toutefois rigoureusement tenues dans le souci de la précision du verbe et de la persuasion rhétorique, il sera complété bien plus tard, en 1809, par une réflexion sur le pouvoir intitulée *Essai sur le principe générateur des constitutions politiques*. Mais nulle part autant que dans ce texte fondateur de sa pensée ne se trouve aussi bien nouée la gerbe des thèmes maistriens : une vision pénétrante du choc de la Révolution française, un discours religieux aux accents prophétiques et à la tonalité providentialiste qui culminera dans *Les Soirées de Saint-Pétersbourg*, une conception hypertrophiée et théocratique du pouvoir. Si l'analyse de la Révolution comme un événement qui a absolument débordé ses acteurs est riche d'enseignements, elle est hélas parasitée par l'idée que cet événement serait un châtiment divin contre la France. Comme l'a bien souligné Émile Perreau-Saussine, « en insistant sur la dimension religieuse de la politique, en sous-estimant l'autonomie du temporel, Maistre s'interdit de comprendre le sens de la Révolution ; il finit par perdre le sens même du politique[1] ».

Le plus stimulant dans ces *Considérations* réside certainement dans la fameuse réflexion sur l'homme : Maistre soutient ne l'avoir jamais rencontré. Pour lui, l'homme abstrait n'existe pas. Hors d'un espace délimité, d'une histoire et d'une culture données, d'un particularisme précis, il n'est qu'une abstraction qui n'a aucune réalité. Nous voudrions montrer ici que derrière cette pointe extrême de la pensée réactionnaire, apparemment en rupture avec la modernité, se cache le paradoxal triomphe de cette dernière.

De la contre-révolution à la réaction

« La constitution de 1795, tout comme ses aînées, est faite pour l'*homme*. Or, il n'y a point d'*homme* dans le monde. J'ai vu, dans ma vie, des Français, des Italiens, des Russes, etc. ; je sais même, grâce à Montesquieu, *qu'on peut être persan* : mais quant à l'*homme*, je déclare ne l'avoir rencontré de ma vie ; s'il existe, c'est bien à mon insu[2]. »

---

1. Émile Perreau-Saussine, *Catholicisme et Démocratie. Une histoire de la pensée politique*, Paris, Le Cerf, 2011, p. 98.
2. Joseph de Maistre, *Considérations sur la France*, p. 87.

Cette phrase est sans doute la plus célèbre de Maistre et son style admirable et définitif n'y est pas pour rien. On y trouve un des éléments essentiels de la pensée contre-révolutionnaire. Détruisant l'antique constitution coutumière de la France d'Ancien Régime, la Révolution française, en vertu des théories du contrat social héritées de Hobbes et de Rousseau, a voulu écrire une loi constitutionnelle, d'abord en 1791, puis en 1793, enfin en 1795, soit trois textes en quatre ans, largement contradictoires. Durant la période de la Révolution et l'Empire, ce ne seront pas moins de huit textes en seulement vingt-quatre ans. Il faudra attendre les lois constitutionnelles de 1875 pour qu'une Constitution républicaine atteigne une durée respectable, à la réserve près que les lois constitutionnelles de la IIIe République ont dû leur longévité non à leur légitimité intrinsèque, mais à l'extinction de cent trente ans de guerre civile dans le sang de l'Union sacrée, ainsi que l'a magistralement montré Fabrice Bouthillon dans *L'Illégitimité de la République*[1]. Pour les contre-révolutionnaires, et ici Maistre continue le geste burkéen, une Constitution écrite venant remplacer une ancienne constitution coutumière, ce que la monarchie française nommait les lois constitutionnelles du royaume, donne un cadre abstrait à la vie en commun qui ne peut être qu'artificiel et faux. En voulant composer de toutes pièces l'acte de naissance de la vie en société, les modernes s'adonnent à un artifice qui engendre nécessairement une guerre de tous contre tous et une instabilité institutionnelle.

1. Fabrice Bouthillon, *L'Illégitimité de la République. Considérations sur l'histoire politique de la France au XIXe siècle (1851-1914)*, Paris, Plon, 2005 ; rééd. Dialogues, 2018.

Le plus saisissant, c'est que l'histoire de la Révolution et de l'Empire leur donne raison. En tout cas sur ce point.

Si la critique du contractualisme théorisé par la pensée politique moderne et mis en œuvre dans la violence et le déni des libertés par la Révolution constitue un des éléments du socle de base soutenant une pensée contre-révolutionnaire, au sens non idéologique du mot, qui va de Maistre à Benjamin Constant, des royalistes aux libéraux[1], Maistre va beaucoup plus loin. Critiquant la visée rationnelle et universelle des constitutions modernes, il ne récuse pas simplement l'artificialisme et le constructivisme de cette entreprise. Il met très précisément en doute la tentative de réflexion sur un système permettant à l'homme en tant qu'homme de vivre avec ses semblables. Et de ce fait l'universalité même de l'homme. C'est, avec le refus de la liberté politique au nom de l'absolue puissance du souverain, un des points de bascule de cette pensée contre-révolutionnaire au sens large dans une pensée que l'on peut qualifier de réactionnaire.

Le rejet de l'universalité

Pour Maistre, l'homme n'existe pas. Il existe bien des Français, des Italiens ou des Russes, mais l'homme, l'homme en tant que tel, l'homme avant même le poids de la langue, de la culture, de l'histoire, des mœurs, l'homme « nu » comme

1. Sur ce point, je renvoie à mon étude : François Huguenin, *Le Conservatisme impossible. Libéraux et réactionnaires en France depuis 1789*, Paris, La Table Ronde, 2006 ; rééd. sous le titre *Histoire intellectuelle des droites. Le conservatisme impossible*, Paris, Perrin, « Tempus », 2013.

a pu le nommer Alain Finkielkraut[1], cet homme universel n'existe pas. Seul existe cet homme particulier qui est français ou italien ou russe.

Si, comme l'a montré le grand philosophe du politique Leo Strauss à propos de Machiavel, la modernité dégrade la politique, en rétrécissant l'horizon qui était le sien avec la pensée grecque et chrétienne[2], Maistre n'y fait pas exception, contrairement à l'idée couramment admise qui ferait des réactionnaires des antimodernes[3], voire des prémodernes. La pensée politique traditionnelle, héritée de Platon et d'Aristote, cherchait, certes dans le cadre de la cité grecque, le meilleur régime politique pour l'homme. Cet homme était l'homme animal politique, ainsi défini par Aristote, c'est-à-dire l'homme universel, quand bien même cette universalité se pensait comme remarquablement incarnée dans la république athénienne. La conscience d'appartenir à un groupe déterminé, dans une époque donnée, sur un territoire délimité n'empêchait pas la conscience qu'il était du devoir du philosophe de penser l'homme dans ses caractéristiques universelles. C'est ainsi qu'Aristote a pu développer la réflexion sur les trois sortes de régimes politiques – monarchie, aristocratie et démocratie. Si le troisième est plus particulièrement naturel à Athènes, si plus tard Thomas d'Aquin théorisera le régime mixte pour le monde chrétien médiéval, les trois régimes sont légitimes pour l'homme en tant qu'homme,

1. Alain Finkielkraut, *L'Ingratitude. Conversation sur notre temps*, Paris, Gallimard, 1999, p. 140.

2. Leo Strauss, *Qu'est-ce la philosophie politique ?*, PUF, « Léviathan », 1992, p. 47 et suiv.

3. Antoine Compagnon, *Les Antimodernes. De Joseph de Maistre à Roland Barthes*, Paris, Gallimard, « Bibliothèque des idées », 2005.

et leurs trois formes dégradées – dictature, ploutocratie et anarchie – mauvaises pour l'homme en tant qu'homme. La fin de la philosophie politique est de l'ordre de l'universel pour la pensée classique.

Il faut ici citer la lumineuse analyse de Pierre Manent dans sa préface à l'édition des *Considérations* : « Les révolutionnaires fondaient la légitimité de leur entreprise sur l'universalité de leurs principes, sur la nature de l'homme en tant qu'homme. Les contre-révolutionnaires, violemment rebutés par les conséquences de cette entreprise, en viennent à rejeter l'idée même de principes politiques universels, valant pour l'homme en tant qu'homme. Par là même ils rompent plus radicalement avec la tradition de la philosophie politique classique que ne l'avaient fait les révolutionnaires eux-mêmes. Et politiquement ils se placent délibérément dans une position d'infériorité face à l'universalisme de l'entreprise révolutionnaire : ils en appellent de l'Homme à cet homme-ci. La partie n'est pas égale[1]. »

Certes, Maistre retrouve une prudence classique qui porte son attention aux particularités de chaque corps politique : certaines cités pourraient avoir une constitution monarchique, d'autres aristocratique, d'autres enfin démocratique. L'universalité des classiques n'est pas le monolithe de la vision révolutionnaire. Isaiah Berlin a souligné combien Maistre a vu « les dangers des principes généraux et de leur application », « largement ignorés par les Lumières françaises[2] ». Comme Burke, il a le souci des nuances, des contextes, des

1. Pierre Manent, préface à Joseph de Maistre, *Considérations sur la France*, p. XIII.

2. Isaiah Berlin, *Le Bois tordu de l'humanité. Romantisme, nationalisme et totalitarisme*, Paris, Albin Michel, 1992, p. 133.

circonstances qui participent largement à la richesse de la condition humaine. Maistre a le souci de cette diversité des couleurs ; mais il l'exagère jusqu'à l'absolutiser, au risque de nier toute universalité de la quête politique. Or, si les Grecs et Thomas d'Aquin ont eu le souci extrême de la politique, c'est parce que, dans la cité, s'expriment pleinement les conditions de la vertu de l'homme, du Bien et du Juste, pour l'homme universel qu'il soit athénien ou spartiate, français ou florentin. Il s'agit toujours de donner à l'homme les conditions de vie qui lui permettent d'accomplir ce pour quoi il est fait. Il y a une ambition de la philosophie politique classique que la pensée moderne a subvertie en renonçant à la poursuite de la vertu avec Machiavel, et à laquelle Maistre renonce également à sa manière, en oblitérant la dimension de l'homme universel.

Autrement moderne

Il ne s'agit donc pas d'une pensée traditionnelle, ou antimoderne. La fameuse phrase de Maistre sur la contre-révolution est une sorte de leurre : « Le rétablissement de la monarchie, qu'on appelle *contre-révolution*, ne sera point une *révolution contraire*, mais le *contraire de la révolution*[1]. » Certes, Maistre ne veut pas d'une restauration sanguinaire, mais de retour en arrière il n'y aura pas ni avec la tentative modérée de Louis XVIII, ni avec la séquence ultra de Charles X. L'Action française d'avant 1914 sera du côté du nationalisme insurrectionnel, puis, après l'Union sacrée, ne tentera plus rien contre la République. Vichy tiendra autant à

1. Joseph de Maistre, *Considérations sur la France*, p. 166.

l'influence des technocrates républicains que des idées réactionnaires. Et de Gaulle, en dépit des espoirs du comte de Paris, ne rétablira pas l'ancienne monarchie mais essayera d'imposer une monarchie républicaine grâce à son aura. Le retour à l'avant-Révolution est un mythe dont on peut dire qu'il est une sorte de rêverie déconnectée des circonstances politiques. Pas plus qu'il n'y a eu de restauration de l'Ancien Régime, il n'y a eu de pensée politique « traditionnelle » après la Révolution. C'est pourquoi, en toute rigueur, la pensée de Maistre est réactionnaire. En réagissant contre la modernité, elle est totalement intégrée à l'objet de sa haine. Moderne autrement.

« Derrière l'apparence d'un simple retour en arrière, la contre-révolution abolit toutes les valeurs transcendantes, divines aussi bien qu'humaines. L'homme abstrait et le Dieu supraterrestre sont happés en même temps dans l'âme de la nation, dans sa culture[1]. » L'analyse d'Alain Finkielkraut est pertinente : « De l'abstrait, les traditionalistes [il est préférable de les nommer réactionnaires (*N. d. A.*)] font table rase. [...] Leur pensée intensément immanente ne laisse rien subsister au-dessus de l'univers tangible de l'histoire. [...] Toute métaphysique abolie, il n'y a de vérité que dans la longévité des choses[2]. » Maistre n'est pas un Burke de langue française, même s'il a été influencé par ce dernier. Comme l'explique Isaiah Berlin, il n'est pas un adepte du « conservatisme prudent » de son aîné, ni du contrat social entre les vivants, les morts et les générations à venir[3]. Le mot même

1. Alain Finkielkraut, *La Défaite de la pensée*, Paris, Gallimard, 1987 ; « Folio », p. 34.

2. *Ibid.*, p. 34-35.

3. Isaiah Berlin, *Le Bois tordu de l'humanité*, *op. cit.*, p. 131.

de « contrat » hérisse Maistre. Mais ce serait passer à côté de l'essentiel. Le Savoyard franchit une ligne rouge que Burke ne transgresse pas. « L'autorité de toutes les grandes forces de la vie sociale, des forts, des riches et des grands sur les faibles, les pauvres et les humbles[1] » est absolue chez lui et conduit à l'éloge d'une obéissance aveugle dont Dieu vient châtier les manquements. Berlin fait remarquer que la spécificité de Maistre est que son attaque contre le rationalisme diffère de celle de ses prédécesseurs en ce qu'il récuse toute position de faiblesse par rapport à la raison, mais la transforme en vertu[2]. « La religion est supérieure à la raison, non pas parce qu'elle offrirait des réponses plus convaincantes que la raison, mais parce qu'elle n'offre aucune réponse[3]. » Au nom d'une critique du rationalisme comme absolutisation de la raison refusant la foi, Maistre est allé jusqu'au point où aucun des papes du XIXe siècle, même Pie IX, n'ira. Maistre a dévalorisé la raison et l'a décrétée hors du champ de la réflexion politique.

L'absolutisation de la souveraineté

Dans ces conditions, la pensée de Maistre, loin de s'opposer à la pensée révolutionnaire, apparaît – par une ironie de l'histoire des idées qui, croyons-le possible, aurait pu le faire sourire *post mortem* – comme sa sœur jumelle. L'absolutisation du pouvoir du souverain chez Maistre n'a de comparable que celle qu'on trouvait chez Rousseau. Citons un passage

1. *Ibid.*, p. 132.
2. *Ibid.*, p. 132-133.
3. *Ibid.*, p. 132.

de l'*Étude sur la souveraineté* qui renforce les thèses des *Considérations* : « Le premier besoin de l'homme, c'est que sa raison naissante [...] s'anéantisse, c'est qu'elle se perde dans la raison nationale, afin qu'elle change son existence individuelle en une autre existence commune, comme une rivière qui se précipite dans l'océan existe bien toujours dans la masse des eaux, mais sans nom et sans réalité distincte[1]. » On retrouve la même tonalité chez Rousseau : « Celui qui ose entreprendre d'instituer un peuple doit se sentir en état de changer, pour ainsi dire, la nature humaine, de transformer chaque individu qui, par lui-même, est un tout parfait et solitaire, en partie d'un plus grand tout, dont cet individu reçoive en quelque sorte sa vie et son être ; d'altérer la constitution de l'homme pour la renforcer ; de substituer une existence partielle et morale à l'existence physique et indépendante que nous avons tous reçue de la nature[2]. » Bien entendu, le constructivisme et l'individualisme qui sont au fondement de la démarche de Rousseau sont étrangers à Maistre. Mais leur conclusion est étrangement proche. On retrouve chez l'un et chez l'autre l'éloge d'une fusion irrationnelle qui transforme l'homme, chez Rousseau par l'absorption de l'individu dans le tout, chez Maistre par celle de la raison individuelle dans la raison nationale. Dans les deux modèles, il s'agit bien d'un joug, d'une vision hypertrophiée du pouvoir souverain, d'un mythe aussi qui, en dépit du génie des deux penseurs, n'évite pas la naïveté. En croyant combattre Rousseau, Maistre le rejoint. Le rejet du constructivisme rationaliste qui unit dans une terrible histoire Rousseau à la Révolution pousse Maistre

1. Joseph de Maistre, *Étude sur la souveraineté*, Librairie catholique Emmanuel Vitte, p. 156.

2. Jean-Jacques Rousseau, *Du contrat social*, livre II, chapitre 7.

vers la soumission à une tradition qui sert de cocon protecteur au sein duquel l'homme infantilisé peut abandonner l'usage de sa raison, dans un modèle qui ne s'éloigne pas tant du mythe rousseauiste de l'abandon de la volonté individuelle dans le creuset de la volonté générale. De fait, pour Maistre, tous les gouvernements sont bons et les souverains de même. La souveraineté ne se discute pas. Dans ce schéma, la liberté individuelle est aussi absente que dans le contrat social de Rousseau. Sans la raison, la liberté n'est qu'un leurre et logiquement, le modèle de Maistre ne laisse aucune place à la liberté politique. Avec une absolutisation du pouvoir souverain, la liberté est le pire des désordres.

Non sans raison, au vu des violences révolutionnaires et de la dictature jacobine, Maistre a beau jeu de rétorquer que partout, sous tous les régimes, l'homme est sujet du pouvoir. Plus de deux siècles plus tard, sur ce point, on ne peut lui donner tort. La crise de confiance de nos démocraties, la fracture entre les peuples et les élites, la montée des populismes auxquelles nous assistons impuissants lui donnent en partie raison. Il y a une illusion de la démocratie moderne : celle de penser qu'elle suffit à fonder la liberté politique sur les seuls droits des individus. Ils revendiquent à l'envi mais semblent ne peser aucunement sur la politique des gouvernements successifs. Mais là où le fatalisme de Maistre se satisfait d'une situation où les citoyens seraient de simples sujets obéissants (même si bien sûr il revendique cette soumission dans une théocratie dont pour lui le pouvoir sera plus juste car accordé à la volonté de la Providence), le partisan de la liberté politique ne saurait en prendre son parti. Tocqueville le dira bien : la pire destinée de la démocratie moderne, état des mœurs et non *stricto sensu* régime politique comme le rappellera Pierre Manent[1], sera celle où l'homme se laissera guider par l'État et ne prendra plus son destin en main, se désintéressera de la vie de la cité pour le repli sur un égoïsme désespéré : « Je veux imaginer sous quels traits nouveaux le despotisme pourrait se produire dans le monde : je vois une foule innombrable d'hommes semblables et égaux qui tournent sans repos sur eux-mêmes pour se procurer de petits et vulgaires plaisirs, dont ils emplissent leur âme. Chacun d'eux, retiré à l'écart, est comme étranger à la destinée de tous les autres[2]. » L'absence de liberté politique ruine tout le corps social : c'est ce que Tocqueville, avant Hannah Arendt, répondra à Maistre.

On peut vénérer Maistre comme ce fut le cas de Cioran qui écrivait bien mais pensait peu[3]. On peut s'en réclamer sans l'avoir vraiment bien lu comme Maurras. On peut le détester comme il est convenu de le faire si on ne l'a jamais lu. Mais Maistre est au cœur de la modernité dont nous sommes les acteurs plus ou moins consentants. Dans les grandes postures de la modernité, trois sont à des degrés divers plus ou moins sages : le conservatisme, le libéralisme et le socialisme. Deux sont des vierges folles : le progressisme qui croit que tout ira mieux demain et la réaction qui pense que tout était mieux hier. La réaction est apparemment plus folle, car il n'y a jamais de retour en arrière, tandis que le progrès semble toujours possible. Mais seule la réaction est

1. Pierre Manent, *La Cité de l'homme*, Paris, Fayard, « L'esprit de la Cité », 1994.

2. Alexis de Tocqueville, *De la démocratie en Amérique*, 1840, in *Œuvres*, II, Gallimard, « Bibliothèque de la Pléiade », 1992, p. 836.

3. Emil Cioran, *Essai sur la pensée réactionnaire. À propos de Joseph de Maistre*, Paris, Fata Morgana, 1977.

capable de dire les illusions infantiles du progressisme. Elle ne peut les dire que parce qu'elle est partie prenante de ce mouvement de la modernité, dans une de ses variantes les plus inopérantes, mais paradoxalement nécessaire.

Une lucidité paradoxale et illusoire

En récusant la modernité par un éloge absolu du particularisme contre l'universel, Maistre s'oppose à la folie du progrès infini. Mais il rencontre en un paradoxe insondable ce progrès qu'il a tant conspué, tant ce particularisme semble être devenu progressivement la matrice de la politique moderne. Car le progrès de la modernité a fini par faire de la démocratie libérale une chambre d'enregistrement des revendications toujours plus absolutisées des droits individuels lesquels, en l'absence de toute considération d'un bien commun nécessairement incarné dans un espace politique circonscrit, sont devenus un absolu. La démocratie s'est réduite à une procédure visant à satisfaire les exigences particulières des individus regroupés en communautés militant pour leurs droits. Comme l'a bien montré François Sureau, ce modèle est le contraire de celui de la liberté politique[1], qui n'a de sens qu'en vue d'un bien commun, par constitution discutable et contestable.

Le paradoxe de Maistre, qui est celui de notre modernité tardive, a bien été résumé par Alain Finkielkraut : « Nous savons, nous, et d'un douloureux savoir, qu'on peut être homme, seulement. L'homme nu, l'homme sans détermination, l'homme délié de tout ancrage et extrait de toute

1. François Sureau, *Sans la liberté*, Paris, Gallimard, « Tracts », 2019.

communauté, l'homme uniquement habité par lui-même et exclusivement identifiable à son humanité, cet homme n'est pas une chimère métaphysique ou une vue de l'esprit. [...] L'homme existe donc bel et bien, mais la pure appartenance à l'espèce est la pire épreuve qui soit : l'être humain réduit à ce qu'il est perd à la fois la possibilité d'exister humainement sur la terre et les qualités qui permettent aux autres de le traiter comme leur semblable. L'homme qui n'est rien qu'un homme n'est plus un homme[1]. » Maistre avait donc en quelque sorte raison : la modernité a créé l'individu sans attaches. Le monde contemporain évolue comme une juxtaposition de communautarismes qui, loin d'être des communautés réelles organisées autour d'un bien commun, ne sont que des agglomérats d'individus partageant un même intérêt. Il n'aurait pu imaginer que tout un courant politique et religieux se réclamant de la réaction aurait lui aussi basculé dans une revendication identitaire inconnue des temps anciens et absolutisé son particularisme au nom de l'intérêt supérieur de la nation ou de la défense de l'Église catholique[2]. Le particularisme de Joseph de Maistre est venu rencontrer la logique individualiste des droits de l'homme dans une alchimie improbable. Sa lucidité sociologique qui n'a d'égale que celle de Tocqueville permet de ne pas prendre pour argent comptant les mirages de la modernité. Mais son illusion philosophique, celle d'être antimoderne, nous laisse impuissants à être différemment modernes.

1. Alain Finkielkraut, *L'Ingratitude. Conversation sur notre temps*, *op. cit.*, p. 140.

2. Erwan Le Morhedec, *Identitaire. Le mauvais génie du christianisme*, Paris, Le Cerf, 2017.

Bibliographie sélective

Berlin, Isaiah, *Le Bois tordu de l'humanité. Romantisme, nationalisme et totalitarisme*, Paris, Albin Michel, 1992.

Bouthillon, Fabrice, *L'Illégitimité de la République. Considérations sur l'histoire politique de la France au XIXe siècle (1851-1914)*, Paris, Plon, 2005 ; rééd. Dialogues, 2018.

Finkielkraut, Alain, *La Défaite de la pensée*, Paris, Gallimard, 1987.

–, *L'Ingratitude. Conversation sur notre temps*, Paris, Gallimard, 1999.

Huguenin, François, *Le Conservatisme impossible. Libéraux et réactionnaires en France depuis 1789*, Paris, La Table Ronde, 2006 ; rééd. sous le titre *Histoire intellectuelle des droites. Le conservatisme impossible*, Paris, Perrin, « Tempus », 2013.

Maistre, Joseph de, *Considérations sur la France*, Bruxelles, Complexe, 1988.

–, *Étude sur la souveraineté*, Lyon, Librairie catholique Emmanuel Vitte, 1924.

Manent, Pierre, *La Cité de l'homme*, Paris, Fayard, « L'esprit de la Cité », 1994.

Perreau-Saussine, Émile, *Catholicisme et Démocratie. Une histoire de la pensée politique*, Paris, Le Cerf, 2011.

Strauss, Leo, *Qu'est-ce la philosophie politique ?*, Paris, PUF, « Léviathan », 1992.

BENJAMIN CONSTANT
PRINCIPES DE POLITIQUE (1815)

Les fondements du libéralisme politique

Lucien Jaume

Profondément ami de la liberté, Benjamin Constant n'a pu que constater l'évolution liberticide de la Révolution et du régime napoléonien, en contradiction avec les idéaux de 1789. Lucien Jaume expose la manière dont, en réfléchissant aux moyens par lesquels la politique nouvelle peut garantir la liberté et limiter la toute-puissance du pouvoir, Constant fonde le libéralisme politique.

Né en Suisse (Lausanne) en 1767, devenu citoyen français sous la Révolution, Benjamin Constant meurt à Paris en 1830, cinq mois après la révolution des Trois Glorieuses qui porte les libéraux au pouvoir (monarchie de Juillet). Les étudiants enthousiastes accompagnent le convoi funéraire jusqu'au Père-Lachaise, selon un défilé immense de plusieurs milliers de personnes. En effet, il est devenu le symbole du « libéralisme de l'individu », et des libertés que garantit la Constitution. Son rival, François Guizot (né en 1787), qui gouvernera plusieurs fois sous Louis-Philippe, représente un autre libéralisme : l'orléanisme, qui vise à moderniser le pays à travers les élites de l'économie et de l'Université, en promouvant la bourgeoisie comme classe dirigeante. Guizot représente un libéralisme plus étatiste et plus autoritaire, qui valorise l'administration et la centralisation : celui que l'on retrouve à travers des dirigeants comme Édouard Balladur ou Emmanuel Macron.

Constant, qui n'a jamais été au pouvoir mais a fait une carrière de député, constitue un libéralisme d'opposition, classé à gauche, gardant toujours le souvenir de sa jeunesse sous la Révolution, où il a été un républicain passionné mais hostile aux Jacobins et à la politique de Terreur. De même son amie Germaine de Staël, avec qui il écrit divers textes. Tous deux sont issus de la culture helvétique et protestante, fille des « Lumières suisses », portée à favoriser la démocratie locale, le fédéralisme, les liens entre religion et politique.

Les *Principes de politique*, publiés en 1815, sont, d'après le sous-titre donné par l'auteur, « applicables à tous les gouvernements représentatifs », c'est-à-dire à tous les pouvoirs qui procèdent de l'élection, qui ont pour base le peuple souverain. Il s'agit donc d'un traité théorique, pourtant écrit dans des conditions particulières : celles du retour au pouvoir de Napoléon (ce sont les Cent-Jours), celles de la conversion du « despote » en chef d'un pays libre. Napoléon repartira ensuite en exil, chassé par la défaite de Waterloo. Sous l'Empire, Benjamin Constant avait été exclu en 1802 d'une Assemblée, le Tribunat, pour avoir défendu la liberté de la parole, de la pensée et de la presse. Lorsque, en 1815, acclamé par le peuple sur son chemin, Napoléon revient à Paris, Constant saisit l'occasion de donner à l'Empereur (et à l'Europe) une leçon de droit constitutionnel, étant donné que celui-ci se prétend respectueux désormais de la liberté, des droits individuels et collectifs. Cette sorte de mémorandum d'expert accompagne et commente la Constitution que Napoléon a fait approuver par plébiscite, et que Constant avait rédigée en grande partie. C'est un commentaire de texte, mais qui sait s'élever à des considérations générales.

Le message de Constant : quelle liberté après la Révolution de 1789 ?

L'auteur s'adresse à tous ceux qui aiment la liberté, les amis des « droits de l'homme et du citoyen » (Déclaration de l'Assemblée constituante de 1789) ; mais c'est pour mettre en garde ces amis de la liberté contre les erreurs passées, commises durant la Révolution française. L'avertissement est le suivant : vouloir la liberté et l'égalité des droits (démocratie) sans *limiter* le pouvoir du peuple souverain – et donc celui des représentants du peuple souverain –, c'est mettre la liberté en danger. Constant vise les Jacobins. Napoléon en 1815 semble admettre des limites, mais la Révolution (1789-1799) a montré un risque qui est en fait permanent : que les représentants du peuple au sens large (législatif et exécutif) puissent opprimer le peuple si jamais ils ont reçu un pouvoir sans limites ; dans la période de la Terreur (1793-1794), qui est un gouvernement d'exception, donc sans limites, les dirigeants emprisonnent, persécutent ou guillotinent des citoyens membres du peuple, mais en disant qu'ils agissent « au nom du peuple », et au nom de la *vertu* révolutionnaire dont Robespierre fait la théorie.

Vingt-deux ans après, Constant écrit donc que, en combattant la monarchie absolue et les privilèges de l'aristocratie (en fait abolis depuis quatre ans), les révolutionnaires de 1793 ont « dirigé [leur colère] contre les possesseurs du pouvoir *et non contre le pouvoir même* ». Car ce « pouvoir même », hérité de la monarchie, quoique paré des couleurs de la Révolution, redevient absolu, c'est-à-dire sans limites : Robespierre et le Comité de Salut public règnent par la peur. Mais ils disent : « Le peuple le veut. » Le peuple aurait donc demandé la Terreur, selon eux, lancée contre les « ennemis du peuple », qui se trouvent, d'une part, à l'intérieur du pays (aristocrates, bourgeois enrichis, opposants politiques, prêtres, principalement), et, d'autre part, à l'extérieur, en état de guerre avec la France.

En cela, Benjamin Constant fonde, ou achève de fonder, le *libéralisme politique*, dans l'héritage de Locke et de Montesquieu : on peut le définir comme la théorie des moyens de limitation du pouvoir au service de la liberté ; cela signifie protéger la société (famille, modes de vie et d'éducation, opinions, économie) contre l'emprise de l'État, séparer la vie privée de la vie publique. Le citoyen, qui a des devoirs envers la collectivité, a aussi des droits, tout comme l'homme privé. Cet acquis précieux de 1789, les droits de l'homme, il faut le développer, explique Constant. Il faut donc limiter fermement le pouvoir politique.

La protection de la vie privée pourrait apparaître de nos jours comme une nécessité évidente des régimes de liberté ; cependant, l'exigence actuelle de communication et de transparence (médias, réseaux sociaux, débats incessants) risque de rendre précaire la sécurité de chacun et d'accroître la pression du collectif sur l'individu. C'est aussi contre de tels dangers que le libéralisme politique a été fondé, et, en cela, il contient en son cœur une visée *éthique* qu'il ne faut pas négliger. Royer-Collard, grand orateur libéral de l'époque de Constant, avait déclaré en session parlementaire : « La vie privée est murée » ; il serait sans doute très contrarié de nos mœurs actuelles.

Le libéralisme – doctrine concernant les moyens de respecter et de conserver la liberté – pose quelques questions fondamentales sous la plume de Constant, dans les *Principes* : 1) Comment garantir la liberté ? 2) Pourquoi et comment décentraliser le pouvoir en France ? 3) Quel lien vivant et concret peut-on assurer entre les intérêts particuliers (individuels, économiques, sociaux, régionaux, religieux, etc.) et l'intérêt général ? 4) Comment faire en sorte que la professionalisation nécessaire de la politique – qui permet la sécurité et les loisirs de chacun – ne suscite pas une *dépolitisation* qui, de façon tragique, favorisera la montée d'un dictateur ?

La réponse aux questions posées

Il est remarquable de constater que, depuis 1815, c'est-à-dire après une dizaine de constitutions, la France est toujours concernée (mais aussi l'Europe) par ces quatre questions. La troisième est particulièrement aiguë, dans le discrédit des partis et des politiques qui s'étend aujourd'hui en Europe et fait le lit du populisme.

L'idée générale de Constant est la suivante : il faut, décidément, renoncer au mirage selon lequel « nous, le peuple, nous pouvons tout, nous avons le droit de tout ». Si le peuple peut tout (comme on disait en 1793), alors ses chefs peuvent tout, par délégation et par identification ; dès lors, le peuple ne peut plus rien – sauf à aduler le chef, le père des peuples (comme on appelait Staline), le tyran d'une nation déterminée. On peut aussi penser aux « démocraties illibérales » d'aujourd'hui (comme les dénomme, de façon élogieuse, l'actuel chef de la Hongrie, Viktor Orbán) ou au « populisme ».

Le populisme n'est pas nécessairement une dictature, mais plutôt un pouvoir autoritaire qui s'affirme en tant que détenteur exclusif de la *légitimité* populaire (souvent par l'élection). Ce type de pouvoir affirme, précisément, qu'il combat les *principes libéraux* analysés par Constant : la séparation des pouvoirs, la liberté de la presse, la tolérance culturelle et religieuse, le combat des partis pour l'obtention non truquée du pouvoir, l'indépendance de la justice. L'Union européenne se faisant le défenseur des principes libéraux, les « démocraties illibérales » se déclarent en conflit avec l'Union européenne (tout en réclamant néanmoins ses financements).

Une autre idée importante de Constant est que *l'intérêt général* de la nation ne peut se décider d'en haut, selon le *monopole* de définition et de contrôle de cet intérêt que l'État s'est donné en la matière depuis Napoléon, et en réalité depuis la construction de la monarchie absolue. Pour bien définir l'intérêt général, il faut, selon lui, créer une délibération libre entre les porteurs des *intérêts locaux*, provinciaux, municipaux, villageois : pour une bonne délibération, il faut une bonne représentation et, pour obtenir cette dernière, il ne faut pas craindre de faire monter, de la périphérie au centre, du bas vers le haut, les « intérêts sectionnaires » (comme il les appelle), c'est-à-dire les demandes les plus locales ou les plus spécialisées. L'héritage suisse apparaît ici : culture du localisme, de la négociation, de la recherche d'un équilibre négocié.

Le sujet était, et reste, tabou en France puisque, selon la première Constitution (1791), un député *ne représente pas son département*, mais « toute la Nation ». Cette abstraction ou cette fiction est pernicieuse, selon Constant. On croit défendre l'intérêt général, on le fabrique de façon trop artificielle (avec l'aide d'administrateurs qui ne connaissent pas la réalité locale). Il écrit : « L'intérêt général est distinct, sans doute, des intérêts particuliers, mais il ne leur est point contraire. On parle toujours comme si l'un gagnait à ce que les autres perdent, il n'est que le résultat de ces intérêts combinés. »

En fin de compte, donnant le schéma d'un véritable pouvoir municipal *décentralisateur*, Benjamin Constant a l'audace de le désigner comme un « nouveau genre de fédéralisme » : pendant la Révolution, les Girondins et d'autres groupes ont été guillotinés sous le crime (imaginaire) de « fédéralisme ». De même, la tradition journalistique (malgré les travaux des historiens) dit que les Jacobins étaient centralisateurs et les Girondins décentralisateurs : formules entièrement inexactes et d'ailleurs anachroniques. Mais ces accusations de « fédéralisme » ont fait marcher la guillotine.

À l'époque de Constant, les Français, de façon majoritaire, et au nom de la « Nation indivisible », critiquaient le fédéralisme suisse et le fédéralisme américain. Dès 1789, bien avant la Terreur, l'abbé Sieyès déclare : la France ne sera jamais une République fédérale (discours du 7 septembre 1789). C'est la source du problème français, jamais complètement évacué, de la décentralisation, consistant à donner des pouvoirs normatifs aux autorités locales désignées par le suffrage.

Voilà donc un double tabou que Constant affronte dans le chapitre XII des *Principes de politique* : le député doit représenter les intérêts locaux et/ou professionnels, la décentralisation à réaliser doit ressembler à une organisation fédérale. Cette conception sur l'élaboration de l'intérêt général à travers la synthèse des particularités a été d'emblée vivement combattue et elle le reste.

LES TROIS POUVOIRS : SÉPARATION ET COOPÉRATION DEVANT LE PEUPLE ARBITRE

Quelle est la réponse des *Principes de politique* sur la question numéro 1, concernant la garantie de la liberté, voire les garanties au pluriel ? Dans ce livre, la démocratie libérale, ou plutôt, en 1815, la *monarchie libérale* (qu'on appelle « monarchie constitutionnelle ») doit être organisée selon un mécanisme qui répond à un jeu précis entre les rouages du pouvoir de façon à ce qu'il soit *divisé* entre plusieurs titulaires. Comme l'avait écrit Montesquieu, si le titulaire du pouvoir peut à la fois faire la loi et l'appliquer, « il n'y a plus de liberté ». Pourquoi ? Parce que, dans ce cas, il fera des lois utiles à ses intérêts particuliers : la loi devient partiale et injuste dans un tel système que le XVIIIe siècle a baptisé « despotisme » et que le libéralisme politique combat, en séparant les pouvoirs.

Dans la pensée de Constant (lecteur de Montesquieu, du Suisse exilé en Angleterre Jean Louis Delolme et du père de Mme de Staël, Jacques Necker), il faut à la fois diviser les pouvoirs *et* les amener à coopérer entre eux. Constant souhaite que les trois grands organes de pouvoir soient porteurs d'*intérêts* différents – ainsi ils se surveilleront avec défiance –, mais que, aussi, ils soient contraints de coopérer. S'ils refusent, c'est-à-dire établissent une situation de blocage, il faudra retourner devant les électeurs qui trancheront le conflit, à l'appel du chef de l'État doté du pouvoir de dissolution. Ainsi, l'opinion publique (autre forme de la « souveraineté du peuple ») sera l'*arbitre* que le roi, chef de l'État, consulte en dissolvant la Chambre des députés pour voir qui sera réélu, qui sera remplacé.

Il y a donc dans le schéma de Benjamin Constant : 1) une Assemblée de députés élus, 2) un Sénat de dignitaires à vie (la Chambre des pairs), 3) un roi dit « pouvoir neutre », exerçant cette neutralité entre le corps garant de la tradition nationale (les pairs) et le corps novateur, porteur de l'opinion publique (les députés).

Le roi, un peu comme le président de la Ve République, mais sans Premier ministre, nomme et renvoie les ministres, il est l'horloger de toute la machinerie du pouvoir : si les députés mécontentent l'opinion qui s'exprime par les journaux, les meetings, les pétitions adressées aux Chambres, les associations de la société civile, il peut dissoudre la Chambre et, en quelque sorte, interroger le peuple.

En fait, dans la pratique française va apparaître un président du Conseil, chef du ministère ; et la question sera dès lors plus complexe : le roi neutre peut-il *influencer* le gouvernement à travers le président du Conseil ? Voire ordonner au président du Conseil de suivre sa ligne politique ? Dans ce cas (par exemple durant le long passage de François Guizot au pouvoir comme président du Conseil), le roi n'est plus un « pouvoir neutre », mais un chef occulte, caché derrière le chef de gouvernement qu'il a choisi. D'où les critiques que la gestion de Guizot, volontiers au service du roi, a essuyées.

Si nous menons la comparaison, notre Ve République a revécu à diverses reprises le jeu incertain, mouvant, entre l'action du président de la République et les initiatives du Premier ministre, qui « dirige l'action du gouvernement », lequel gouvernement « détermine et conduit la politique de la nation » (Constitution de 1958). Il est rare que le président laisse une telle autonomie à son Premier ministre, qu'il a nommé lui-même – mais qu'il ne peut pas théoriquement renvoyer, sauf à faire pression sur lui pour qu'il donne sa démission – librement, en apparence. Les cohabitations successives ont bien montré la force relative du Premier ministre lorsqu'il fait face à un président de bord politique différent.

Qu'en est-il du peuple chez Constant ? Il est souverain, mais dans un sens assez étroit ; d'abord dans le cadre d'un suffrage censitaire, où votent les plus riches, ensuite grâce à un droit de réclamation, peut-être de proposition, selon des moyens diversifiés : liberté d'expression, d'association (étouffée par Napoléon auparavant), de publication (contre la censure qui a régné sous l'Empire). Il est évident qu'une telle conception (qui s'inspirait de l'aristocratique Angleterre et de la charte de 1814 donnée par le roi Louis XVIII) est dépassée aujourd'hui, du fait du suffrage universel, de la puissance des médias et du rôle des partis politiques (qui ne sont que des coteries parlementaires à l'époque de Constant, sans ancrage dans les forces vives et les provinces). Cependant, les problèmes que Constant posait restent les nôtres aujourd'hui, comme on l'a vu précédemment avec les quatre questions examinées : liberté, décentralisation, recherche de l'intérêt général, bien-être matériel au risque de la dépolitisation.

Obéissance à la loi et refus du pouvoir injuste

On peut ajouter une interrogation que la culture révolutionnaire, libérale et, à l'origine, républicaine du jeune Benjamin Constant, le poussait à formuler : comment pouvons-nous *vérifier* que ceux qui agissent pour le bien public (idée de démocratie, présente même en monarchie constitutionnelle) servent effectivement ce bien public ? Cette interrogation avait déjà été menée par John Locke au

XVIIe siècle, au sortir de la deuxième révolution d'Angleterre ; Locke, premier fondateur du libéralisme, allait jusqu'à justifier la *désobéissance*, individuelle ou collective, vis-à-vis de députés qui « trahissent » (c'est son expression) le *trust* qui leur est confié (*trust* voulant dire à la fois : mandat, confiance et finalité du bien commun).

Mais la désobéissance pouvait aussi s'exercer contre l'exécutif lorsqu'il devient despotique. Locke justifiait cette attitude en écrivant : « De cela [de cette désobéissance] je suis seul juge dans ma conscience », en attendant le Jugement dernier de Dieu. Individualisme, culture protestante, là encore.

Cette idée est entièrement reprise par Benjamin Constant, qui estime qu'un fonctionnaire, un policier, et même un militaire doivent toujours vérifier, avant d'exécuter l'ordre ou la loi, si le texte de loi ou si l'ordre d'exécution est, à la fois, *légal* (conforme à la procédure instituée par la Constitution) et *légitime* (juste dans son contenu, ses prescriptions).

Cette double exigence 1) de préférer la liberté, 2) d'évaluer les actes du pouvoir, est au cœur du libéralisme. Tocqueville va, après Constant, reprendre le problème de l'évaluation des actes du pouvoir, c'est-à-dire la recherche de l'autorité vraiment légitime, en étudiant, cette fois, les États-Unis d'Amérique : *De la démocratie en Amérique* (1835-1840) continue les *Principes de politique*, dans la grande veine libérale.

Mais un nouveau personnage prend dans ce contexte américain une importance que les Français ont maintes fois refusée : le juge américain. Il est habilité, à tous les étages de la juridiction, à suspendre l'application de la loi. La justice devient un *pouvoir*, et non, comme dans notre système constitutionnel, une *autorité*, laquelle dépend en partie du gouvernement (juges du parquet) : faut-il y voir un nouveau

« principe de politique » ? Certains le réclament en voulant couper les liens entre l'exécutif et le judiciaire. La France, insérée dans le cadre de l'Union européenne, semble prendre ce chemin. Ce phénomène aurait certainement passionné Benjamin Constant, philosophe pour une bonne part, politologue avant la lettre et expert en droit constitutionnel.

BIBLIOGRAPHIE SÉLECTIVE

CONSTANT, Benjamin, *Principes de politique*, éd. Marcel Gauchet, dans *Écrits politiques*, « Folio Essais », Gallimard, 1997. (Édition scientifique et savante : tome IX [vol. 2] des *Œuvres complètes* de Constant, Tübingen, Niemeyer, 2001.)

–, *Principes de politique applicables à tous les gouvernements (1806-1810)*, éd. Étienne Hofmann, Paris, « Pluriel », 1997. (Ce manuscrit posthume, qui porte le même titre que le livre de 1815, n'a presque rien à voir avec lui, et, aisé à lire, est d'une grande portée philosophique.)

JAUME, Lucien, *L'Individu effacé ou le Paradoxe du libéralisme français*, Paris, Fayard, 1997. (Pour comparer avec les autres libéraux de l'époque de Constant.)

TODOROV, Tzvetan, *Benjamin Constant. La passion démocratique*, Paris, Hachette, 1997 ; « Le Livre de Poche », 2004. (Présentation agréable, à destination du grand public.)

CARL VON CLAUSEWITZ
DE LA GUERRE (1832-1835)

L'indépassable horizon de la politique

Charles Jaigu

Stratège égaré chez les philosophes, à moins que ce ne soit l'inverse, Clausewitz est sans doute le plus grand penseur occidental de la guerre. Commenté et parfois discuté au corps à corps par les plus grands (Aron, Girard), il retrouve une actualité inattendue alors que les conflits mondiaux sont loin de nous, mais que la guerre est omniprésente sur la planète.

Le 14 octobre 1806, Napoléon Ier écrase l'armée prussienne, à Iéna, puis à Auerstaedt. Lors de cette deuxième bataille, Carl von Clausewitz, aide de camp d'un prince allemand, est fait prisonnier, et détenu pendant deux ans à Besançon. Cet enfant de militaire, cadet de l'armée prussienne dès douze ans, déteste la France. Mais c'est un bon observateur, et son rang d'officier lui donne le droit de voyager en France, ce qu'il fait notamment en visitant Paris ; il découvre alors une société en plein mouvement, qui l'impressionne. Il prend peu à peu conscience que les victoires françaises découlent d'une nouvelle culture politique, pour laquelle il n'a que mépris, mais dont il doit admettre qu'elle change tout : le patriotisme. Si les soldats de l'armée prussienne ne parcourent que douze kilomètres par jour, c'est qu'ils sont peu motivés et que les coups de trique ne suffisent pas. Si les armées napoléoniennes sont capables de couvrir jusqu'à quarante kilomètres en une journée, c'est qu'elles ont l'enthousiasme de la guerre : elles se battent pour elles-mêmes. La supériorité de l'armée napoléonienne tient dans cette motivation presque surnaturelle aux yeux de ce Prussien de la vieille école : les soldats croient dans leurs nouveaux privilèges, ils font corps avec leurs généraux et avec l'avenir de leur pays.

Fort de cette révélation, Carl von Clausewitz rejoint après sa libération un groupe de réformateurs à l'intérieur de l'état-major allemand. Il commence à réfléchir aux moyens de transformer l'Allemagne et son armée, puis il fait défection, par refus de servir dans un pays aux ordres de Paris. Il rejoint le tsar, pour mener la guerre de libération de sa patrie depuis la Russie. Il ne sera réintégré dans l'armée prussienne qu'après la reddition de Napoléon, en 1814. Il a donc vécu aux premières loges la résistance russe à l'offensive française, de même qu'il s'est passionné pour l'invention d'une nouvelle forme de « petite guerre » en Espagne, avec cette guérilla qui harcèle et épuise les soldats de l'Empire. Revenu en Prusse, il a désormais tout loisir de méditer sur l'orage napoléonien. Il est devenu directeur administratif de l'académie militaire de Berlin, et il entreprend d'écrire *De la guerre*. L'ouvrage, à l'exception du livre I, reste inachevé, car Clausewitz meurt du choléra à cinquante et un ans. Il sera publié de manière posthume par son épouse et il va alors devenir au fil des ans un livre culte. « La Révolution française a transformé la nature de la guerre, Napoléon la manière de la faire, les guerres populaires de défense (Espagne, Russie) ont introduit la réplique au *blitzkrieg* napoléonien. La théorie clausewitzienne découvre l'unité de ces trois expériences », résume André Glucksmann dans son *Discours de la guerre*.

Un stratège chez les philosophes

Quelle est cette nouvelle expérience de la guerre ? L'enquête philosophique de Clausewitz pour définir l'essence du phénomène guerrier est longue, sinueuse, parfois technique et proche du classique manuel de stratégie. On voit l'auteur flotter entre plusieurs considérations contradictoires, et tenter de les dépasser dans une synthèse qui n'apparaît que tardivement. Cette lecture est donc difficile et décevante. Pourtant, le sens de la formule, la justesse de certains passages emportent les réticences. Clausewitz est mort trop tôt, avant d'avoir pu achever son œuvre, si bien que ses lecteurs ultérieurs ne cesseront de vouloir penser son œuvre à sa place. Hisser Clausewitz parmi les plus illustres noms de la philosophie a donc quelque chose d'incongru. Et pourtant, aucun professeur de philosophie ne s'étonnera de rencontrer une citation tirée de son livre dans une dissertation. Les philosophes et les hommes politiques se sont si souvent tournés vers lui – Marx, Jaurès, Lénine, Mao, mais aussi Aron ou Girard – qu'il est devenu un compagnon indispensable du philosophe. Tous les penseurs ultérieurs de la stratégie, comme Basil Henry Liddell Hart, l'ont pris comme point de départ. Clausewitz est finalement devenu le Tocqueville de l'art militaire, un aristocrate peu porté sur les changements politiques de son époque qui en a pris la juste mesure.

Son effort pour redéfinir le concept de guerre est contemporain de la naissance de la grande philosophie allemande, qui elle aussi a été transformée par le choc historique et mental que représentait le surgissement de la Révolution et de l'État moderne napoléonien. Cela le place aux côtés d'Emmanuel Kant et de Friedrich Hegel, le philosophe de l'Histoire dont Clausewitz aurait, dit-on, suivi les cours. Il s'est glissé subrepticement dans cette avant-garde des nouveaux penseurs allemands de la modernité européenne, et plus personne ne songerait à lui contester ce mérite. À la différence de ses deux illustres contemporains, Clausewitz n'a pas de formation philosophique. Mais il a le goût des concepts et des classifications, et il élabore au fil de son livre une théorie qui le range non seulement parmi les grands noms de la « polémologie », mais aussi de la philosophie politique, puisque son postulat central est bien, selon la citation universellement reprise, que « la guerre n'est rien d'autre que la continuation de la politique par d'autres moyens ». Cette intuition brillante, qu'il ne faudrait pas sous-estimer à force de l'entendre répétée, en fait avant tout le disciple des Grecs, parce qu'il voit la double nature de la politique : ce qui introduit de la mesure dans le chaos, et ce qui pousse les hommes à l'action, par une passion aveugle qui débouche sur le chaos. Or, la guerre moderne est une guerre des peuples, et tout l'art du stratège sera donc d'exalter et de canaliser cette nouvelle énergie politique. Élucider le phénomène guerrier, c'est être confronté à l'interprétation de l'expérience la plus intensive qui soit, mais aussi la plus mouvante et contradictoire dans le champ des expériences possibles. C'est retrouver le difficile exercice de généralisation à partir d'un des faits les plus singuliers de la vie collective, exercice auquel Machiavel se livrait en amateur génial, et que Clausewitz sut accomplir en penseur obsessionnel pour arriver à cette conclusion philosophique et héraclitéenne : la paix n'existe pas.

La guerre, phénomène politique total

Quel est donc le concept qui donne aux événements dont il a été le témoin l'intelligibilité nouvelle qu'il recherche ? Clausewitz a la certitude d'assister à une révolution copernicienne aussi importante que celle qui occupe Emmanuel Kant presque au même moment. Ce dernier affirme que nous ne connaissons rien du monde sans partir du sujet, ce qui mettait fin à la thèse philosophique selon laquelle le monde pourrait être connu tel qu'il est en lui-même. Clausewitz est convaincu que la fusion de la guerre et de la société a tout changé à la stratégie. La guerre est devenue l'affaire de toute la société. Autrement dit, ce n'est plus le roi qui fait la guerre avec les seigneurs, mais le peuple entier, et « le roi et l'armée sont contenus dans le peuple ». Les stratèges doivent alors renoncer à un modèle construit autour de conflits limités, et des gains territoriaux modestes, où l'affrontement est l'affaire de professionnels et où les règles et les codes du combat sont fixés pour limiter les débordements de la violence. On a dit que Clausewitz en était nostalgique. Peut-être. Mais sa haine des Français contient aussi une part de fascination, et c'est l'énergie qu'ils ont mise à faire la guerre pour leur nation qu'il veut capter pour son propre pays. Ce point sera d'ailleurs repris par les penseurs nazis qui ont théorisé la nécessité d'un commandement fondé sur l'enthousiasme, comme l'a montré Johann Chapoutot dans un livre récent intitulé *Libres d'obéir*. Clausewitz voit que le nouveau modèle transforme la guerre en un fait social total, et que le rapport de la guerre à la violence engage désormais la société tout entière qui est prête, ou non, à l'escalade jusqu'à la violence ultime. Il comprend aussi l'importance centrale de l'opinion publique, cette réalité encore en gestation au début du XIXe siècle. La guerre que l'on va mener, petite ou grande, dépend de la mobilisation des masses. Sont-elles prêtes au sacrifice ? Qu'il s'agisse de la grande bataille ou d'une guérilla de résistance, c'est aussi l'opinion publique qui va orienter les combattants vers la victoire.

Le premier acquis clausewitzien est donc d'expliciter la relation d'essence entre la politique et la guerre, ce dont Raymond Aron fera le cœur de son livre *Penser la guerre, Clausewitz*. Le militaire est toujours subordonné au politique, et le véritable chef des armées est le meneur politique du pays : Clemenceau, Churchill, Staline, de Gaulle, et d'autres. La nouvelle politisation de la guerre signifie que la violence se met au service d'États qui monopolisent l'essentiel de l'énergie sociale. Désormais, la défense du territoire est la valeur suprême. Le patriotisme mobilise les opinions et les dispose au sacrifice, mais il ne peut y avoir sacrifice consenti que si elles sentent agressées. Bien avant 1914, Clausewitz pense donc la guerre comme une mobilisation totale de la nation, sous tous ses aspects, économiques et psychologiques. Le phénomène guerrier, en apparence désordonné, obéit à une loi simple : celui qui a avec lui la force, l'énergie et la résolution de tous est toujours celui qui gagne. Il gagne en prenant l'ascendant lors de la grande bataille, mais aussi par la lutte armée informelle, inventée en Espagne face aux troupes régulières de l'Empire. La « petite guerre » défensive est ainsi réhabilitée, malgré une interprétation qui a long-temps insisté sur la critique clausewitzienne de ces conflits mineurs. Mais il ne faut pas confondre la petite guerre pour convenance personnelle du prince, et celle menée par le peuple pour sauver sa terre. Aux côtés du romantisme noir de la grande guerre d'extermination, on trouve le romantisme rouge de la petite guerre de résistance – le rouge des tableaux de Goya, bien sûr.

Le duel à mort

Quelles conséquences faut-il tirer de ce nouveau primat de la politique sur l'art de la guerre ? Tout simplement que la force physique et morale des troupes issues du peuple fait la différence. Dans le schéma clausewitzien académique, le bon stratège cherche à l'utiliser au mieux pour percuter le centre de gravité de l'adversaire lors d'une « bataille décisive ». On est là dans l'épure conceptuelle, et dans la stratégie en chambre. Clausewitz en a conscience. Il entend d'abord définir un concept *a priori*, qui est la « fondation de sa cathédrale conceptuelle », écrit Aron. L'essentiel est la force, qui vaut plus et mieux que toutes les ruses. L'art de la diversion lui paraît inutile, car il distrait les troupes de l'objectif principal. Ce que cherche le général est l'élément déterminant de la victoire. Et ce qui porte la victoire « réside dans la supériorité numérique et morale qui détermine tout », écrit-il. En réalité, l'effet de surprise découle de cela, car « surprendre l'ennemi suppose d'avoir déjà pris l'avantage sur lui ». L'essence de la guerre est donc un « duel de volontés », et le meilleur modèle en reste Napoléon, qui mise d'abord sur l'énergie, l'audace, la résolution, et dont les ruses les plus célèbres, à Austerlitz ou à Marengo, ne sont que des suppléments tactiques à l'avantage stratégique initial : la détermination morale des troupes à se battre. Dans un tel dispositif, la ruse n'a qu'un rôle d'auxiliaire, de conduite astucieuse d'un mouvement dont le déploiement emporte tout.

C'est cet excès de violence qui a passionné René Girard dans le livre d'entretien qu'il accorde à la fin de sa vie, intitulé *Achever Clausewitz*. Que faut-il attendre de ce duel entre deux adversaires saisis par une détestation passionnelle et prêts à tout pour aller jusqu'au bout de leur querelle, prêts notamment à l'escalade jusqu'à l'« ascension aux extrêmes » ? Dans les faits, cette rivalité mimétique traverse l'histoire des relations internationales : la France et l'Angleterre, la France et l'Allemagne, l'Occident et le djihad, les États-Unis et la Chine, L'URSS et le Troisième Reich en sont autant d'exemples. C'est pour cette raison que l'idée du duel est avant tout une idée politique. Le pouvoir de la guerre présuppose un pouvoir politique. Le pouvoir de faire la guerre est au cœur de la souveraineté d'un État. Et ce pouvoir se maintient et augmente sa puissance par la faculté qu'il a de désigner un adversaire. À lire Girard, cet acte de nommer l'ennemi est l'essence du phénomène politique. C'est que la guerre, en ce cas, est bien le double de la politique. La politique a toujours vocation à empêcher la guerre, en même temps, elle la contient à l'état de potentialité. La guerre a, de son côté, toujours vocation à préparer le retour de la politique. La paix est un état précaire, même quand l'homme finit par croire qu'elle sera perpétuelle.

De la théorie à la pratique : la guerre est un caméléon

Dans sa pureté théorique, le duel mimétique conduit à l'ascension aux extrêmes. Mais c'est une idée régulatrice qui donne une intelligibilité au réel. Il est rare que l'on trouve dans l'expérience sensible les conditions pures et parfaites d'une telle guerre, et donc d'une montée aux extrêmes jusqu'à l'annihilation d'un des deux adversaires, ou des deux en même temps. « La guerre est un acte de violence qui vise à contraindre l'adversaire à exécuter notre volonté », écrit d'abord Clausewitz pour définir ce concept de la guerre. Mais il ajoute aussitôt que « tout prend une forme différente si l'on passe de l'abstraction à la réalité », car la guerre « n'est jamais un acte isolé », et « ne consiste pas en un seul coup sans durée ». Dans les faits, l'ascension aux extrêmes est improbable, car elle est sans cesse différée par la nature de l'espace et du temps, que sont, pour le stratège, les incertitudes de la géographie et de l'histoire. C'est pour cette raison que la guerre est par essence changeante : elle est un « caméléon », pour reprendre l'expression fétiche du stratège prussien, mise en exergue par Raymond Aron. En effet, le jugement du général comme celui de l'officier sur le terrain font le plus souvent face aux impondérables de ce terrain. Cette « friction », c'est le terme qu'il emploie, est sans cesse rappelée par Clausewitz. Elle définit, au fond, la distance ontologique entre la planification stratégique et la mise en œuvre concrète. La friction est le potentiel d'incertitude propre à toutes les actions humaines qui visent une fin, mais elle prend une place plus grande encore dans le déroulement d'une bataille. C'est ce que Clausewitz a appelé le « brouillard de la guerre » – autre expression passée à la postérité. La doctrine clausewitzienne de la bataille décisive est donc à la fois un idéal inatteignable et une règle primordiale à poursuivre malgré tout, car tout doit être fait pour réduire le risque de friction. Et pour cela il faut préférer l'action simple, forte et décisive. C'est la conduite rapide et coordonnée de cette action qui compte. Même si les aléas et les contretemps sont la vérité de la guerre ordinaire, il demeure que la loi de la force – démographique, logistique, morale – permet, à la fin, d'emporter la victoire. C'est donc que le concept *a priori* a aussi une valeur pratique. L'historien et polémologue Jean-Vincent Holeindre, dans *La Ruse et la Force*, apporte un contrepoint à cette vision idéale d'une pure expression de la force. Il réhabilite la ruse, et Ulysse contre Achille. Il est vrai que Clausewitz est l'un des habituels représentants de cette école de la force qui ravale la ruse à une habileté de second plan. Elle représenterait à ses yeux trop d'efforts inutiles, pour un gain aléatoire. Il est vrai que les états-majors français s'en sont trop longtemps tenus à une idée fruste de la valeur militaire, qui ne serait que courage et sacrifice de soi, négligeant la ressource du leurre. Cela pourtant n'ôte pas à Clausewitz la justesse de ses vues, qui est bien souvent validée par l'observation des grandes batailles. Ainsi le *blitzkrieg* en 1940 et le débarquement allié de 1944 doivent-ils moins à la ruse qu'à la détermination des peuples et à la préparation minutieuse d'opérations concentrées – on revient ici à l'argument avancé plus haut : la ruse tactique est un bénéfice secondaire d'une manifestation de la force, qui est première. On a eu raison de souligner l'importance de l'opération Fortitude, cette brillante diversion qui a fait croire aux généraux allemands que l'offensive alliée aurait lieu dans le Pas-de-Calais ou en Norvège. Mais ce qui compta avant tout dans le succès du débarquement fut la supériorité de la résolution morale, démographique et logistique des Alliés.

Car ce sont les passions qui mènent le monde, et les passions guerrières sont toujours provoquées par le sentiment de devoir répondre à une agression venue de l'adversaire. Revenons ici sur ce point déjà abordé plus haut. Le défenseur est maître de la contre-attaque ; en fait, il dicte sa loi à l'attaque, car il est plus mobilisé encore, puisqu'il joue la survie de son pays. Le traité de Versailles place l'Allemagne sur la défensive, et permet de remobiliser la nation allemande. L'invasion allemande de l'URSS offre à Staline une chance inespérée de liguer un peuple entier derrière lui. L'urgence de l'autodéfense est également le ressort du sursaut de la victoire de Valmy, mais aussi des premières victoires de l'Empire napoléonien, qui entendent répondre au risque de l'annihilation de la Révolution par les monarchies européennes. C'est après 1807, lorsque la guerre de défense devient une guerre de conquête, que l'Empire perd son avantage : en Espagne, puis en Russie. « Le primat de la politique ne s'exerce pas sur la guerre mais dans la guerre elle-même, à travers le primat de la défense. Contre Napoléon, l'Espagne et la Russie ; contre Hitler, la Russie ; contre les Américains, le Vietnam : illustration du privilège politique de la défense », écrit justement Glucksmann dans *Le Discours de la guerre*. C'est pourquoi Clausewitz a rencontré un tel succès chez les guérilleros du monde entier, de Cuba à la Chine populaire. Il s'agissait de souligner la force de la guerre défensive sur la supposée supériorité technique des puissances impérialistes. Ce romantisme national fait aussi partie de l'aura philosophique de l'austère général prussien. Citons-le sur ce point : « Le concept de guerre n'apparaît pas proprement avec l'attaque, car celle-ci n'a pas tant pour objectif absolu le combat que la prise de possession de quelque chose. Ce concept apparaît d'abord avec la défense, car celle-ci a pour objectif direct le combat, parer et combattre n'étant évidemment qu'une seule et même chose. »

Être clausewitzien aujourd'hui

Raymond Aron a beaucoup insisté sur la définition ternaire de la guerre selon Clausewitz. Il aurait finalement réussi à dépasser l'opposition entre le concept pur de guerre – un acte bref d'une violence extrême –, et les guerres réelles, en combinant trois dimensions du même phénomène : la passion meurtrière des soldats (le peuple), le calcul des probabilités des généraux (l'armée), la prudence politique des dirigeants (l'État). Chaque guerre réelle – des formes les plus extrêmes aux formes intermédiaires – devrait donc être pensée en fonction de la combinaison de ces trois tendances, chacune variant de grandeur à chaque fois. « La guerre n'est pas seulement un véritable caméléon, [...] mais elle est aussi une étonnante trinité où l'on trouve d'abord la violence originelle de son élément, la haine et l'animosité, qu'il faut considérer comme une impulsion naturelle aveugle, puis le jeu des probabilités et du hasard qui font d'elle une libre activité de l'âme, et enfin sa nature subordonnée d'instrument de la politique, par laquelle elle appartient à l'entendement pur », écrit Clausewitz. Plus la guerre se rapproche de la pulsion meurtrière, plus elle est extrême. Plus elle est proche de la raison politique, plus elle est mesurée. Il faudrait, pour atteindre à plus de clarté encore, admettre que la violence irrationnelle de cette pulsion meurtrière est aussi la politique.

Nous l'avons dit plus haut : la politique est à la fois l'antidote et le virus de la guerre. Elle lui est foncièrement hostile, et pourtant elle en a besoin. Ces deux dispositions de la politique se combattent : celle du courage et celle du calcul. Celle de l'énergie fulgurante et celle de la patience attentiste. La guerre sera donc défensive et romantique, ou chirurgicale et rationnelle. Une guerre de masse, ou une manœuvre guerrière voulue dans le secret d'un cabinet. Il ne fait aucun doute que même après le changement de modèle engendré par l'irruption des passions nationales avec la Révolution française, les anciennes guerres classiques et circonscrites ont perduré. Mais qu'il s'agisse de l'une ou de l'autre forme, c'est toujours la politique, rationnelle et rusée, ou démagogique et passionnelle, qui détermine le but de guerre.

La petite guerre, si elle a le défaut d'être impure, au point que Clausewitz juge qu'elle a « une essence sans cohésion interne », reste la vérité statistique des conflits interhumains. De fait, aujourd'hui, les temps sont à la dissémination des petites guerres, dont les motifs mafieux ou religieux n'emportent pas la mobilisation de peuples entiers. Il n'y a plus d'État d'un côté, mais des bandes, et en face de ces bandes, des coalitions d'États sans peuples, car il n'existe pas de « peuple otanien ou onusien ». Cela semble dissoudre le motif clausewitzien de la grande guerre défensive. Est-ce à dire que nous serions entrés dans une ère où seuls les renseignements et les petites unités d'élite, armées de drones sophistiqués, ont leur mot à dire sur la guerre ? Que notre époque clôt l'âge des guerres clausewitziennes ? En ces temps de vendettas, où la violence « anomique » semble l'emporter sur la rationalité des États et l'astuce des généraux, on pourrait être tenté de le croire. Or, ce n'est pas parce que les grandes batailles ont presque disparu depuis soixante-dix ans que le concept clausewitzien de la politique n'est plus vrai, bien au contraire. La grande bataille du Désert en 1991 est une expression classique du concept de force clausewitzien.

Mais, surtout, l'avènement du nucléaire a changé la portée philosophique de la formule sur la politique comme « continuation de la guerre ». L'irruption de la dissuasion nucléaire dans le champ stratégique n'a fait que porter plus haut la dialectique qui pousse la politique et la guerre à échanger sans cesse leurs caractéristiques. L'histoire des soixante-dix dernières années nous enseigne que la montée aux extrêmes a été conjurée par le risque terrifiant de la destruction nucléaire mutuelle. Cette menace nucléaire est la concrétisation vertigineuse du concept clausewitzien de guerre absolue – qu'est-ce qu'une bombe nucléaire sinon une montée aux extrêmes pure et parfaite ? Or, ce risque de la guerre totale débouche non pas sur l'annihilation réciproque, mais sur la neutralisation réciproque. La politique, cet art du compromis, cette science de la prudence, est plus forte que la tentation nihiliste. Elle a été, jusqu'à aujourd'hui, la continuation de la guerre par d'autres moyens. La rationalité des États, le jugement des généraux, la ruse des services secrets diffèrent le risque de guerre. À ce jour, rien n'a encore défait l'équilibre de la terreur créé par le risque nucléaire. La vérité de la formule de Clausewitz est dialectique : la guerre est dans la politique et la politique dans la guerre. Elle se retourne comme un gant pour livrer sa vérité cachée : la politique est la continuation de la guerre par d'autres moyens. La force de cet axiome n'a jamais été aussi éclatante que dans les années de la guerre froide.

René Girard, dans *Achever Clausewitz*, prophétise que se prépare une montée aux extrêmes plus démoniaque encore que celle qui a projeté dans le néant des millions d'hommes entre 1939 et 1945, et assure que cet emballement meurtrier va imposer sa loi à l'Histoire, ce qui reviendrait à considérer que les formes réglées de la guerre, celles qui ont toujours eu cours, seraient abolies, comme serait « achevé » Clausewitz. On peut rester très sceptique à l'égard de cette interprétation qui prédit la fin de la politique et l'explosion des violences anomiques. Être clausewitzien aujourd'hui, c'est avoir à l'esprit que les temps qui nous attendent ne seront ni ceux de l'apocalypse, ni ceux de la fin de l'Histoire dans les verts pâturages du doux commerce. Ni la fin du monde, ni la paix perpétuelle. La politique, cet art de la négociation et du compromis, est un caméléon qui prend la couleur de la guerre ou celle de la paix selon le lieu et le moment. Elle retient la guerre autant qu'elle le peut. Et tant qu'elle y parvient, le monde se porte mieux. Et si les guerres éclatent malgré tout, c'est à la politique de les terminer. « En aucun cas, la guerre n'est un but par elle-même. On ne se bat jamais, paradoxalement, que pour engendrer la paix, une certaine forme de paix », écrit Clausewitz, qui reste encore, en ce début de XXIe siècle, notre contemporain.

Bibliographie sélective

ARON, Raymond, *Penser la guerre, Clausewitz*, 2 tomes, Paris, Gallimard, 1976.

CHAPOUTOT, Johann, *Libres d'obéir*, Paris, Gallimard, 2019.

CLAUSEWITZ, Carl von, *De la guerre*, traduction Denise Naville, Paris, Éditions de Minuit, 1955.

GIRARD, René, *Achever Clausewitz*, entretien avec Benoît Chantre, Paris, Flammarion, 2011.

GLUCKSMANN, André, *Le Discours de la guerre*, Paris, Éditions de l'Herne, 1969.
HOLEINDRE, Jean-Vincent, *La Ruse et la Force*, Paris, Perrin, 2017.

ALEXIS DE TOCQUEVILLE
L'ANCIEN RÉGIME ET LA RÉVOLUTION
(1856)

À fond de cale entre deux mondes

François Sureau

Dans ce texte très personnel, François Sureau aborde L'Ancien Régime et la Révolution *à front renversé. Si ce texte majeur a marqué en profondeur la pensée politique, pour François Sureau, il n'a pas été assez loin dans le prophétisme, hésitant entre fascination et inquiétude face à l'évolution des démocraties. Mais ce que nous perdons en netteté du diagnostic, nous le gagnons en proximité avec cette ambivalence qui nous rejoint aujourd'hui.*

> « Je ne comprends ni comment ceci peut durer ni comment ceci peut finir. Je me vois sans boussole, sans voiles et sans rames sur une mer dont je n'aperçois nulle part le rivage et, fatigué de m'agiter en vain, je me couche au fond du bateau et j'attends l'avenir. »
>
> Alexis de Tocqueville

On lit Tocqueville, on est sensible à sa lucidité comme à son inquiétude. Cette inquiétude ne s'impose pourtant pas toujours avec la force de l'évidence. Après tout, le tocquevillisme est un exercice d'interprétation, où la pensée naît des observations d'un amateur intelligent, et c'est aussi par là qu'il continue de nous toucher. Pas de jargon, peu de concepts, l'habitude du monde et des hommes, et le souvenir d'avoir aimé le pouvoir et les places. Son interprétation du mouvement démocratique embrasse plusieurs siècles, dont le nôtre. Si bien qu'étant nous-mêmes plongés dans le mouvement qu'il nous montre, et affectés par lui de mille manières, nous ne pouvons nous lasser de ce paysage qu'il décrit et qui ne nous est que trop familier : l'égalité des conditions, l'énervement devant toute manifestation de supériorité, la mollesse tyrannique, bien-pensante, *pédagogique*, d'institutions qui ont fini, mais à notre demande informulée, par dissoudre le politique dans l'administration des choses, effaçant pour finir ses anciennes qualités, celles qui lui donnaient ses couleurs et dont Montesquieu a parlé, l'honneur comme la vertu. Rien n'arrive plus qui soit nouveau. Il ne nous reste qu'à faire le portrait de quelques caractères, pris comme autant de symptômes, Giscard, Mitterrand ou Macron. Il n'avait après tout rien fait d'autre, peignant Louis-Philippe et Guizot, et même Duchâtel, avec la sûreté de trait d'un prophète sceptique, admirablement respectueux de la *distinction des ordres*, au début de ses *Souvenirs*.

« Il n'y a rien de moins indépendant qu'un citoyen libre »

Pourtant, à certains moments, la prophétie de Tocqueville paraît sortir du cours indistinct du temps. Elle se révèle à nous dans toute sa puissance. Ces derniers mois, au printemps de 2020, nous auront offert une éclatante illustration de la formule selon laquelle « il n'y a rien de moins indépendant qu'un citoyen libre », dont Furet a pu dire qu'elle résumait sa pensée. C'est ainsi qu'une nation de soixante millions de citoyens s'est laissé assigner à résidence sans mot dire, et, pire, sans qu'aucun mot soit dit par ses représentants, sur la seule décision d'un exécutif pratiquement réduit à un seul homme. La crainte d'une hécatombe épidémique, vaguement présentée au public, y a suffi. Et ce sans aucun débat politique au sein des institutions de la démocratie représentative, parlementaire en premier lieu, ni sur la pertinence de cette crainte ou la valeur des calculs et des modèles présentés pour l'établir, ni sur les choix que cette crainte pouvait dicter, lesquels offraient pourtant une grande variété de possibles. Rappelons à nous cet esprit pratique qui était celui de Tocqueville lorsqu'il analysait le régime des prisons ou le fonctionnement de la démocratie américaine. La situation demandait des arbitrages, qui avaient trait aux personnes menacées, aux modalités subséquentes de cette assignation baptisée « confinement », à l'égalité ou non devant elle des citoyens, aux conséquences économiques, sociales ou politiques d'un confinement intégral, aux carences de l'action publique qui avaient peut-être fait de ce confinement la seule option démocratiquement possible. Ces arbitrages ont été faits. Mais ils l'ont été en dehors de toute délibération publique. Ils n'en ont pas moins rencontré un assentiment général.

Comme on disait autrefois que les Allemands de l'Est votaient avec leurs pieds en franchissant le mur, les Français ont voté avec leurs clés en s'enfermant. Se vérifiait ainsi la pensée de Tocqueville sur la subversion d'institutions largement, peut-être exclusivement, fondées sur l'idée de liberté, par un mouvement qui lui est étranger. Et c'est ainsi que nombre de garanties, y compris constitutionnelles, ont disparu, et d'abord celle de ne pas pouvoir être détenu en prison sans jugement, dans le silence des juridictions qui en avaient la garde. La différence avec ce que Tocqueville a décrit, c'est que le « principe d'égalité » n'était pas en cause, mais plutôt la préférence accordée à la « vie » sur le « politique », au « bios » sur la norme, à la cellule sur le citoyen et même sur la personne. La place prise dans l'action gouvernementale par les « scientifiques » ne témoignait pas seulement d'une facilité, ou du désir de s'exempter des reproches, mais de quelque chose de plus profond et de plus grave : d'une conception de l'homme comme espèce à protéger, non comme personnalité politique, sujet de droit, source du droit, citoyen pour finir. Mais peut-être, après tout, n'est-ce là que la forme ultime de la revendication de l'égalité des conditions, quand le politique, ayant cessé d'être légitime dans son ordre, ne peut se survivre qu'en paraissant s'intéresser exclusivement à ce qui rassemble les hommes sans discussion, sans controverse possible : leur nature d'êtres vivants. C'est bien elle aujourd'hui qui correspond, et qui correspond seule, au désir d'égalité absolue, sans rien qui puisse évoquer l'idée de ces « distinctions » dont Pierre Manent a montré qu'elles nous étaient devenues au fil du temps insupportables.

L'INQUIÉTUDE DEVANT L'AFFAIBLISSEMENT DE LA POLITIQUE

Et c'est ainsi que j'ai voulu relire *L'Ancien Régime et la Révolution*. Pas seulement parce que notre temps incertain est hanté de références à la Révolution, à la guillotine, pastiches inclus. La lecture des journaux ne va pas sans inquiétude. On y voit comme dans un cauchemar ce que serait une révolution privée des Lumières. Une révolution de piques sans plumes, de tribuns sans phrases. Mais plus profondément, parce que c'est dans ce livre que pour moi Tocqueville prend à sa source cette inquiétude qui est la nôtre devant une politique qui s'affaiblit sans que nous puissions inventer de moyens de lui redonner vie. Alors que nous savons, ou plutôt que pour certains de nous nous croyons, qu'il n'y a pas de progrès, au sens de l'éducation des hommes à la raison, rendue nécessaire à peine de chaos par la vie en société, qui soit possible en dehors d'une activité politique organisée comme telle.

Lire ou relire *L'Ancien Régime et la Révolution*, c'est donc, d'abord, retrouver un peu de la saveur de l'Ancien Régime. Voilà bien un temps disparu que l'on ne cite plus que pour le blâmer, le connaissant peu. Sans même s'attacher à leur exactitude historique, les passages consacrés aux mœurs administratives, à la correspondance des intendants, à la justice ou aux droits féodaux ont le charme d'une reconstitution à la Dumas. Nous en sommes d'autant plus touchés que, ces dernières années, la République a été chez nous, le plus souvent, invoquée en quelque sorte à vide, comme si elle s'était établie sur du néant, toute parée de vertus si évidentes qu'on se demande bien comment elles avaient pu rester ignorées pendant si longtemps. La République n'a jamais été aussi invoquée que dans le temps où elle paraissait disparaître, au moins dans les formes dont nous avions pris l'habitude jusqu'à les croire éternelles, menacée par les structures administratives de l'Union européenne, les géants économiques internationaux, la mondialisation, voire, à certains égards, le terrorisme islamiste, par tout ce qui met à mal avec tant de facilité les grands principes, et jusqu'à cette égalité dans laquelle Tocqueville voyait l'horizon indépassable de la démocratie.

Ainsi la République a-t-elle fait oublier l'Ancien Régime. La lecture de Tocqueville fait naître, par contrepoint, un sentiment de fraîcheur bienvenu, dans une société où la République a quitté le domaine de l'histoire pour atteindre celui du mythe. La moindre émeute urbaine semble désormais lancer les esprits échauffés vers les grilles des Tuileries d'autrefois, et de vieux politiciens marinés dans l'intrigue et la sénatoriale hantent la route de Varennes. Notre vie politique est au cinéma, un cinéma qui doit trop à Gance et à Eisenstein pour être vraiment honnête. Pris comme écrivain, Tocqueville nous ouvre au contraire les yeux en même temps qu'il nous réchauffe le cœur.

Tocqueville touchait à l'Ancien Régime par l'histoire de sa famille, par ses habitudes de vie et de pensée, sans trop de nostalgie, paraît-il. « Il n'y a, au fond, que les choses de notre temps qui intéressent le public et qui m'intéressent moi-même. » S'il s'agit de montrer qu'il était indifférent aux ruines grecques ou romanes, à la différence d'un Chateaubriand ou d'un Augustin Thierry, c'est assez clair. Mais on peut aussi lire dans son éloge des libertés de l'ancien temps, opposées aux empiétements inévitables de l'État centralisateur, un goût personnel pour un type de société où les gens de son ordre avaient une place réservée d'avance, et comme soustraite à la fluidité de tout. On le voit bien lorsqu'il accueille à Paris les électeurs de l'arrondissement de Valognes, au moment où la monarchie de Juillet s'effondre.

Le grand mouvement vers l'égalité

Il reste que l'Ancien Régime l'intéresse moins en lui-même que parce qu'il lui permet de présenter, comme on peindrait un tableau – lequel serait avec la réalité dans le même rapport qu'une œuvre d'art avec le paysage qui l'a inspirée –, ce grand mouvement vers l'égalité qui caractérise les temps modernes. Ce mouvement a pris le chemin de la Révolution dans la mesure même où l'Ancien Régime l'avait préparé, en ne trouvant pas le moyen de résoudre la contradiction inhérente à l'émergence d'un État centralisateur dans une société d'ordres. Aussi, pour lui, la continuité est-elle plus évidente que la rupture. La Révolution le frappe bien sûr par son caractère inédit, nouveau, à certains égards monstrueux, comme elle frappera Maistre ou Burke. Mais elle ne l'étonne pas. « Son mystère de nouveauté, écrit Furet, forme un éclatant contraste avec l'attendu de ses résultats. » Les résultats passent tout de même l'imagination, puisqu'ils aboutissent, en apparence, à provoquer la fin de l'histoire par la réalisation d'un but que le christianisme n'avait placé que dans la parousie. Ce qui suscite l'effroi d'un Burke provoque, malgré tout, l'admiration d'un Tocqueville. Cette admiration n'est pas la même que celle de Michelet, qui ne décrira pas autre chose mais sera bien moins frappé que Tocqueville par le caractère profondément étrange de cet investissement du champ politique par une aspiration à la fois athée et religieuse : les Français de 1789 ont inventé une religion nouvelle, à caractère universel, qui fera que plus jamais la politique ne sera comme avant. Dit autrement, ils ont inventé la politique même, celle de l'Ancien Régime ne ressemblant à celle qui a suivi ni dans son étendue ni dans sa nature.

Sous ce rapport, les défauts de l'étude historique présentée par Tocqueville ne sont guère importants, tant son intuition est juste. De bons critiques, comme François Monnier, ont suffisamment montré que, tout occupé à décrire ce qu'il voyait comme une évidence et dont personne autour de lui ne paraissait avoir une conscience entière, il a souvent reconstitué, sollicité, imaginé le passé. Cela est de peu d'importance en comparaison de ce que sa lecture nous apporte aujourd'hui, comme en comparaison de ce que la puissance de sa pensée nous empêche de voir.

La nature ambiguë de la démocratie

Au citoyen conscient, Tocqueville interdit cette rêverie de livre d'images en quoi se complaît la propagande politique, qui vise à justifier à la fois des institutions imparfaites et les carrières de ceux qui les animent : que la République serait comme la lumière succédant à l'ombre, la vertu au vice. Non seulement le mouvement démocratique, celui de l'égalité des conditions, a commencé bien avant la Révolution et la République, mais ce mouvement a suscité l'État qui seul pouvait le garantir, longtemps avant 1789. Ainsi se révèle la nature ambiguë de la démocratie : « Rien, dans une démocratie, écrit Pierre Manent, ne doit échapper au pouvoir de la société sur elle-même dont le pouvoir est l'instrument et l'expression. » Ce pouvoir central sera facilement vu comme renfermant en lui-même l'essence de la démocratie, et finira par devenir une sorte d'idole. Lui seul en effet peut garantir que rien ne s'interpose jamais entre le citoyen pris comme législateur et le citoyen pris comme sujet. L'étrange liberté qui en résulte ne ressemble pas à autre chose qu'à la conscience de la nécessité démocratique, exprimée par les votes. À la fin, la démocratie disparaît sous la démocratie même, sauf à ce que subsistent paradoxalement en elle ces restes du système aristocratique qui ne font pas dépendre le bien public de l'assentiment de la majorité. Tocqueville est moins constitutionaliste que sociologue. Peu importent les définitions successives de la souveraineté. Ce qui l'intéresse c'est le bois qui ronfle dans cette chaudière, qu'alimente la passion inextinguible de l'égalité. Il n'est pas inutile, dans un pays qui se fait gloire de ses libertés, si faibles, si continûment battues en brèche par l'État, de Robespierre à Thiers, de la terreur rouge à la terreur blanche, de Bonaparte à de Gaulle, de Polignac à Guéant et à Castaner, du législateur anti-anarchiste de 1893 au législateur antiterroriste du début du XXIe siècle, de rappeler l'origine de cette mise en tutelle d'un pays par son administration, aboutissant à la création, non d'une « nation libérale », mais d'un « peuple révolutionnaire et servile ». L'« état d'urgence sanitaire », dans ses excès théoriques et pratiques, dans la jouissance répressive qui l'a porté, n'a représenté que la dernière station sur ce chemin. Il y en aura d'autres.

À la fin, d'ailleurs, il semble qu'un accablement l'ait gagné qui est le précurseur du nôtre : « Je ne comprends, écrit-il en 1851, ni comment ceci peut durer ni comment ceci peut finir. Je me vois sans boussole, sans voiles et sans rames sur une mer dont je n'aperçois nulle part le rivage et, fatigué de m'agiter en vain, je me couche au fond du bateau et j'attends l'avenir. » *L'Ancien Régime et la Révolution* est bien sous ce rapport, comme disait Furet, une « œuvre d'assistance à peuple en détresse », destinée à encourager ce peuple à conserver un peu de liberté malgré tout, alors qu'on doute qu'il en ait vraiment eu le désir. Bien sûr, lorsque Tocqueville parle des Français comme d'un peuple « jamais si libre qu'il faille désespérer de l'asservir, ni jamais si asservi qu'il ne puisse encore briser le joug », ce style navrant est bien celui d'un auteur qui, selon la recommandation de Flaubert, « se monte le bourrichon ». Il nous en reste une sorte d'avertissement, que nous ferions bien de méditer au lieu de nous faire à travers le monde les propagandistes d'une liberté que nous servons assez mal chez nous, et depuis fort longtemps.

Ce que Tocqueville n'a pas vu

Ce que la lecture de Tocqueville nous empêche de voir, en revanche, c'est précisément ce qui était, pour Tocqueville, l'avenir et qui est le propre de notre temps. Que d'autres passions que celle de l'égalité paraissent à l'œuvre, et d'abord celle de la sûreté, de la sécurité, dans un monde dévasté par des guerres d'une ampleur inconnue à son époque et marqué en conséquence par la disparition des cadres moraux sur quoi s'appuyaient malgré tout les progrès de l'idéal démocratique ; que, quand bien même l'État continuerait de poursuivre l'objectif de l'alignement des conditions, sa puissance effective se réduit au fur et à mesure de l'émergence d'autres acteurs, et d'abord économiques, qui ne se proposent pas les mêmes buts, si bien que la masse des citoyens peut craindre de se trouver privée, de fait, des moyens d'influer sur son destin politique ; que si le christianisme a cédé devant la démocratie, tel n'est pas le cas de religions plus récentes, l'islam en premier lieu, auquel précisément Tocqueville comparait déjà à l'époque la Révolution française.

Mais plus profondément encore, dans la mesure même où il a fait, comme l'écrivait Monnier, maître d'œuvre de l'édition des *Souvenirs*, « de la vie et de l'histoire des réalités stables, du temps une simple illusion », n'étant d'une certaine manière pas plus historien que théologien, Tocqueville, en limitant abusivement les conséquences de la Révolution, nous empêche à présent de connaître exactement les maux dont le XXe siècle a souffert et dont nous souffrons encore. La substitution arbitraire d'un nouveau contrat à l'ordre ancien des choses, le blâme jeté sur la totalité du passé, l'avènement en conséquence d'une politique vouée à chercher dans le totalitarisme la jonction des extrêmes et donc la réconciliation du souverain divisé contre lui-même, tout ce que Bouthillon a magistralement décrit dans son œuvre, voilà une secousse tellurique dont on ne peut dire qu'elle n'a pas eu lieu parce qu'au fond l'esprit d'un intendant est assez proche de celui d'un sous-préfet.

Quand bien même on laisserait de côté la question des origines révolutionnaires du totalitarisme, les avatars de la souveraineté demandent une analyse plus fine que celle de notre auteur. Cette souveraineté inévitablement divisée par le contrat nouveau, seule, en réalité, la démocratie représentative peut lui donner une forme praticable, par le moyen de la délégation des pouvoirs aux assemblées élues, et aux gouvernements qui en procèdent. Mais ce faisant, la démocratie recrée en son sein une classe de gouvernants vue comme abusive parce que la règle de l'égalité des conditions conduit à ne pouvoir supporter que personne ne soit supérieur à personne, fût-ce aux fins de la direction, par mandat temporaire, d'un ensemble social complexe. Ainsi l'État centralisé, vecteur de la démocratie égalitaire, est-il à la fois tout-puissant et fragile. C'est toute l'histoire constitutionnelle de la France depuis la Révolution, d'autant plus chaotique que n'existe chez nous aucune de ces forces de rappel, notamment religieuses, que Tocqueville avait vues à l'œuvre en Amérique. C'est ainsi que si réticent que l'on soit par exemple au référendum, on peut voir son institution par de Gaulle non comme l'expression d'une préférence pour le césarisme, mais comme le moyen de retenir la démocratie sur la pente où elle doit nécessairement rouler dès lors qu'elle a rompu avec l'ordre monarchique.

Entre assentiment et douleur

Puis, à bien des égards, la pensée de Tocqueville est décourageante à proportion de son sociologisme même. Le bien, considéré par lui, qui d'ailleurs s'est vu tour à tour comme libéral et comme révolutionnaire au gré des circonstances et peut-être de ses intérêts de carrière, le cède toujours à l'inéluctable. Là-dessus, et malgré sa moralité foncière, il ressemble à un « chrétien parfait » selon Pascal, mais qui n'aurait plus l'espoir de voir jamais advenir le Royaume. La pensée sociologique comporte une pente, qui est au fond la préférence donnée à l'ordre, puisque c'est toujours l'ordre, et non le projet, que par nature la sociologie donne à voir. D'où le balancement de l'esprit de cet honnête homme, d'un côté admettant la colonisation et les bagnes d'enfants, et de l'autre proposant à la monarchie de reprendre le flambeau des libertés face au césarisme renaissant. Au fond, Tocqueville aura passé sa vie entre l'assentiment et la douleur, entre l'acceptation de l'inévitable tyrannie du grand nombre et le rêve brisé d'une liberté traversée par l'esprit des temps démocratiques, hanté peut-être par la douceur prérévolutionnaire d'un temps d'utopie, où l'égalité et la liberté, l'ordre et la justice, cesseraient de s'opposer terme à terme. Certes, ce n'était pas Thiers, dont il détestait la molle soumission aux lois historiques. Il a longtemps cherché dans ses descriptions, auxquelles il s'était attaché avec une patience d'archiviste, des raisons d'espérer et d'entreprendre, et c'est ce qui le rend infiniment touchant. Dans cet exercice, si un Languedoc du passé féodal, largement imaginaire, l'a retenu, les prestiges de la monarchie en tant que telle ne lui en ont jamais imposé, peut-être parce qu'il l'avait vue comme prise et entraînée par l'esprit du temps, et donc à la fin inutile, que ce soit pour accélérer ou pour retenir. Là-dessus, il ressemble à son aîné, Richelieu, le réformateur d'Odessa, le « duc rouge » de Louis XVIII, en moins sensible cependant à la misère du peuple. Chateaubriand n'en écrivait pas différemment : « Vous savez que depuis longtemps je regarde la vieille société comme perdue, c'est une moribonde à l'agonie ; elle traînera plus ou moins longtemps dans son hôpital, mais elle mourra. » Richelieu comme Chateaubriand parlaient avec cette sécheresse venue tout droit du XVIIIe siècle, du moins de la partie de ce siècle qui ne se berçait pas d'illusions. Tocqueville, né plus tard, touchant à Musset, présente un côté malgré tout plus sentimental.

Le souvenir du destin tragique de l'aristocratie le hantait, et les tribulations de sa famille, mais ce n'est pas un pont des soupirs, selon le mot de Barbey, qu'il a voulu édifier. Il se souvenait des indépendances d'autrefois. Il en chérissait la mémoire. Dans l'aristocratie il ne voyait pas seulement cette succession des âges, supériorité, privilèges, vanités, dont a parlé Chateaubriand et qui fournira à Proust la matière de sa poésie sociologique. Il trouvait l'illustration, toujours utile à méditer, de ces vertus qui ne doivent rien à l'idée démocratique et dont la permanence est peut-être une des conditions d'« une vie sociale apaisée » dans l'univers de l'égalité. Si ces vertus continuaient d'être utiles, ce n'était pas parce qu'elles correspondraient à des qualités particulières que détiendraient les aristocrates, mais simplement pour exercer un contrepoids, une résistance, pour leur forme passive de rochers dans le fond de la mer, qui permettraient d'y accrocher une ancre. L'un des premiers, Tocqueville a vu que l'idée démocratique était appelée à sortir du champ politique, à envahir la société, la vie de l'intelligence, la vie des familles. Châtelain de la Vaubyessard malgré tout hanté par le surgissement multiforme des Homais, s'il a craint la disparition du monde des châteaux, ce n'était pas pour des raisons futiles, mais parce que, rendu inoffensif par le mouvement des choses, ce monde pouvait, à raison de son origine profondément étrangère à la modernité, offrir un remède partiel aux folies du temps, un asile peut-être.

L'ANGOISSE QUE NOUS ÉPROUVONS EST DE MÊME NATURE QUE LA SIENNE

J'ai cité plus haut la formule célèbre selon laquelle « il n'y a rien de moins indépendant qu'un citoyen libre ». Parce que la démocratie ne peut durer sous une forme acceptable que si continuent de vivre en elle des goûts, des habitudes, des formes, des institutions mêmes qui lui soient antérieurs et même, à certains égards, antagonistes, il a décrit la destruction des traditions anciennes comme pour en conserver cette essence volatile de la liberté qui seule donnait à ses yeux du prix, de la valeur à la société politique.

La nostalgie dont il se défendait n'est pas toujours inutile. En politique, elle peut former contrepoids aux illusions du présent. Je ne peux suivre sans réserve Tocqueville lorsqu'il énumère « toutes les raisons de ne pas aimer l'Ancien Régime ». Si l'Ancien Régime a disparu sans retour, on peut garder en mémoire le changement de paradigme qui en a été la cause, et qui, en créant la politique moderne, a entraîné l'humanité dans un mouvement où son âme s'est dégradée, entre Auschwitz et la Kolyma, les massacres de Septembre et le Lao Dong. Sans aller même jusqu'à ces drames, il n'est pas inutile de se souvenir de ce que nous avons perdu vers 1793, et que décrit si exactement Lefort dans *L'Invention démocratique* : « La révolution démocratique, longtemps souterraine, explose, quand se trouve détruit le corps du roi, quand tombe la tête du corps politique, quand, du même coup, la corporéité du social se dissout. Alors se produit ce que j'oserais nommer une désincorporation des individus. » Nous en sommes là, observant avec étonnement, et souvent effroi, l'apparition de cette société qui, au sens propre n'en est plus une et que Manent a pu nommer une « dissociété ». Il faudrait d'ailleurs s'arrêter plus que Tocqueville ne l'a fait à ce cheminement souterrain de l'idée démocratique dont parle Lefort, qui vient de plus loin que l'auteur de *L'Ancien Régime et la Révolution* ne l'a vu, et déborde l'espace de l'État. De même, c'est bien au moment de la Réforme que s'est nouée cette ambiguïté de l'État qui nous est aujourd'hui impossible à trancher, avec laquelle nous souffrons de vivre, et que Manent a résumée en commentant Montaigne : « L'État n'est jamais assez neutre, et ses actions ne sont donc jamais assez séparées de la société civile et de ses paroles [...]. Le gouvernement n'est jamais assez représentatif, et ses actions ne sont jamais assez jointes à la société civile et à ses paroles. »

En son temps, Tocqueville a pu consentir sans trop déplorer, en tout cas sans avoir à déplorer rien de si grave. Une telle attitude nous est désormais interdite. La passion de l'égalité ne suffit plus à animer notre vie collective, sauf, comme je le disais tout à l'heure, lorsqu'elle se change en passion exclusive du « vivant », passion qui l'emporte sur les anciennes catégories politiques. À cette aune, il n'y a plus d'émancipation qui tienne et pas davantage de liberté. Les religions séculières, et d'abord celle qui a voulu faire d'une classe ouvrière aujourd'hui disparue le moteur de l'Histoire, ne convainquent plus personne. L'égalité des conditions a été réalisée, et avec elle le programme libéral. Ce programme ne peut cependant rien, à supposer qu'il ait été conçu à cet effet, contre le malheur social ou le vide, la tristesse des existences atomisées. Et rien non plus contre les épidémies ou le risque de guerres, intérieures ou extérieures. Bien souvent, il semble n'avoir servi qu'à construire des ruines, si bien que la question qui se pose à nous n'est pas de le civiliser, comme le pensait Tocqueville, mais de lui en substituer un autre que nous ne pouvons pas même entrevoir.

L'issue du grand mouvement qu'il a décrit dans ses livres, et auquel il a voulu participer utilement par sa vie, paraît aujourd'hui moins nette, son point d'aboutissement plus obscur, et à bien des égards plus inquiétant, mais l'angoisse que nous éprouvons est de même nature que la sienne. Si bien que l'aristocrate mélancolique, à demi ambitieux, extralucide, qui ressemble à Chopin dans un tableau de Chassériau, la taille bien prise et la silhouette trop fine au milieu d'une

Normandie non de sortilèges mais de comices agricoles, nous apparaît à présent comme un frère.

Bibliographie sélective

Bouthillon, Fabrice, *L'Illégitimité de la République. Considérations sur l'histoire politique de la France au XIXe siècle (1851-1914)*, Paris, Plon, 2005 ; rééd. Dialogues, 2018.

–, *Brève histoire philosophique de l'Union soviétique*, Paris, Plon, 2003 ; rééd. Dialogues, 2018.

–, *Nazisme et Révolution. Histoire théologique du national-socialisme*, Fayard, 2011 ; rééd. Dialogues, 2018.

Lefort, Claude, *L'Invention démocratique. Les limites de la domination totalitaire*, Paris, Fayard, 1994 (1981).

Manent, Pierre, *Tocqueville et la nature de la démocratie*, Paris, Gallimard, « Tel », 2006 (1982).

Tocqueville, Alexis de, *L'Ancien Régime et la Révolution*, in *Œuvres*, t. III, « Bibliothèque de la Pléiade », Paris, Gallimard, 2004.

–, *Souvenirs*, in *Œuvres Complètes*, t. XII, édition et préface de Luc Monnier, Paris, Gallimard, 1964.

KARL MARX
MANIFESTE DU PARTI COMMUNISTE (1848)

Les métamorphoses de la lutte des classes

Alexandre Devecchio

La puissance d'analyse de Karl Marx est aussi controversée que la postérité de son œuvre dans le communisme. Alexandre Devecchio tente ici de faire la part des choses entre ce qui, dans cette œuvre célébrissime qu'est le Manifeste, *apparaît obsolète et erroné, et les aspects du concept de classes qui continuent à donner une grille d'explication à nos sociétés contemporaines.*

« L'histoire des sociétés n'a été que l'histoire des luttes des classes », il y a quelques années encore la célèbre sentence de Marx en ouverture du chapitre premier du *Manifeste du Parti communiste* faisait sourire. Le concept même de lutte des classes semblait avoir disparu avec la chute du mur de Berlin et l'effondrement de l'Union soviétique. Contre toute attente, c'est l'un des hommes les plus riches du monde, Warren Buffett, qui allait, le premier, le faire ressurgir dans le débat public. « Il y a une guerre des classes, c'est un fait, mais c'est ma classe, la classe des riches, qui mène cette guerre, et nous sommes en train de la gagner », déclarait le multimilliardaire en 2005 sur CNN. La boutade apparut à l'époque comme une pure provocation mais allait prendre tout son sens trois ans plus tard avec le déclenchement de la crise financière de 2008. Depuis, le Brexit, l'élection de Donald Trump ou encore le mouvement des Gilets jaunes en France ont confirmé le retour de la lutte des classes. Et la crise du coronavirus, malgré les appels à l'union sacrée et les élans de solidarité qu'elle a suscités, n'a fait qu'accroître les antagonismes sociaux qui traversent les sociétés occidentales.

Dans ce contexte, il est utile de se replonger dans l'œuvre du principal théoricien de la lutte des classes : Karl Marx. Et plus particulièrement dans l'ouvrage qui pose les fondements de cette théorie : le *Manifeste du Parti communiste*. Ce texte conserve-t-il son actualité aujourd'hui ? Quelles sont les idées qui y sont encore défendables et celles qui ont été contredites ou entachées par l'Histoire ? Peut-on distinguer le *Manifeste* et son auteur des horreurs historiques engendrées par le communisme ? Commandé par la Ligue des communistes, il est rédigé en allemand par Karl Marx qui y intègre certains passages écrits antérieurement par son camarade le philosophe Friedrich Engels. Marx a d'abord hésité à accepter la commande car il pensait que le texte devait provenir de l'ensemble des communistes plutôt que d'une seule personne. C'est la raison pour laquelle le *Manifeste* est d'abord paru anonymement, avant que les noms de Marx et d'Engels soient ajoutés lors de sa réédition. Il est écrit quelques semaines avant la révolution de février 1848 en France et plus largement dans le contexte des révolutions du Printemps des peuples partout en Europe. Ce climat insurrectionnel est avant tout la conséquence de la révolution industrielle et du passage d'une économie basée sur l'agriculture à une économie fondée sur l'industrie. Plus qu'un bouleversement économique, il s'agit d'un véritable changement de paradigme qui bouleverse en profondeur les sociétés européennes. Le creusement des inégalités liées à l'industrialisation, l'effervescence politique et sociale qui en découlent laissent entrevoir des rêves de révolutions.

Les circonstances sont donc propices pour publier le *Manifeste*, texte fondateur sur lequel va s'appuyer toute l'histoire du communisme. Il compte certainement parmi les rares essais dont on peut dire qu'ils ont contribué à changer le monde. Pour les fidèles du Parti, il va même devenir une sorte de bible. « Un spectre hante l'Europe… Il est grand temps que les communistes exposent ouvertement à la face du monde entier leur manière de voir, leurs buts et leurs tendances et opposent aux légendes du spectre communiste un manifeste du Parti lui-même », écrit Marx en préambule de l'ouvrage. Le *Manifeste* a ainsi pour objectif de répondre aux attaques dont les communistes s'estiment victimes et d'exposer au monde les idées et le projet de ce qui n'est alors encore qu'un mouvement. Il peut aussi être lu comme une synthèse de la pensée marxiste.

La lutte des classes comme moteur de l'Histoire

Le livre est construit en quatre chapitres. Le premier, le plus long, intitulé « Bourgeois et prolétaires », est sans doute le plus important. Marx y développe sa vision de l'Histoire fondée sur un affrontement permanent entre différentes classes sociales. Il y prend ainsi le contre-pied de l'historiographie traditionnelle qui se focalise sur le récit de la formation des nations et sur le parcours des grands hommes. Pour Marx, bien plus que ces derniers, ce sont les luttes collectives des « opprimés » et leur quête d'amélioration de leurs conditions matérielles qui constituent le moteur principal de l'Histoire. La division de la société n'est pas le fruit de l'essor du capitalisme industriel. « Invariant historique », la lutte des classes a, selon Marx, été présente sous différentes formes tout au long de l'évolution de l'humanité. « Hommes libres et esclaves, patriciens et plébéiens, barons et serfs, maîtres de jurandes et compagnons, en un mot, oppresseurs et opprimés, en opposition constante, ont mené une guerre ininterrompue, tantôt ouverte, tantôt dissimulée, écrit-il. Une guerre qui finissait toujours, ou par une transformation révolutionnaire de la société tout entière, ou par la destruction des deux classes en lutte. » L'enjeu des guerres antiques n'était autre que l'acquisition d'esclaves. L'enjeu des guerres féodales, l'acquisition de terres, permettant aux seigneurs d'accroître leur domination économique sur les paysans. La société capitalisme moderne en renversant la société d'ordres féodale n'a pas aboli les antagonismes sociaux, elle n'a fait que les remplacer : « Elle n'a fait que substituer aux anciennes de nouvelles classes, de nouvelles conditions d'oppression, de nouvelles formes de lutte », écrit Marx. Pour lui, la dialectique du « maître » et de l'« esclave » a cédé la place à celle du « seigneur » et du « serf », et enfin à l'affrontement entre « bourgeoisie » et « prolétariat ».

Marx entend par « bourgeoisie » la classe des capitalistes qui possède les moyens de production et fait travailler autrui à son profit. Par « prolétariat », il désigne la classe des ouvriers salariés modernes, ceux qui n'ont pas de capital et sont contraints de vendre leur force de travail pour subsister. S'il distingue deux classes fondamentales, Marx reconnaît l'existence d'une classe intermédiaire, la « petite bourgeoisie », composée par « les petits industriels, les marchands, les petits rentiers, les artisans et les paysans propriétaires ». Cependant, pour Marx, leur autonomie est trop précaire : « Parce que leurs petits capitaux ne leur permettent pas d'employer les procédés de la grande industrie, ils succombent dans leur concurrence avec les grands capitalistes, d'autre part, parce que leur habileté spéciale est dépréciée par les nouveaux modes de production. » Bien que certains « petits-bourgeois » partagent les aspirations et les valeurs de la bourgeoisie, au point parfois d'y confondre leurs intérêts, ils sont, selon Marx, voués tôt ou tard à tomber dans le prolétariat. Pour le philosophe, ce qui fait la spécificité de l'ère capitaliste par rapport aux ères précédentes, c'est la simplicité et le caractère binaire des antagonismes sociaux. « La société se divise de plus en plus en deux vastes camps opposés, en deux classes ennemies », écrit-il. Car la bourgeoisie a, selon lui, réduit tous les rapports sociaux au seul rapport financier, substituant à la complexité des valeurs féodales un économisme froid et rationnel. « Elle a brisé sans pitié tous les liens multicolores qui unissaient l'homme féodal à ses supérieurs naturels [...]. Elle a noyé l'extase religieuse, l'enthousiasme chevaleresque, la sentimentalité du petit-bourgeois dans les eaux glacées du calcul égoïste », assène Marx dans une formule passée à la postérité. « En un mot, à la place de l'exploitation, voilée par des illusions religieuses et politiques, elle a mis une exploitation ouverte, directe, brutale et éhontée », écrit-il.

La bourgeoisie, une classe révolutionnaire

C'est la mécanique révolutionnaire qui permet, selon le philosophe, les transformations successives des structures sociales et la progression de l'Histoire. La Révolution française de 1789 marque, pour Marx, une rupture historique profonde. C'est le moment où la classe aristocratique, qui dirigeait la société féodale, a perdu son pouvoir au profit de la bourgeoisie.

Le République, pour Marx, est avant tout le régime de la bourgeoisie et la Révolution française, une révolution bourgeoise. Mais en bouleversant l'ordre social féodal, la bourgeoisie a, selon lui, ouvert la voie à une ultime révolution : celle du prolétariat. C'est paradoxalement par sa radicalité et son efficacité mêmes que la bourgeoisie crée les conditions de sa propre destruction. « Poussée par le besoin de débouchés toujours nouveaux, la bourgeoisie envahit le globe entier. Il lui faut pénétrer partout, s'établir partout, créer partout des moyens de communication », analyse Marx, décrivant déjà ainsi la mise en place d'un véritable marché planétaire. S'il critique ce capitalisme mondialisé qui « détruit les vieilles industries nationales », il y voit cependant une évolution propice à l'internationalisation de la lutte des classes. En étendant son influence à l'échelle mondiale, le capitalisme favorise l'unité du prolétariat qui s'accroît en masse, prenant ainsi conscience de la force politique qu'il représente. En faisant disparaître la petite bourgeoisie, en concentrant les capitaux entre les mains de quelques bourgeois, en prolétarisant la société tout entière et en regroupant la population dans les villes, la bourgeoisie radicalise les antagonismes sociaux et accélère l'Histoire. Par les crises liées à la surproduction qu'elle provoque, elle déstabilise l'ordre social et contribue à la révolte du prolétariat. La révolution prolétaire est la conséquence ultime des excès de la bourgeoisie et du système capitaliste. Contrairement aux révolutions précédentes, ce n'est pas une variante de la lutte des classes que celle-ci doit abolir mais bien le mécanisme même de la lutte des classes. La révolution communiste doit, selon Marx, marquer la « fin de l'Histoire » et l'avènement d'une société sans classes. Pour Marx, qui comme Hegel, croit au « sens de l'Histoire », cette conclusion est inéluctable. Cependant, celle-ci peut-être hâtée en favorisant la prise de conscience des prolétaires de leur nombre et de leur appartenance à une classe unique. Selon Marx, le rôle historique des communistes est de précipiter l'union et l'organisation politique des prolétaires.

Et les communistes dans tout ça ?

Dans le deuxième chapitre, intitulé « Prolétaires et communistes », plus pratique et programmatique, le philosophe tente de définir plus précisément ce que doivent être la position et l'action des communistes dans la lutte des prolétaires contre la bourgeoisie. Tout d'abord, Marx situe le Parti communiste par rapport aux autres partis ouvriers. « Les communistes ne forment pas un parti distinct opposé aux autres partis ouvriers. Ils n'ont point d'intérêts qui les séparent du prolétariat en général, écrit-il. Ils ne proclament pas de principes sectaires sur lesquels ils voudraient modeler le mouvement ouvrier. » Le Parti communiste a, au contraire, un rôle de fédérateur et de moteur vis-à-vis des autres partis ouvriers. « Pratiquement, les communistes sont donc la section la plus résolue, la plus avancée de chaque pays, la section qui anime toutes les autres ; théoriquement, ils ont sur le reste du prolétariat l'avantage d'une intelligence nette des conditions, de la marche et des fins générales du mouvement prolétarien », analyse l'auteur du *Manifeste*. Le Parti communiste se présente ainsi comme la partie combattante et l'avant-garde éclairée du prolétariat dont la vocation est de déclencher et d'organiser la révolution qui se dessine.

Dans un deuxième temps, Marx situe le Parti par rapport à la bourgeoisie. S'adressant directement aux bourgeois, il répond à chacune de leurs critiques à l'égard des communistes. Ces derniers sont accusés de vouloir abolir la propriété privée, la famille et la patrie. Or, répond Marx, l'abolition de la propriété privée, de la famille et de la patrie est en réalité l'abolition de la propriété bourgeoise, de la famille bourgeoise et de la patrie bourgeoise. À ses yeux, les prolétaires sont déjà dépourvus de propriété, coupés de leur famille et exclus de la patrie. Au sujet de la propriété, il écrit : « Vous êtes saisis d'horreur parce que nous voulons abolir la propriété privée. Mais dans votre société, la propriété privée est abolie pour les neuf dixièmes de ses membres. C'est précisément parce qu'elle n'existe pas pour ces neuf dixièmes qu'elle existe pour vous. Vous nous reprochez donc de vouloir abolir une forme de la propriété qui ne peut se constituer qu'à la condition de priver l'immense majorité de la société de toute propriété. » À propos de la famille, il interroge : « Nous brisons, dites-vous, les liens les plus sacrés, en substituant à l'éducation de famille l'éducation sociale. Et votre éducation à vous, n'est-elle pas, elle aussi, déterminée par la société ? » Et Marx de s'insurger contre le travail des enfants : « Les déclamations bourgeoises sur la famille et l'éducation, sur les doux liens qui unissent l'enfant à ses parents, deviennent de plus en plus écœurantes à mesure que la grande industrie détruit tout lien de famille pour le prolétaire et transforme les enfants en simples objets de commerce, en simples instruments de travail. » Au sujet de la patrie, il assène : « Abolissez l'exploitation de l'homme par l'homme, et vous abolissez l'exploitation d'une nation par une autre nation. » Derrière la critique légitime du caractère inégalitaire du système capitaliste, Marx assume la *tabula rasa* comme moyen pour parvenir à la société sans classes. Une logique mortifère qui débouchera sur le génocide de classe que l'on connaît.

Le totalitarisme en germe

Enfin, dans un dernier temps, le philosophe énonce précisément les dix mesures qui devront être prises pour asseoir la « suprématie politique » du prolétariat : « l'expropriation des propriétés foncières ; l'annulation du droit d'héritage des propriétés foncières ; la planification du travail obligatoire pour tous ; l'éducation publique et gratuite pour tous les enfants ; l'abolition du travail des enfants ; la coordination de l'activité agricole et industrielle ; la nationalisation des usines ; la centralisation des moyens de transport et du crédit aux mains de l'État ». Le marxisme a incontestablement accompagné de grands progrès sociaux. Certaines mesures prônées par Marx dans le *Manifeste* ont ainsi été mises en place dans toutes les démocraties : l'interdiction du travail des enfants, l'école publique gratuite et même l'intervention de l'État dans certains secteurs de l'économie. Mais les propositions du *Manifeste* et l'idéologie qu'il véhicule ont bien également participé de la dérive totalitaire des pays du socialisme réel. Si Marx n'est pas Lénine, ce chapitre II montre cependant que l'on ne peut pas entièrement détacher le *Manifeste* et son auteur des horreurs politiques et historiques commises en leur nom. Le totalitarisme communiste n'est pas un marxisme mal appliqué, il est en partie inscrit dans le *Manifeste*. La violence y est ainsi présentée comme féconde et nécessaire. « Le prolétariat se servira de sa suprématie politique pour arracher petit à petit tout capital à la bourgeoisie, écrit Marx. Ceci, naturellement, ne pourra s'accomplir, au début, que par une violation despotique des droits de propriété et des rapports de production bourgeoise. » Marx fait ici référence à ce qu'il appellera plus tard la « dictature du prolétariat », c'est-à-dire la phase transitoire et violente entre le capitalisme et le communisme. Après la révolution russe de 1917, le concept est ainsi repris par Lénine et les bolcheviks qui présentent leur gouvernement comme une « dictature du prolétariat ». Et c'est presque toujours au nom de ce concept que bureaucratie et nomenklatura ont accaparé le pouvoir de manière sanglante dans les régimes politiques se réclamant du marxisme.

Dans le chapitre III, Marx fait l'inventaire et la critique des différents courants « socialistes » européens de l'époque : du « socialisme réactionnaire » au « socialiste utopique » en passant par « le socialisme conservateur et bourgeois ». On relève notamment une critique acerbe de la pensée de Pierre-Joseph Proudhon, partisan d'un socialisme libertaire non étatique, du mutuellisme et du fédéralisme, dont Michel Onfray est aujourd'hui un disciple. Marx qualifie ainsi le proudhonisme de « socialisme bourgeois » qui « n'atteint son expression adéquate que lorsqu'il devient une simple figure de rhétorique : le libre-échange, dans l'intérêt de la classe ouvrière ! Des droits protecteurs, dans l'intérêt de la classe ouvrière ! Des prisons cellulaires, dans l'intérêt de la classe ouvrière ! ». S'il approuve le discours critique du socialisme à l'égard du système capitalisme, Marx rejette son mode d'action réformiste, pas assez radical à ses yeux. Pour lui, la réforme est un leurre qui permet à la bourgeoisie de récupérer les revendications sociales à son compte et cache souvent les intérêts de la petite bourgeoisie. Le socialisme entend réduire les inégalités, mais accepte le principe d'une société de classes. En cela, pour Marx, il freine la révolution prolétaire et retarde l'avènement d'une société nouvelle où les antagonismes sociaux auront disparu.

Le chapitre IV, résumant brièvement le contenu du *Manifeste* et martelant l'ambition révolutionnaire des communistes, fait office de conclusion coup de poing. Il s'achève par la célèbre sentence devenue le slogan du Parti : « Prolétaires de tous les pays, unissez-vous ! » Il s'agit pour Karl Marx, à travers cette conclusion, d'enfoncer le clou et de montrer que la révolution doit aboutir coûte que coûte. Le recours à la violence est de nouveau assumé et même exalté. « Les communistes ne s'abaissent pas à dissimuler leurs opinions et leurs buts, écrit Marx. Ils proclament hautement que ces buts ne pourront être atteints sans le renversement violent de tout ordre social actuel. » Le ton se fait menaçant. « Que les classes régnantes tremblent à l'idée d'une révolution communiste. » Car, pour Marx, « les prolétaires n'ont rien à y perdre, hors leurs chaînes. Ils ont un monde à gagner ».

Marx, visionnaire ou obsolète ?

En tant que disciple de Hegel, Karl Marx voyait dans ses théories un processus historique inéluctable. Une grande partie des thèses défendues dans le *Manifeste* ont, cependant, été démenties par l'Histoire elle-même. Non seulement l'effondrement du capitalisme qu'il prédisait n'a pas eu lieu, mais celui-ci est devenu hégémonique. Et dans les États communistes, l'harmonie sociale qu'il prévoyait s'est, en réalité, traduite par un bilan humain de 65 à 85 millions de morts. Certes, comme nous l'avons vu, Marx était conscient que toute révolution communiste ne pourrait aboutir que par la violence, mais celle-ci était présentée dans le *Manifeste* comme une phase transitoire. En outre, loin d'avoir aboli les différences de classes, ces États ont au contraire créé des sociétés profondément inégalitaires où la bourgeoisie capitaliste a été remplacée par une bureaucratie privilégiée d'apparatchiks. Après la chute du mur de Berlin, une partie de cette dernière s'est d'ailleurs muée en oligarchie libérale. La principale critique adressée à la pensée de Marx concerne son déterminisme jugé excessif. Dans le *Manifeste*, l'Histoire est conçue comme un enchaînement mécanique, voire mathématique, d'événements dictés par un sens inexorable. Marx fait de la lutte des classes un phénomène total qui embrasse toutes les dimensions de l'existence : économique, mais aussi sociale, politique, culturelle. Certes, il est probable que celle-ci soit l'un des moteurs principaux de l'évolution historique des sociétés. Mais est-ce pour autant le moteur unique ? Quid des guerres de religion, des rivalités territoriales ou nationales, du rôle joué par les grands hommes, des ambitions personnelles et des passions humaines ? Chez Marx, l'individu est le pur produit de sa condition sociale, de sa position de classe, il n'a pas d'autre existence et semble ne pouvoir jamais s'en extraire. « Ce n'est pas la conscience des hommes qui détermine leur être : c'est inversement leur être social qui détermine leur conscience », écrit-il dans la *Critique de l'économie politique*. Ce déterminisme explique probablement la dérive totalitaire et génocidaire des régimes communistes. Car pour les marxistes, bourgeois et prolétaires n'ont pas de visage. Les premiers sont des « ennemis de classe » tandis que les seconds n'existent qu'en tant que « masse ». Bourgeois comme prolétaires sont animés par des forces historiques qui les dépassent.

Si les crimes communistes ont incontestablement entaché les thèses de Marx, si l'effondrement de l'Union soviétique contredit son messianisme historique, faut-il pour autant rejeter en bloc toute sa pensée ? Doit-on nier ses intuitions géniales ? Ignorer qu'une partie de ses idées restent pertinentes pour comprendre le temps présent ? Par bien des aspects, le *Manifeste* est toujours un texte visionnaire. Sa description de la mondialisation du capitalisme, avec ses corollaires – délocalisations, destruction des industries nationales, uniformisation planétaire –, est si moderne qu'elle semble peindre notre siècle. « Par l'exploitation du marché mondial, la bourgeoisie donne un caractère cosmopolite à la production de tous les pays. Elle a enlevé à l'industrie sa base nationale », écrit-il avant de poursuivre : « Les vieilles industries nationales sont détruites, ou sur le point de l'être, elles sont supplantées par de nouvelles industries [...] qui n'emploient plus des matières premières indigènes, mais des matières premières venues des régions les plus éloignées, et dont les produits se consomment non seulement dans le pays même, mais dans tous les coins du globe. » Marx va jusqu'à annoncer l'avènement du grand marché mondial et l'abolition des frontières. « Le bon marché est la grosse artillerie qui bat en brèche toutes les murailles de Chine et fait capituler les barbares les plus opiniâtrement hostiles aux étrangers, analyse-t-il. Sous peine de mort, elle force toutes les nations à adopter le mode de production bourgeois. En un mot, elle modèle le monde à son image. » Marx pense à l'époque que cette internationalisation de l'économie ira de pair avec une internationalisation du prolétariat. Il se trompe sur ce point. En réalité, la libre circulation des hommes, des marchandises et des capitaux, bientôt accélérée par la révolution des transports et l'émergence d'Internet, aboutit, au contraire, à la mise en concurrence des travailleurs du monde entier. Dès le XIXe siècle, Marx a, cependant, entrevu la naissance du « village global ».

Qu'en est-il du concept de lutte des classes ? Une fois débarrassé de sa mystique révolutionnaire, celui-ci est-il réellement obsolète ? Après la Seconde Guerre mondiale, la mise en place de systèmes fortement redistributifs dans la plupart des démocraties du monde occidental, le déclin progressif de la classe ouvrière, ainsi que l'émergence d'une très vaste classe moyenne, ont pu laisser penser que la notion de lutte des classes, voire de classes, était désormais périmée. En 1964, dans *La Lutte des classes. Nouvelles leçons sur la société industrielle*, Raymond Aron peut écrire que la lutte des classes a laissé la place à la « satisfaction querelleuse ». Selon le penseur libéral, « le fait décisif de l'évolution sociale est l'élévation du revenu global, qui diminue la rivalité des classes en intensité et en violence ». Les conflits sociaux n'ont pas disparu, mais ils visent désormais à répartir le plus équitablement possible la richesse nationale au sein de la société et non à changer d'ordre social. Aron affirme que cette évolution historique dément les prédictions de Marx sur la paupérisation des masses. Selon cette perspective libérale, non seulement le communisme a échoué à abolir la société de classes, mais c'est bien le capitalisme, certes tempéré par la démocratie libérale, qui semble y être parvenu.

La lutte des classes au XXIe siècle

Dans les années 1990, dans la foulée de la chute du mur de Berlin et de l'effondrement de l'URSS, au messianisme communiste succède même un messianisme libéral. Dans son best-seller *La Fin de l'Histoire et le dernier homme*, paru en 1992, l'intellectuel américain Francis Fukuyama affirme que le processus historique d'évolution des sociétés humaines mène non vers le communisme, comme l'avaient prédit les marxistes, mais vers le triomphe universel de la démocratie libérale et de l'économie de marché. En réalité, le capitalisme n'a jamais été aussi vertueux que lorsque son adversaire communiste était puissant et l'obligeait à se réguler. En position hégémonique, il va se monter nettement moins généreux. Paradoxalement, la chute du mur de Berlin marque donc le début du déclassement des classes moyennes occidentales. Deux milliards de travailleurs à bas coût, les habitants de l'ancien bloc communiste mais aussi plus d'un milliard de Chinois arrivent sur le marché. Un fantastique transfert d'emplois et de richesses des pays riches vers les pays pauvres dont les classes moyennes occidentales sont les grandes perdantes. Leur paupérisation au cours de ces trente dernières années va progressivement remettre la lutte des classes au goût du jour. Si, dans le milieu des années 1990, le sociologue américain Christopher Lasch et le penseur français Marcel Gauchet sont les premiers à percevoir la fracture qui se creuse entre les « élites » et le « peuple », de Christophe Guilluy à Emmanuel Todd, de Thomas Piketty à Jérôme Sainte-Marie, en passant par le philosophe italien Diego Fusaro, l'essayiste britannique David Goodhart ou l'Américain Thomas Frank, nombreux sont aujourd'hui les intellectuels de tous horizons à convoquer la lutte des classes, notamment pour expliquer la montée des « populismes ». La lutte des classes version XXIe siècle apparaît cependant très différente de ce qu'elle était au XIXe siècle. Comme cela a souvent été le cas au cours de l'Histoire, elle s'est métamorphosée.

La mondialisation des échanges, la mobilité du capital, l'émergence de nouvelles technologies digitales ont déplacé le curseur et rendu l'affrontement entre bourgeois et prolétaires presque aussi désuet que la dialectique du maître et de l'esclave ou celle du patricien et du plébéien. À l'affrontement entre patrons et ouvriers, entre possédants et dépossédés, pour le partage de la valeur ajoutée, s'est substituée une compétition inégale entre des individus qui n'ont pas la même place dans le processus global : les fameux perdants et gagnants de la mondialisation. Et les gagnants d'hier peuvent être les perdants d'aujourd'hui. « Dans le système actuel, on peut être petit patron et être du côté des perdants. C'est ce qu'on a vu au début des Gilets jaunes : des petits patrons et des ouvriers côte à côte, objectivement solidaires du point de vue du processus global », souligne Marcel Gauchet. Le géographe Christophe Guilluy, livre après livre, souligne la dimension territoriale des nouveaux antagonismes sociaux. La globalisation s'est, selon lui, accompagnée d'un processus de métropolisation qui a conduit parallèlement à la concentration des richesses dans les grandes villes et à la désindustrialisation et à la paupérisation des territoires périphériques et ruraux. Ainsi, la nouvelle lutte des classes n'opposerait plus les bourgeois et les prolétaires, mais bien davantage les « bobos urbains », souvent de gauche culturellement, et les classes populaires de « l'Amérique de l'intérieur » ou de « la France des ronds-points ». Pour le politologue Jérôme Sainte-Marie, deux blocs, de plus en plus cohérents d'un point de vue sociologique et idéologique, se forment, en particulier en France. D'un côté, le bloc élitaire, les « premiers de cordée » en quelque sorte, composé des élites véritables – le fameux « 1 % » qui dirige les institutions et les grandes entreprises –, mais aussi des cadres supérieurs du privé et, pour une part, du public, qui adhèrent pleinement aux objectifs de l'élite, et enfin de nombre de retraités, de toutes conditions, qui considèrent que la direction du pays par cette élite est gage de stabilité. En face, le bloc populaire s'organise autour d'une alliance des petits entrepreneurs, artisans et commerçants, d'une part, des salariés d'exécution du privé, d'autre part. Soit, en France, les catégories de la population qui composaient le mouvement des Gilets jaunes à son origine.

La crise du coronavirus, qui a traversé toutes les démocraties occidentales, a mis en évidence ces fractures. Entre les premiers de tranchée et ceux de l'arrière notamment. Infirmières, aides-soignantes, policiers, mais aussi caissières, chauffeurs routiers, livreurs, éboueurs, ce sont les salariés les plus méprisés qui ont assumé le plus de risques face à l'épidémie tandis que beaucoup de cadres et de managers, grâce au télétravail, ont poursuivi leur activité depuis leur domicile ou leur résidence secondaire. Et ce sont les plus démunis qui comptent le plus de victimes dans leurs rangs. La crise économique et sociale qui s'annonce devrait encore amplifier ces clivages. Si le projet révolutionnaire de Karl Marx et les enjeux métaphysiques qui s'y rattachent n'ont plus de sens aujourd'hui, hormis pour quelques thuriféraires de la gauche radicale, relire le *Manifeste du Parti communiste* à la lumière des enjeux contemporains n'est pas inutile. La lutte des classes reste, parmi d'autres, une grille de lecture pertinente pour comprendre le monde d'aujourd'hui et très probablement de demain.

Bibliographie sélective

ARON, Raymond, *La Lutte des classes. Nouvelles leçons sur la société industrielle*, Paris, Gallimard, 1964.

FRANK, Thomas, *Pourquoi les riches votent à gauche*, Marseille, Agone, 2018.

FUKUYAMA, Francis, *La Fin de l'Histoire et le dernier homme*, Paris, Flammarion, 1992 ; « Champs Essais », 2018.

FUSARO, Diego, *Encore Marx ! Le spectre qui revient*, Nice, Les Éditions Ovadia, 2018.

GAUCHET, Marcel, « Les mauvaises surprises d'une oubliée. La lutte des classes », *Le Débat*, nº 60, 1990, p. 257-266.

GOODHART, David, *Les Deux Clans. La nouvelle fracture mondiale*, Paris, Les Arènes, 2019.

GUILLUY, Christophe, *No Society. La fin de la classe moyenne occidentale*, Paris, Flammarion, 2018 ; « Champs Actuel », 2019.

HEGEL, Georg Wilhelm Friedrich, *Phénoménologie de l'esprit* (1807), Paris, Garnier Flammarion. (Marx était un disciple de Hegel et ce texte a inspiré sa théorie de la lutte des classes.)

LASCH, Christopher, *La Révolte des élites et la trahison de la démocratie*, Paris, Flammarion, 1995 ; « Champs Essais », 2020.

MARX, Karl, *Les Luttes des classes en France*, suivi de *La Constitution de la République française adoptée le 4 novembre 1848* et de *Le 18 Brumaire de Louis Bonaparte* (1850), Paris, Gallimard, « Folio Histoire », 2002.

MARX, Karl, *Critique de l'économie politique*, Paris, Allia, 2007 (1859).

MARX, Karl, ENGELS, Friedrich, *Manifeste du Parti communiste*, Paris, Garnier Flammarion, 1999 (1848).

SAINTE-MARIE, Jérôme, *Bloc contre bloc. La dynamique du macronisme*, Paris, Éditions du Cerf, 2019.

CHARLES PÉGUY
NOTRE JEUNESSE (1910)

Une leçon d'exactitude

Eugénie Bastié

Socialiste, républicain et dreyfusard, Péguy, dans Notre jeunesse, *se démarque de ses anciens amis, qu'il accuse d'avoir instrumentalisé le dreyfusisme, sans pour autant que son amour de la France lui fasse rejoindre le camp nationaliste. Eugénie Bastié montre ici à quel point Péguy aura toujours refusé la compromission de la politique à la vérité.*

« Tout commence en mystique et finit en politique » : la formule de Charles Péguy est si connue qu'on dirait quelque loi générale de la société découverte par un physicien de l'humain. On en vient presque à oublier qu'elle est le cœur de *Notre jeunesse*, œuvre qui s'inscrit dans un contexte historique précis. Et quel contexte ! Celui de « l'affaire », l'un des événements intellectuels les plus important de notre histoire et, même, le moment où apparaissent le mot et la figure de « l'intellectuel ». Publié en 1910, quinze ans après la dégradation du capitaine Dreyfus, douze ans après le « J'Accuse... ! »

de Zola et quatre ans après la grâce de l'exilé de l'île du Diable, *Notre jeunesse* – où Péguy emploie sans cesse la première personne du pluriel, se faisant le porte-parole d'une génération – est un manifeste, une mise au point, une façon de remettre les pendules à l'heure pour celui qui professe « la seule exactitude ».

Du socialisme à la foi catholique

Pour comprendre ce texte à la fois profondément situé et universel, sans doute faut-il s'attarder sur l'évolution de son auteur. Né en 1873 à Orléans d'une mère rempailleuse de chaises et d'un père menuisier, Charles Péguy grandit dans un milieu modeste, imprégné de fortes convictions républicaines. Véritable exemple de l'ascension sociale permise par ceux qu'il appellera les « hussards noirs de la République », les instituteurs de l'école laïque, il intégrera la rue d'Ulm et deviendra un acteur majeur de la vie intellectuelle française. Au moment de l'affaire qui secoue la France en cette fin de XIXe siècle, Péguy prend sans hésitation le parti des dreyfusards et exhorte ses amis socialistes à faire de même. Il condamne ceux qui, comme Jules Guesde, font passer la lutte des classes avant les droits de l'homme et refusent de défendre un « bourgeois » au nom de la cause ouvrière. Il milite aux côtés de Bernard Lazare, dreyfusard de la première heure et théoricien de l'antisémitisme, et ferraille à coups de poing et de canne dans les cafés du Quartier latin. Cependant, après ce moment de militantisme fervent qui correspond à une jeunesse idéaliste et engagée, il sera vite déçu par les combinaisons d'appareil dont se rendra coupable le camp républicain, et il dénoncera l'appui donné par les socialistes au gouvernement Combes qui poursuit de sa haine l'Église. C'est que Péguy, le socialiste, le dreyfusard, a évolué vers le catholicisme – même s'il refuse le mot de « conversion », car il s'agit moins pour lui d'une rupture que d'un retour à quelque chose qui a toujours été là, comme tapi au fond de son âme. « Je ne t'ai pas tout dit… J'ai retrouvé ma foi… Je suis catholique », écrit-il à son ami Joseph Lotte en septembre 1908. Il renoue également, alors que gronde la perspective d'une agression allemande, avec le patriotisme de son enfance (son père, qu'il a peu connu, est mort des suites de la guerre de 1870). Pas de chemin de Damas ni de pilier de Notre-Dame, donc, mais un glissement progressif. Déçu par l'utopie socialiste, à laquelle il s'était converti presque religieusement, Péguy n'a eu de cesse d'affûter sa critique du monde moderne, caractérisé selon lui par le règne de l'argent. Comme le rappelle Michel Winock, cette évolution de Péguy entre 1905 et 1910 est « significative d'une redistribution des cartes au crépuscule du combisme » : l'intellectuel sera un enjeu symbolique important, une proie de choix pour des nationalistes avides de ce qu'on n'appelle pas encore la « triangulation » politique.

Au début de l'année 1910, il publie *Le Mystère de la charité de Jeanne d'Arc*, drame médiéval, méditation sur la figure historique de la Pucelle et la vertu d'espérance qui rend publique son évolution vers le catholicisme (même si, au désespoir de Maritain, ce retour ne se traduira jamais par la pratique des sacrements). Méprisé par les radicaux (« Péguy ? Il a su mettre de l'eau bénite dans son pétrole de la Commune », se moquera l'historien Ernest Lavisse), le livre est encensé par les nationalistes qui voient dans Péguy un dreyfusard repenti. « Il est de chez nous ! » chantent *Le Gaulois* et *L'Action française*. « Ô prodige ! Voilà l'Évangile rattaché à la vie d'un jeune scolard de Sorbonne », s'enthousiasme Maurice Barrès. L'article de l'écrivain nationaliste alors au faîte de sa gloire propulsera Péguy, alors peu connu, parmi les écrivains qui comptent. D'autres embrayeront comme l'antisémite Édouard Drumont qui évoquera « la Jeanne d'Arc d'un ancien dreyfusard », faisant de Péguy une sorte de repenti rentré au bercail.

C'est qu'il existe de véritables repentis parmi les dreyfusards. En avril 1910, le vieux compagnon de route de Péguy, Daniel Halévy, publie, dans *Les Cahiers*, *Apologie pour notre passé*, un texte plein de désenchantement où ce farouche patriote analyse la dégénérescence du parti dreyfusiste, admettant que celui-ci a servi de combustible à un élan révolutionnaire voulant mettre à bas l'Église, l'armée, et les institutions, donnant raison au camp nationaliste. Pris entre ces deux feux : repentir et récupération, Péguy va répondre. Ce sera *Notre jeunesse*, publié dans *Les Cahiers* en juillet 1910.

Ni Maurras, ni Jaurès

Le manifeste se veut une réaction en deux temps. Aux nationalistes (la droite), Péguy rappelle qu'il est toujours dreyfusard, et qu'il ne regrette rien : « Je ne me sens aucunement l'humeur d'un pénitent [...]. Nous n'avons rien fait dont nous n'ayons à nous glorifier », répond-il à Halévy, avec orgueil et panache. Au « parti intellectuel » (la gauche), il martèle cette vérité : « Il est certain qu'il y a eu une trahison au moins dans l'affaire Dreyfus, et c'est la trahison du dreyfusisme même. » Tout en ne lâchant aucun regret sur son engagement passé, il déplore que les dreyfusistes l'aient justement renié en faisant de l'affaire un mobile politique à la persécution du christianisme français.

Il clarifie et accentue ses attaques contre Jaurès, « un retors entre les retors, un fourbe entre les fourbes ». Que reproche-t-il à son ancien camarade et ami ? D'avoir exploité le dreyfusisme, de s'en être servi politiquement. Il l'accuse d'avoir, en cédant à l'anticléricalisme et à l'antimilitarisme, construit l'illusion rétrospective que le dreyfusisme était un mouvement antifrançais et antichrétien. D'avoir sali l'honneur des dreyfusistes. D'avoir servi le « combisme » (du nom d'Émile Combes, artisan de la loi de 1905 et violemment anticlérical) et l'« hervéisme » (de Gustave Hervé, socialiste qui prônait la grève générale en cas de guerre avec l'Allemagne, et que Jaurès refusa d'exclure de la SFIO).

Contre tous les nationalistes qui virent dans le parti dreyfusard « l'anti-France » et contre les socialistes qui exploitèrent effectivement l'affaire Dreyfus à des visées anticléricales et pacifistes, Péguy entend prouver que les dreyfusards étaient des patriotes : s'ils ambitionnaient de prouver l'innocence de Dreyfus, c'est bien parce qu'ils estimaient qu'il n'y avait de tache plus infamante que d'être déclaré traître à la France. Mieux : leur socialisme même n'était pas anticlérical, mais chrétien : « C'est pour cela que notre socialisme n'était pas si bête, et qu'il était profondément chrétien. » L'affaire est un point de « recoupement » entre trois mystiques : la mystique juive, la mystique chrétienne et la mystique française. Pas de « en même temps » dans cette synthèse, mais l'évidence pour Péguy d'une profonde unité de l'âme française. On présente souvent l'affaire Dreyfus comme le symptôme d'une France alors particulièrement antisémite. En réalité, et Péguy s'en veut la preuve, elle est un éclatant témoignage de l'âme de la France, de cette France éternelle, qui met son bras au service de la justice et a le sens de l'honneur.

Plaidoyer contre l'antisémitisme

Aussi faut-il rappeler à ceux qui, comme Bernard-Henri Lévy (dans *L'Idéologie française*), affirment qu'« il y a deux Péguy », l'un dreyfusard, l'autre proto-fasciste, inspirateur de la Révolution nationale : il n'y a qu'un seul Péguy, et *Notre jeunesse* est aussi un plaidoyer extraordinairement prophétique contre l'antisémitisme. « LES ANTISÉMITES NE CONNAISSENT PAS LES JUIFS », crie Péguy (les majuscules sont de lui). Il répond point par point aux arguments des antidreyfusards. Les Juifs sont-ils riches ? Il n'a connu personnellement qu'un usurier, et il était, il a honte de le dire, bon chrétien. L'affaire a-t-elle été montée par le « parti intellectuel » ? Péguy démonte les ressorts de ce qu'on n'appelle pas encore « complotisme » : il a « éprouvé que tout ce qu'on monte est généralement ce qui arrive le moins, et que ce qu'on ne monte pas est généralement ce qui arrive ». Et s'il cite ce vers du *Cid* : « Je rendrai mon sang pur comme je l'ai reçu », ce n'est pas pour se réclamer d'une quelconque pureté raciale, mais pour invoquer une immémoriale tradition de l'honneur. Du reste, comme l'a magistralement rappelé Alain Finkielkraut dans *Le Mécontemporain* : « L'amour du concret, la religion du réel, la piété à l'égard de la terre ne s'identifient jamais dans sa pensée au repli de la raison sur la région ou sur la race. »

Et que dire du portrait qu'il fait de Bernard Lazare : « Je le vois encore dans son lit, cet athée ruisselant de la parole de Dieu. Dans la mort même, tout le poids de son peuple lui pesait sur les épaules. » Cet éloge du journaliste juif, dépeint comme un « saint », exaspérera *L'Action française. Notre jeunesse* fut globalement très mal reçu dans les milieux nationalistes. Georges Sorel se dit stupéfait par cette « homélie dreyfusarde ». Paul Claudel lui écrit sa déception : « Quel dommage de trouver un vrai Français, un soldat de Saint Louis combattant avec des gens qui ne sont pas de sa race contre la sienne. » Seul Barrès lui gardera son estime, et fera campagne pour lui en 1911 en vue de l'attribution du grand prix de littérature de l'Académie française pour *Le Mystère de la charité de Jeanne d'Arc* (en vain).

Mais les critiques viennent aussi des dreyfusards. Ainsi, le philosophe Georges Guy-Grand accuse Péguy de verser dans l'idéalisme. Il remarque que la fin de *Notre jeunesse* a dû remplir Maurras d'allégresse : « Quel fut, en effet, le grand argument de Maurras contre les dreyfusistes ? C'est qu'ils étaient des mystiques, des adorateurs de nuées, des gens perdus dans leur rêve et qui en oubliaient les réalités immédiates. »

« Mystique » contre « politique »

Idéaliste, Péguy ? Il s'en défend, et retourne le reproche : à ceux qui sacrifieraient volontiers l'homme Dreyfus à l'idée de la France, lui préfère l'homme à l'idée : « Un seul crime rompt et suffit à rompre tout le pacte social. » S'il est décidément du côté d'Antigone contre Créon, de la vérité éternelle contre la raison d'État et ses compromis, il n'est pas pour autant du côté d'un universalisme droit-de-l'hommiste abstrait. Dans un texte écrit en 1905, *Heureux les systématiques*, Péguy se plaçait du côté des « réalistes » contre les tenants de l'esprit de système. Les réalistes sont ceux qui disent « bêtement la vérité bête, ennuyeusement la vérité ennuyeuse », là où les systématiques font entrer au chausse-pied le réel dans leurs cases. Les réalistes sont, comme Bergson qu'on qualifiait de « défonceur de portes ouvertes », des sillonneurs de réel, qui n'ont d'autre ambition que de voir ce que l'on voit.

Dans *Notre jeunesse*, Péguy crée une nouvelle *summa divisio* – on dirait aujourd'hui un « nouveau clivage » – entre mystique et politique. L'affrontement n'est plus entre ceux qui croient au Ciel et ceux qui n'y croient pas, dreyfusards et antidreyfusards, nostalgiques de l'Ancien Régime et révolutionnaires, républicains et royalistes, mais entre toutes les anciennes mystiques et le monde moderne. C'est ce qui fait de Péguy un conservateur, quelqu'un que notre époque ricaneuse classerait volontiers parmi les grincheux qui pensent que « c'était mieux avant ». En effet, dès 1910, Péguy est hanté par la nostalgie d'une République pleine d'idéaux, cette république qui le sortit de la misère. « Nous sommes l'arrière-garde », écrit-il dans *Notre jeunesse*. « Notre affaire Dreyfus aura été la dernière des opérations de la mystique républicaine [...] aussitôt après nous commence le monde moderne. Le monde qui fait le malin. Le monde des intelligents, des avancés, de ceux qui savent, de ceux à qui on n'en remontre pas, de ceux à qui on n'en fait pas accroire. Le monde de ceux à qui on n'a plus rien à apprendre. C'est-à-dire : le monde de ceux qui ne croient à rien, pas même à l'athéisme, qui ne se dévouent, qui ne se sacrifient à rien [...] Exactement : le monde de ceux qui n'ont pas de mystique. Et qui s'en vantent. » Cette opposition de la mystique à la politique est une critique de l'anticléricalisme étroit des « laïcards », mais aussi du « politique d'abord » de Maurras.

Halévy, Jaurès, Sorel... La vie de Péguy est jonchée d'amitiés brisées, décapitées par sa plume vindicative qui ne pardonne rien, pas même au nom de la camaraderie. Lançant ses anathèmes depuis sa ligne de crête, Péguy a quelque chose d'exaspérant, avec son style itératif qui psalmodie les raisonnements, ce style de laboureur, qui sans cesse revient dans le même sillon, creusant chaque fois un peu plus profond à peine, style qui parut inaccessible à nombre de ses contemporains. Et pourtant, ce qu'il y a d'extraordinaire dans ce livre, c'est la force de conviction qui s'en dégage, cette sincérité de feu qu'on retrouvera chez Georges Bernanos et Simone Weil, portée par la conscience aiguë d'être du côté de la justice. Si la jeunesse de Péguy parle à toutes les jeunesses, si ce texte si ancré dans une époque porte un message universel, c'est parce qu'il est d'abord une leçon de courage intellectuel. Il faut dire la vérité, même si elle déplaît à son propre camp. C'est aussi une mise en garde contre l'exploitation de l'événement à des fins politiciennes, et ce moment où la politique dévore la mystique dont elle est issue et qui implique une vigilance de chaque instant : « L'essentiel est que dans chaque ordre, dans chaque système, LA MYSTIQUE NE SOIT POINT DÉVORÉE PAR LA POLITIQUE À LAQUELLE ELLE A DONNÉ NAISSANCE. »

Le lieutenant Charles Péguy est mort à quarante ans d'une balle dans le front, dans les premières semaines de la guerre, justifiant par une mort glorieuse le caractère limpide et tranchant de son œuvre, la préservant de toute compromission. Il n'aura pas eu le temps de voir sa propre mystique transformée en politique selon le cycle irrémédiable qu'il avait prédit : son héritage sera en partie récupéré par le régime de Vichy. Il sera abandonné par la gauche qui ne verra en lui qu'un conservateur vieille France trop attaché à la terre et pas assez cosmopolite. Aujourd'hui, il est revendiqué par des penseurs aussi diamétralement opposés qu'Edwy Plenel (qui loue en lui le contempteur des puissances d'argent) et Alain Finkielkraut (qui célèbre son éloge de la transmission et de l'école républicaine). Comme en son temps, Péguy l'inclassable déplaît et séduit dans les deux camps. C'est sans doute ce qui fait la force de son œuvre, et en particulier de *Notre jeunesse* : dégager la singularité, par-delà les dérisoires clivages partisans, de l'âme française. En réconciliant les mémoires dissociées depuis la déchirure de 1789 en une « République, notre Royaume de France », Péguy anticipe dans son œuvre l'union nationale qui se fera dans la boue et le sang des tranchées de 14-18. Son avertissement sonne encore terriblement juste dans la France contemporaine : « Le mouvement de dérépublicanisation de la France est profondément le même mouvement que le mouvement de sa déchristianisation. »

Bibliographie sélective

FINKIELKRAUT, Alain, *Le Mécontemporain. Péguy, lecteur du monde moderne*, Paris, Gallimard, 1991 ; « Folio », 1999.

PÉGUY, Charles, *Notre jeunesse*, in *Œuvres en prose (1909-1914)*, t. III, Paris, Gallimard, « Bibliothèque de la Pléiade », 1992.

SIMONE WEIL
L'ENRACINEMENT (1949)

Le patriotisme de compassion

Eugénie Bastié

Venue de la gauche syndicaliste, Simone Weil, dans L'Enracinement, *publié* post mortem *sous l'influence de Camus, rejoindra certains thèmes conservateurs, notamment dans une critique sévère des fondements de la démocratie libérale. Eugénie Bastié souligne combien elle est pourtant restée fondamentalement la voix d'une société juste, proclamant inlassablement la nécessité de s'interroger sur la question du bien en politique.*

« En 1942, Simone Weil a rejoint le gouvernement provisoire français à Londres, mais développa la tuberculose et mourut au sanatorium Grosvenor d'Ashford. Ses écrits l'ont établie comme l'une des plus grandes philosophes modernes. » Voilà la simple épitaphe que l'on peut lire sur la modeste tombe de Simone Weil, dans le petit cimetière d'Ashford, au milieu de la campagne anglaise. On ne sait pas vraiment si elle est morte de maladie, d'épuisement, ou d'inanition, en soutien à ceux qui souffraient dans leur chair de la guerre. Parmi ses écrits, un particulièrement, que sa mort laissa inachevé dans la forme mais accompli sur le fond : *L'Enracinement*, écrit en 1943, sorte de testament spirituel et politique dont Camus dira après-guerre : « Il paraît impossible d'imaginer pour l'Europe une renaissance qui ne tienne pas compte des exigences que Simone Weil a définies[1]. »

L'exil à Londres

L'Enracinement n'est pas une œuvre indissociable des circonstances : il fut le fruit tourmenté de l'exil. Simone Weil quitte la France en mai 1942, poussée avec ses parents par les lois raciales de Vichy. Elle qui aurait tant aimé mourir en martyre ou en combattante se morfond alors à New York, dévorée par un insatiable désir d'action. Lorsqu'elle rejoint enfin Londres, en novembre 1942, c'est pour « prendre part à n'importe quels travaux utiles ou dangereux ». Espionnage, sabotage, service de liaison : elle se dit prête à tout. Elle aimerait être parachutée en France dans une unité d'infirmières de première ligne. Un projet très abouti, dont elle avait transmis une note à Roosevelt, puis à de Gaulle, qui le jugea inepte : « De la folie ! » se serait exclamé le Général, qui n'a jamais croisé la route de Simone Weil pendant son exil. Elle rencontrera le commissaire à l'Intérieur de la France libre, André Philip, qui, ébloui par son intelligence, avoua à Maurice Schumann qu'il ne savait comment l'utiliser. On l'affecte alors au sein de la France libre au rôle de « rédactrice » chargée de travailler au renouveau spirituel

1. Préface à *L'Enracinement*, 1949.

et politique de la France après la Libération. Une fonction qui se révélera vite décevante pour cette intelligence hors du commun, à la fois agile dans l'abstraction et soucieuse du concret. Tourmentée dans sa chair par la souffrance qu'endurent ses compatriotes sous la botte nazie, elle cherche à comprendre les raisons de la défaite, avec la conscience urgente que ses forces diminuent et que ce texte sera sans doute le dernier. « Il se trouve en moi un dépôt d'or pur qui est à transmettre. Seulement... il n'y a plus personne pour le recevoir », écrit-elle dans une lettre à ses parents.

Ses ultimes efforts donneront *L'Enracinement*, cette « version contemporaine du *Timée* de Platon » (Robert Chenavier). Ce texte majeur, lumineux et accessible, qui développe des intuitions intemporelles dans un style limpide, se veut un projet de Constitution politique pour la France après la Libération, qui oppose à la civilisation des droits de l'homme une civilisation fondée sur les besoins de l'âme et les obligations qui en découlent.

Une critique de la démocratie libérale

Il faut, pense Simone Weil, s'attaquer aux « racines » du mal. Reprendre les choses depuis le début. Depuis ce moment de fondation de notre démocratie : 1789. Simone Weil critique sévèrement « l'erreur si désastreuse » des hommes de la Révolution d'avoir choisi la notion de « droit » plutôt que celle d'« obligation » dans leur fameuse Déclaration. En effet, « la notion d'obligation prime celle de droit, qui lui est subordonnée et relative ». L'effectivité d'un droit n'est garantie que s'il y a obligation, et seule l'obligation peut être inconditionnée. « Un homme qui serait seul dans l'univers n'aurait aucun droit, mais il aurait des obligations », écrit-elle. Celles-ci reposent, en dernière instance, sur « une réalité située hors du monde ». En postulant la nécessité d'un ancrage métaphysique à la dignité humaine, Simone Weil se place en opposition avec l'héritage des Lumières. En critiquant leur ineffectivité, elle reprend la critique marxiste du formalisme des droits de l'homme. En réintroduisant la notion de « Bien » en politique, elle entend renouer avec l'unité perdue depuis la Grèce antique, brièvement retrouvée au Moyen Âge mais brisée par la modernité. On retrouve là la triple source qui irrigue la pensée de Simone Weil : la pensée grecque, et en particulier le platonisme et son idée du Bien, le christianisme (la figure du Christ davantage que le canon de l'Église) et le syndicalisme révolutionnaire (et notamment l'anarchisme proudhonien).

La pensée de Simone Weil se caractérise par un universalisme total et exigeant qui lui fait considérer qu'« une cruauté du Xe siècle est exactement aussi cruelle, ni plus ni moins, qu'une cruauté du XIXe », *et en même temps* le refus d'une anthropologie abstraite qui considère les individus comme des monades interchangeables n'ayant pour seul objectif que leur autonomie. *L'Enracinement* est une critique sévère de la démocratie, de la République, du relativisme libéral et de l'individualisme qui en découle. Le sous-titre de *L'Enracinement* est « Prélude à une déclaration des devoirs envers l'être humain ». Plutôt que d'établir une liste de droits abstraits, la philosophe dresse donc le catalogue des « besoins de l'âme », parmi lesquels on trouve des valeurs qu'on classerait spontanément à droite ou à gauche, ce qui montre la profonde originalité de Simone Weil par rapport à ses contemporains. Ainsi, le premier des besoins de l'âme pour cette anarchiste est « l'ordre », suivi de la liberté, de l'obéissance, de la responsabilité, de la hiérarchie, de l'honneur, du châtiment, de la liberté d'opinion, de la sécurité, du risque, de la propriété privée, de la propriété collective, et enfin, de la vérité. Parmi tous ces besoins, il en est un à part, qui est comme le terreau où peuvent naître les autres : « l'enracinement [qui] est peut-être le besoin le plus important et le plus méconnu de l'âme humaine ». Simone Weil le définit comme la « participation réelle, active et naturelle à l'existence d'une collectivité qui conserve vivants certains trésors du passé et certains pressentiments d'avenir ». Ce thème de l'enracinement, qui renvoie aux *Déracinés* de Barrès, peut sembler étrange de la part d'une personnalité venant du socialisme. Il est l'aboutissement d'une évolution de la philosophe, qui, partie de la gauche syndicale, éloignée du modèle léniniste de révolution fondée sur la conquête du pouvoir, a croisé sur son chemin le Christ et Gustave Thibon, penseur conservateur chez qui elle séjourna au début de la guerre.

Le « déracinement », cause de la Débâcle

Comme Thibon, Simone Weil identifie le « déracinement » comme une des causes majeures de la débâcle de 1940 : c'est un pays sans attaches qui est tombé comme un fruit mûr sous la botte allemande. Mais, pour elle, le déracinement n'est pas uniquement lié à la terre : il est aussi manuel dans le cas des ouvriers, livrés à l'abrutissement de tâches mécaniques, détachés du fruit de leur travail, devenus de véritables « immigrés de l'intérieur » dans leurs usines. Chez les paysans, le déracinement prend la forme d'une acculturation, d'un aplanissement des traditions par la culture de masse, ce qui lui fait accuser, avec son outrance habituelle, « la circulation de journaux tels que *Confidence* ou *Marie-Claire*, auprès desquels la cocaïne est un produit sans danger ». Enfin, le déracinement est aussi spirituel et historique lorsqu'il est arrachement au passé. Critiquant la laïcité qui fait considérer la religion comme un obstacle à l'émancipation, elle prône l'enseignement des religions à l'école, et en particulier du christianisme considéré comme un « trésor de la pensée humaine » dont il est absurde de vouloir priver les enfants.

Une bonne partie de *L'Enracinement* est consacrée à une forme de contre-histoire allant de l'Antiquité grecque à la IIIe République, où Simone Weil entreprend de déceler ce que les vainqueurs et les puissants de l'Histoire ont caché pour faire apparaître les trésors oubliés des vaincus. La destruction des traditions vivantes du passé, par le biais de la conquête ou de la colonisation notamment, est pour elle le plus grand des crimes. C'est pourquoi elle dénonce la manière dont s'est imposée au fil des siècles la tyrannie de l'État, monstre froid cannibalisant les fidélités, détruisant les particularismes locaux. « L'État est une chose froide qui ne peut pas être aimée ; mais il tue et abolit tout ce qui pourrait l'être, ainsi on est forcé de l'aimer, parce qu'il n'y a que lui », écrit-elle. Elle fait remonter ce mal français à Richelieu dont « le dévouement à l'État a déraciné la France », qualifie le règne de Louis XIV de « totalitaire », compare Napoléon, dans sa soif de conquête, à Hitler !

Tous sont coupables de chérir une « fausse conception de la grandeur », dont la critique est centrale chez Simone Weil. Elle conspue « l'idolâtrie de la nation » et le désir de conquête militaire, qu'elle assimile au mal absolu. C'est pourquoi elle voue aux gémonies les Romains, peuple colonisateur qu'elle accuse d'avoir éradiqué par son impérialisme les particularismes locaux et qu'elle oppose à sa chère Grèce, non coupable d'*hubris*. Elle maudit également les Hébreux pour leur refus de l'universel, et va même jusqu'à rapprocher Moïse de Maurras, tous les deux représentatifs d'un « politique d'abord » qu'elle abhorre. Aux gloires clinquantes de Versailles et d'Austerlitz elle préfère la modestie de l'art roman et le courage des habitants de Béziers qui refusèrent de livrer les hérétiques à l'Inquisition. Avec cohérence, elle combat farouchement la colonisation, qui représente pour elle un processus exemplaire de déracinement dont elle prédisait les conséquences néfastes. « Qui est déraciné déracine » : à l'heure de l'immigration de masse qui peuple nos banlieues de populations arrachées à leur culture d'origine, cet avertissement sonne terriblement juste. Elle prédisait au passage le facteur de déracinement que constituerait l'hégémonie américaine dans la mondialisation : « Quant au continent américain, comme son peuplement, depuis plusieurs siècles, est fondé avant tout sur l'immigration, l'influence dominante qu'il va probablement exercer aggrave le péril. »

Un patriotisme de compassion

À l'opposé de ce patriotisme conquérant, glorieux et impérialiste, elle développe l'idée d'un « patriotisme de compassion », qui lui fait préférer la France fragile et spirituelle, la France libre en exil à Londres, à tous les fétiches de la grandeur nationale. Elle-même a évolué sur la question. En bonne disciple d'Alain, elle fut d'un pacifisme farouche dans l'entre-deux-guerres, et se range même, malgré sa participation à la guerre d'Espagne, au principe de non-intervention du gouvernement de Léon Blum. Elle rompt avec le pacifisme lorsque Hitler trahit les accords de Munich et envahit la Tchécoslovaquie en 1938. Elle perçoit alors que l'ambition nazie est celle d'une domination universelle. Ramenée au souci de la patrie par le danger d'une éventuelle invasion, elle se reproche désormais cette « faute de négligence criminelle à l'égard de la patrie ». « Le centre de la contradiction inhérente au patriotisme, c'est que la patrie est une chose limitée dont l'exigence est illimitée. Au moment du péril extrême, elle demande tout », remarque-t-elle.

Mais, à la différence des nationalistes, ou de ceux qu'on appellerait aujourd'hui les souverainistes, elle ne fétichise pas la nation comme échelon unique et absolu de la souveraineté populaire. Elle ne croit pas d'ailleurs que le « peuple » ait par essence raison et met la vérité au-dessus de la démocratie qui n'est qu'un « moyen » parmi d'autres. Elle récuse l'appellation de « France éternelle » qu'elle juge stupide : si la France est précieuse, c'est précisément parce qu'elle est temporelle et qu'il faut avoir pour elle « ce sentiment de tendresse poignante pour une chose belle, précieuse, fragile et périssable [...] autrement plus chaleureux que celui de la grandeur nationale ». Elle se met dans les pas de Jeanne d'Arc dont elle remarque qu'elle-même avait « grande pitié du royaume du France » et note que le Christ n'a évoqué qu'une seule fois l'idée de patrie, c'est lorsqu'il a pleuré sur Jérusalem. Le patriotisme de Simone Weil est à la fois limité et exigeant. Le passé d'une nation est une nourriture essentielle, d'ordre spirituel. « L'avenir ne nous apporte rien, ne nous donne rien ; c'est nous qui pour le construire devons tout lui donner, lui donner notre vie elle-même. Mais pour donner il faut posséder, et nous ne possédons d'autre vie, d'autre sève, que les trésors hérités du passé et digérés, assimilés, recréés par nous. De tous les besoins de l'âme humaine, il n'y en a pas de plus vital que le passé. »

Ce passé n'est pas le seul vecteur de l'enracinement, défini comme la possibilité d'un être-chez-soi. De multiples communautés peuvent le permettre : la corporation, le syndicat, l'usine, le foyer. Il y a dans sa définition de l'enracinement un pluralisme, une ouverture qu'il n'y a pas chez Barrès, où le déraciné n'est qu'un passif, et où la terre et les morts sont des déterminismes. Elle aurait sans doute adhéré à cette réflexion de l'historien Marc Bloch (dont la trajectoire ressemble à celle de Simone Weil) dans *L'Étrange Défaite* : « Pauvre cœur que celui auquel il est interdit de renfermer plus d'une tendresse ! » Son patriotisme se rapproche aussi de celui d'un Jaurès avec qui elle a de nombreux points communs : « Vous êtes attachés à ce sol par vos souvenirs et vos espérances, par vos morts et vos enfants, par l'immobilité des tombes et par le tremblement des berceaux », disait le socialiste aux ouvriers[1].

Réception et impact de *L'Enracinement*

C'est Albert Camus qui fit publier *L'Enracinement* en 1949, y voyant « un des livres les plus lucides, les plus élevés, les plus beaux qu'on ait écrits depuis fort longtemps sur notre civilisation ». Il y a d'ailleurs de nombreux liens entre la philosophe juive et l'écrivain d'Alger : tous deux provenant de la gauche la plus radicale, tourmentés par l'idée de justice, afficheront cependant dans leurs œuvres un souci parallèle de l'ordre qui pourrait les faire qualifier de conservateurs. Tous deux ont traversé leur époque comme des météorites, disparaissant jeunes de morts tragiques, laissant derrière eux

1. Cité par François Mauriac dans *Paroles perdues et retrouvées*.

un héritage inclassable. Comment ne pas lire dans la fameuse injonction du discours du Nobel de Camus, « Empêcher que le monde ne se défasse », l'influence directe de cette réflexion de *L'Enracinement* : « La conservation du peu qu'il reste devrait être une idée fixe » ? Néanmoins, après-guerre, oublié par une gauche qui à part Camus était dominée par le magistère marxisto-existentialiste et renia le mot même d'« enracinement » comme un vestige nauséabond de Vichy, l'héritage weilien fut principalement entretenu par la droite catholique. Ce fut Gustave Thibon, chez qui la philosophe s'installa en 1941, qui participa à la diffusion de la pensée de Simone Weil dans les milieux catholiques, notamment via la publication de fragments à teneur métaphysique dans *La Pesanteur et la Grâce*. « Simone Weil aura une influence considérable sur des esprits très opposés[1] », dira d'elle le philosophe Pierre Boutang, marqué par Maurras, qui la qualifiait d'« Antigone juive ».

Aujourd'hui, l'héritage de *L'Enracinement* semble davantage au goût du jour. Sa critique des fondements erronés de la démocratie libérale, de « l'idée obsédante de progrès », son souci d'« une civilisation fondée sur la spiritualité du travail » et de l'importance du passé rencontrent les inquiétudes d'une société occidentale revenue des promesses de la mondialisation, que hantent la question du déracinement et de l'aliénation technicienne.

Ce livre immense et inclassable, qui n'a pas d'autre exemple chez les penseurs du XXe siècle, peut être considéré comme l'une des tentatives les plus abouties de conciliation des deux impératifs de l'arrachement et de l'appartenance, dilemme

1. Pierre Boutang, *Les Abeilles de Delphes. Essais*, Paris, Éditions des Syrtes, 1999 (1952).

des temps modernes d'une pénétrante actualité. On peut, juger comme le fit T.S. Eliot, que « de tels livres viennent toujours trop tard », et que la radicalité de l'analyse le rend inutile pour juger les problèmes concrets du présent. On peut aussi considérer, comme Mounier, que *L'Enracinement* est une invitation à convertir notre regard, à adopter un autre point de vue et à nous désengluer de nos certitudes étriquées : « On ne peut imaginer de texte moins politique. Aucun qui ne nous induise aussi de façon plus pressante à réfléchir sur ce qui est politique et ce qui ne l'est pas, à nous demander s'il n'est pas sur ce sujet un chantage permanent de ceux qui ont goût et intérêt à entretenir une certaine politique comme étant la seule sérieuse[1]. »

Bibliographie sélective

Cabaud, Jacques, *Simone Weil à New York et à Londres, les quinze derniers mois (1942-1943)*, Paris, Plon, 1991 (1967).

Weil, Simone, *Œuvres complètes*, t. V, vol. 2, *Écrits de New York et de Londres (1942-1943)*, Paris, Gallimard, 2019.

1. Cité par Robert Chenavier dans l'avant-propos à *Écrits de New York et de Londres*, t. V, vol. 2, Paris, Gallimard.

HANNAH ARENDT
LA CONDITION DE L'HOMME MODERNE (1958)

S'orienter dans la confusion des temps

Bérénice Levet

Formant un diptyque inséparable avec Les Origines du totalitarisme, La Condition de l'homme moderne *est un texte majeur d'Hannah Arendt. Bérénice Levet nous emmène avec passion sur les traces de la philosophe qui réconcilie le souci de l'homme et le souci du monde, à rebours des illusions du monde moderne.*

La Condition de l'homme moderne, le titre français, donné pour des raisons contingentes (le précédent d'André Malraux), égare et, plus préjudiciable, réduit considérablement la portée d'un ouvrage qui ne se propose rien de moins que de penser la condition humaine, ainsi que le dit le titre original (*The Human Condition*), ou, mieux encore, l'*humaine condition*, ainsi que l'a fort judicieusement suggéré le philosophe Philippe Raynaud. Écho à Montaigne opportun, et inspiré, qui non seulement rappelle la lectrice attentive, et dans le texte, des *Essais* qu'était Hannah Arendt mais se trouve en parfaite consonance avec l'esprit dans lequel notre philosophe compose cet ouvrage. La modernité n'est évidemment pas étrangère à son propos. Elle constitue l'arrière-plan de son exploration, elle n'est cependant traitée pour elle-même qu'au dernier chapitre. Ici, Arendt s'impose comme philosophe, et non simple critique de la modernité ou penseur de la chose politique. Ce livre est un livre d'anthropologie philosophique : il pose la question de l'homme, de l'homme en son humanité et en sa présence au monde. Il faut insister sur ce dernier point, car Arendt saura toujours tenir ensemble, et dans un équilibre parfait, le souci de l'homme et le souci du monde, et d'abord de la communauté historiquement constituée dans laquelle celui-ci entre en naissant ou par le hasard des commotions historiques. Communauté historique par rapport à laquelle il est espoir de renouveau, de sauvetage mais non moins, en vertu de sa nouveauté précisément, potentialité destructrice. Raison pour laquelle il est capital, afin de conjurer cette menace, de lui apprendre à la connaître et à l'aimer.

Du souci de l'homme…

Paul Ricœur invitait à lire *La Condition de l'homme moderne* comme le « livre de la résistance et de la reconstruction ». Presque une décennie les sépare l'un de l'autre, mais *The Human Condition*, qui paraît en 1958, doit en effet être mis en regard des *Origines du totalitarisme* (1951). Arendt en forme le projet, et le met en chantier, dès l'écriture de ce dernier achevée. Les régimes totalitaires se rapportent aux hommes et au réel comme à du matériau à façonner selon la logique d'une Idée. Reposant sur le postulat du « tout est possible », lequel n'a vérifié qu'une chose, à savoir que tout pouvait être détruit, observe Arendt, ils portent à leur acmé le projet moderne d'émancipation des hommes de toute forme de limites. Ce sont donc bien les totalitarismes qui mettent à l'ordre du jour la question de l'homme. Répondre à l'appel de l'événement, ainsi qu'Arendt conçoit la pensée, c'est donc ne pas se dérober. Pour Arendt, comme pour Simone Weil d'ailleurs, il ne pouvait y avoir de redressement moral de l'Occident sans refaire le chemin en quelque sorte, sans reprendre à nouveaux frais l'enquête, s'enquérir de ce qu'est l'homme.

Un texte de 1951, intitulé « En guise de conclusion », sorte de codicille aux *Origines du totalitarisme*, fait la jonction entre les deux maîtres ouvrages d'Hannah Arendt. Il contient en germe le livre à venir. Notre philosophe y pose une alternative décisive politiquement et moralement. Soit nous continuons de glisser sur la pente ouverte par la modernité, celle d'un « ressentiment fondamental contre tout ce qui est donné », contre « tout ce qui n'est pas fabriqué par l'homme » et nous n'aurons rien appris des totalitarismes ; soit nous nous réconcilions avec la part non choisie de l'existence et redevenons capables, à l'image des Anciens, de « gratitude pour les quelques choses élémentaires qui nous sont véritablement et invariablement données ».

Or, à peine Hannah Arendt a-t-elle énoncé cette impérieuse alternative entre ressentiment et gratitude, à peine l'encre est-elle séchée, que force lui est de constater que l'armistice est loin d'être signé. Sans crainte ni tremblement, c'est sur la pente du ressentiment et de la rébellion contre toute forme de donné que l'humanité a choisi de continuer à glisser. Et c'est l'objet du saisissant prologue de *The Human*

Condition que d'en inventorier les manifestations – saisissant car il nous tend un impitoyable miroir : avec quelle ardeur et quel zèle en effet, et toujours sans crainte ni tremblement, nous nous sommes employés à en allonger la liste. En 1957, la mise sur orbite du premier Spoutnik est unanimement célébrée comme « le premier pas vers l'évasion des hommes hors de la prison terrestre », indice que « l'humanité ne sera pas toujours rivée à la Terre », s'enthousiasme-t-on alors. Et Arendt de demander : « L'émancipation, la sécularisation de l'époque moderne, qui commença par le refus non pas de Dieu nécessairement, mais d'un Dieu père dans les cieux, doit-elle s'achever sur la répudiation plus fatale encore d'une Terre mère de toute créature vivante ? » Notre philosophe est également contemporaine des premières tentatives de donner la vie dans des éprouvettes, de « rendre la vie artificielle », autrement dit de « couper le dernier lien qui maintient encore l'homme parmi les enfants de la nature ». *Last but not least*, déjà, les laboratoires des scientifiques bruissent de la promesse de rendre l'homme immortel, de « tuer la mort », comme on le proclame et le programme aujourd'hui dans la Silicon Valley, temple du transhumanisme.

Autant de pièces à conviction, pour Hannah Arendt, d'une « révolte » tournée « contre l'existence humaine telle qu'elle est donnée – cadeau venu de nulle part (laïquement parlant) –, écrit-elle magnifiquement, et que l'homme du XXe siècle entend échanger contre un ouvrage de ses propres mains ». Cette guerre contre la condition humaine, les hommes du XXe siècle ont les moyens de la gagner. Il n'y a pas lieu d'en douter, avertit Arendt. L'heure est alors à l'euphorie et la question du sens de « ce que nous faisons » est esquivée. Arendt s'en saisit. Une mutation anthropologique est sur le point de s'accomplir, l'humanité à venir pourrait ne ressembler en rien à celle que nous avons connue jusqu'à présent. Le voulons-nous ? Souhaitons-nous utiliser dans ce sens les découvertes de la science et de la technique ? Jusqu'où ? Or, comment répondre à ces questions, brûlantes, sans posséder quelque pierre de touche, quelque idée de l'homme en son humanité ?

… À L'AMOUR DU MONDE

Tout à notre passion de l'émancipation[1], hier comme aujourd'hui, nous nous refusons obstinément à percevoir rime ou raison dans le donné de l'existence, Hannah Arendt va donc se faire notre guide et tenter de nous réconcilier – mot arendtien en diable – avec la condition humaine, faire résonner la dimension du don contenue dans le donné, bref, nous instiller quelque chose de cet *amor mundi*, ainsi qu'elle avait envisagé un temps d'intituler son livre, dont, de son propre aveu, elle était elle-même tardivement devenue capable.

Condition humaine, condition à demi, car il ne s'agit là, comme le notait son vieil et fidèle ami Hans Jonas, que de la « moitié de l'histoire ». Dans *The Human Condition*, Hannah Arendt ne s'attache en effet qu'au domaine de la vie active, laissant de côté, momentanément (car plus tard, elle devait lui consacrer une admirable trilogie demeurée inachevée), la vie de l'esprit.

Le coup d'éclat inaugural d'Hannah Arendt ici est de faire imploser ce bloc massif qu'était, depuis Platon, la *vita activa*, bloc farouchement dressé face à celui, non moins massif, de

1. Sur ce point, il faut lire l'ouvrage de Pierre-André Taguieff, *L'Émancipation promise* (Paris, Le Cerf, 2019).

la *vita contemplativa*. La démarche est inédite. Arendt descend dans la caverne, elle s'aventure parmi les hommes, dans le quotidien de leur vie, dans la prose de leurs jours, attentive à la variété et à la spécificité des activités qui l'organisent. Ce qui intéresse notre auteur, c'est en effet la manière dont les hommes, très exactement les Occidentaux, depuis les Grecs, les Romains, les chrétiens jusqu'aux modernes, ont habité cette terre, la manière dont ils ont aménagé le séjour terrestre, dont ils ont répliqué aux conditions sous lesquelles la vie est donnée à l'humanité. L'existence humaine est conditionnée, assurément, mais ces conditions ne sont pas des conditionnements, elles ne vouent pas les hommes à l'impuissance, au contraire, elles les sollicitent, ils s'en saisissent, les assument et les couronnent de créations, d'institutions originales. Il y a du jeu. Sur cette trame commune, sur ces thèmes universels, sur ces invariants anthropologiques que sont la vie, la naissance, la mort, la pluralité, chaque peuple, chaque civilisation compose sa partition unique, propose ses variations singulières. La civilisation, « un certain arrangement des choses », disait Saint-Exupéry ? Rien n'est plus arendtien que cette réplique, qui dit, par ce mot d'« arrangement », le caractère harmonieux de l'ensemble. Entre un Sartre, chantre d'une liberté sans « passivité », comme le regrettera Merleau-Ponty, et des sciences humaines qui, à l'inverse, enserrent l'homme dans un réseau de fatalités, Hannah Arendt nous permet de penser ensemble liberté et limites. On pourrait dire d'Hannah Arendt qu'elle est l'anti-Sartre comme elle est l'anti-Beauvoir : pour notre philosophe, on naît femme *et* on le devient. Nous verrons ce qui fonde cette liberté.

Pénétrons dans la caverne, et observons précisément comment les hommes arrangent leur séjour sur terre. Trois activités structurent, charpentent cette bâtisse : le travail ; la fabrication d'objets et la création d'œuvres d'art ; l'action, la participation aux affaires communes, autrement dit la politique. Parce que les hommes sont des vivants, soumis au métabolisme biologique, ils travaillent et consomment ; parce qu'ils aspirent à rendre ce monde habitable, afin de parer à l'adversité de la nature[1], mais aussi parce qu'ils sont des créatures éphémères et entendent laisser des traces de leur passage, ils fabriquent des objets destinés à durer, créent des œuvres d'art, et par là même instituent une civilisation ; parce que les hommes sont libres et doués de *logos*, parce que, autrement dit, ils ne sont pas les simples adjuvants du monde comme il va mais peuvent décider du monde dans lequel ils veulent vivre, ils forment une communauté politique : ils s'assemblent, confrontent leurs opinions discutent, disputent et délibèrent au sujet de la chose publique. Pour Hannah Arendt, comme pour Aristote, et contre les théoriciens modernes du contrat social, il y a une vocation politique des hommes, c'est-à-dire un appel, une aspiration et un goût, une délectation même, à prendre part aux affaires communes.

Trois activités donc, avec chacune leur temporalité, et leur « homme », leur figure d'humanité : le travailleur ou « animal *laborans* » et son corrélat, le consommateur – tous deux au service de la vie, cette force qui va, et dont l'universelle loi est celle du mouvement, de la fuite en avant, du « tout passe, rien ne dure » ; le fabricant d'objets, dont l'artisan à la Péguy, la rempailleuse de chaises, est la figure achevée, et le créateur d'œuvres d'art – tous deux, en vertu de la « durabilité » de leur production, sont des bâtisseurs

1. Adversité de la nature que sa sacralisation actuelle tend à nous faire oublier.

de monde, d'un monde humain ; l'objet, qui est d'usage et non de consommation, se distinguant du produit issu du travail par sa permanence, sa résistance (que l'on songe aux bijoux ou au mobilier dits précisément de famille, que l'on se transmettait de génération en génération), voire, dans le cas de l'œuvre d'art, par sa potentielle immortalité ; enfin, le citoyen et l'homme d'État dont la définition la plus rigoureuse est la responsabilité pour le monde, et d'abord, il faut y insister car il n'est pas de « citoyen du monde », lubie de philosophe, dit Arendt[1], la communauté sédimentée dont il est sociétaire – la responsabilité, la disposition à « répondre de » étant, pour Arendt, dans le domaine pratique, la plus noble des facultés humaines et la prérogative des hommes.

Hypertrophie de la logique utilitaire

Badinage conceptuel que ces distinctions ? Nullement. Au contraire même, car il est essentiel de veiller à ce que la

1. Hannah Arendt est extrêmement claire sur ce point : « Nul ne peut être citoyen du monde comme il est citoyen de son pays [...]. Les concepts politiques sont fondés sur la pluralité, la diversité et les limitations réciproques. Un citoyen est par définition un citoyen parmi des citoyens d'un pays parmi des pays. Ses droits et ses devoirs doivent être définis et limités, non seulement par ceux de ses concitoyens mais aussi par les frontières d'un territoire. La philosophie peut se représenter la terre comme la patrie de l'humanité et d'une seule loi non écrite éternelle et valable pour tous. La politique a affaire aux hommes, ressortissants de nombreux pays et héritiers de nombreux passés ; ses lois sont les clôtures positivement établies qui enferment, protègent et limitent l'espace dans lequel la liberté n'est pas un concept mais une réalité politique vivante. »

temporalité et la logique propres à chacune de ces sphères n'empiètent pas sur les deux autres, ne les contaminent pas. C'est ainsi que l'introduction, l'invasion du consommateur, de son impatience, de ses appétits dévorants et toujours renaissants, dans le domaine des œuvres de l'esprit représentent une menace extrême pour leur devenir[1].

Et la grande intuition d'Hannah Arendt, qui jette une lumière très vive sur le monde dans lequel nous sommes venus à vivre, est que l'esprit d'une époque, sa tonalité dominante est comme condensée dans la manière dont elle ordonne, hiérarchise ces trois registres d'activité, voire, et c'est ce qui nous arrive, aboutit à l'hypertrophie de l'une d'elles. Les Anciens, singulièrement les Grecs, plaçaient au sommet de l'échelle la politique, la participation aux affaires communes, le travail occupant le dernier échelon, et la fabrication se situant entre les deux. Le souci du monde domine ; les modernes, eux, exaltent la capacité des hommes à fabriquer des objets, *Homo faber* les fascine – la mise au point du télescope, outil fait de main d'homme, il faut lire les pages inspirées qu'Hannah Arendt lui consacre, joue un rôle décisif dans l'avènement de l'âge moderne, c'est une blessure

1. Un exemple des plus concrets : comment expliquer que les expositions *temporaires* soient plébiscitées par le public quand les salles des collections *permanentes* des musées sont désertées, sinon par l'importation, dans le domaine de la culture, du consommateur, paré certes des nobles atours de l'amateur d'art, mais n'en réclamant pas moins, incontinent, des produits toujours frais, toujours neufs, ludiques, requérant le moins d'efforts possible ? Qu'observe-t-on d'ailleurs ? Pour répondre à cette demande, les musées rivalisent d'ingéniosité, multiplient les « animations » afin de mettre en mouvement leurs collections, ainsi du Louvre proposant, chaque vendredi, séance de yoga et découverte des œuvres mêlées.

narcissique infligée aux hommes, forcés de reconnaître, avec Galilée, que la raison ne saurait accéder seule au vrai. *Homo faber* fascine donc, mais ce qui l'emporte ici, ce n'est pas la figure du bâtisseur de mondes, mais la logique utilitaire qui dégrade toute fin en moyen (à l'image de l'artisan qui, dans l'arbre, ne voit que du bois dans lequel tailler un lit) et conduit à appréhender toute chose en termes de processus ; quant à nous, hommes du XXe et du XXIe siècle, c'est à la vie que nous accordons la préséance, si bien que le travail, en l'espèce la logique économique, et son corrélat le consumérisme triomphent sans que rien ne leur fasse plus contrepoids. La politique a abdiqué, se faisant la docile servante de l'économie. Flexibilité et fluidité deviennent la règle, et hypothèquent toute forme de continuité et de stabilité. Arendt se révèle ici un penseur extrêmement pénétrant et précoce de la « modernité liquide » conceptualisée depuis lors par Zygmunt Bauman. L'avènement de la société de consommation, de l'économie de gaspillage, de l'industrie culturelle, la question de l'obsolescence programmée des objets – autant de thèmes présents dans *The Human Condition* – s'éclairent de l'invasion des exigences du vivant dans l'ensemble des sphères de l'existence.

Arendt se fait de surcroît l'admirable interprète de la vulnérabilité d'une vie soumise au changement perpétuel, de l'offense qu'infligent aux hommes, ces chétives créatures éphémères, changeantes et inconstantes, la liquéfaction généralisée, le règne du fluide, du flexible étendu à tous les domaines. « Le monde devient inhumain, écrit-elle superbement, impropre aux besoins humains – qui sont besoins de mortels – lorsqu'il est emporté dans un mouvement où ne subsiste aucune espèce de permanence. » Réminiscence, on peut le penser, de sa propre expérience de l'exil, de cette vie de « bohème » où l'on est sans cesse exposé, privé de la familiarité des lieux, des personnes, des mœurs, où « la sensibilité n'est protégée par aucune bibliothèque (pour parler par image) et par aucun mobilier », ainsi qu'elle-même la décrira, et à laquelle elle fut condamnée entre 1933 et 1941. Cette extrême attention au besoin de l'humaine nature de pouvoir s'accoter à un monde d'objets stables explique aussi qu'Arendt récuse avec la dernière énergie, l'interprétant comme le signe d'un déséquilibre anthropologique, la polarisation de la vie politique en progressistes et conservateurs. Loin d'être antinomiques, le besoin de stabilité, de continuité et la soif de nouveauté cohabitent en tout homme.

Un monde inamical à l'homme

Le monde dans lequel nous vivons, ce monde de la fuite en avant, du mouvement perpétuel, destructeur des mondes humains, est donc inamical aux hommes, c'est un euphémisme, et, en réduisant les hommes à leur être de consommateur, il les mutile dans leur humanité. Une des dernières phrases du prologue de *The Human Condition* est à cet égard capitale : « L'avènement de l'automatisation, en quelques décennies probablement, videra les usines et libérera l'humanité de son fardeau le plus ancien et le plus naturel, le fardeau du travail [...]. » Or, montre Arendt, l'époque moderne s'accompagne de la glorification théorique du travail : « [...] Le souhait se réalise donc, comme dans les contes de fées, au moment où il ne peut que mystifier. C'est une société de travailleurs que l'on va délivrer des chaînes du travail, et cette société ne sait plus rien des activités plus hautes et plus enrichissantes pour lesquelles il vaudrait la peine de gagner cette liberté. » Et Arendt d'ajouter : « Dans cette société qui est égalitaire [...] il ne reste plus de classe, plus d'aristocratie politique ou spirituelle, qui puisse provoquer une restauration des autres facultés de l'homme. »

Et c'est en somme un autre des enjeux majeurs de cet ouvrage que de venir rappeler aux hommes qu'ils sont voués à de plus nobles tâches que celle de consommer, que celle de se comporter partout et toujours en individus impatients, réclamant, insatiables, la satisfaction de leurs appétits, érigeant leurs désirs en droits.

C'est ici, dans l'arsenal de *The Human Condition*, qu'Arendt forge l'essentiel des concepts capables de faire connaître à l'homme sa propre nature, de lui faire sentir ce qu'il peut de grand, de noble. Ce livre frappe, et fait date dans l'histoire de la philosophie, par son exceptionnelle richesse conceptuelle. « Une grande philosophie, écrivait Péguy, n'est pas celle où il n'y a rien à reprendre. C'est celle qui a pris quelque chose. » Et les « prises » arendtiennes sont nombreuses et fécondes.

Une philosophie de la naissance

Font en effet, sans être exhaustif, leur entrée dans le vocabulaire de la philosophie et de notre intelligence : la naissance qui, jamais, à la différence de la mort, n'avait retenu l'attention des philosophes, sinon obliquement ; l'identité personnelle (et collective) comme identité narrative ; la faculté d'accomplir des miracles, de déjouer les statistiques, comme indice de la liberté ; le pardon, réplique au caractère irréversible de l'action et pouvoir de restaurer un homme dans sa liberté, « ne pas l'enfermer dans un acte unique » ; la promesse, assurance prise contre l'imprévisibilité de l'action et l'inconstance de cet être flexible, divers et ondoyant qu'est l'homme ; l'histoire comme « fablier de l'humanité » ; l'œuvre d'art comme objet de pensée, et l'ensemble des œuvres d'art, comme « patrie non mortelle des êtres mortels ».

Or, chose remarquable, et sans équivalent, cette inventivité, Hannah Arendt la doit à ses curiosités et affinités littéraires, picturales, musicales ou encore bibliques et théologiques et à la conviction, ferme et profonde, que les romanciers, les poètes, les évangélistes, les peintres, bref, tous ceux qui n'empruntent pas la voie conceptuelle, se font les greffiers d'aspects fondamentaux de la condition humaine ignorés, négligés des philosophes[1]. Notre tradition, observe Arendt, souffre de s'être montrée « extrêmement sélective et d'avoir exclu de son système de concepts un grand nombre d'authentiques expériences parmi lesquelles nous ne serons pas surpris d'en trouver de réellement fondamentales » – fondamentales en cela qu'elles découvrent, dévoilent ce qu'est l'homme et ce qu'il peut.

La naissance en est sans doute l'exemple le plus piquant. Arendt aborde là, on l'a dit, un continent demeuré inexploré. Or, c'est en écoutant *Le Messie* de Haendel que notre philosophe a « l'intuition du sens métaphysique de la naissance » : « Quelle œuvre ! écrit-elle à son mari, Heinrich Blücher, après avoir assisté à une représentation de l'oratorio. L'alléluia me résonne encore dans les oreilles et le corps. Pour la première fois, j'ai compris combien c'était formidable : "Un Enfant nous est né." Le christianisme, c'est quand même quelque chose ! » La naissance s'impose

1. Sur cette question, je me permets de renvoyer à mon *Musée imaginaire d'Hannah Arendt. Parcours littéraire, pictural, musical de l'œuvre* (Paris, Stock, 2011).

alors comme commencement, rupture dans la linéarité du temps, déviation, mais aussi apparition, épiphanie, entrée dans le monde, parmi les hommes (pluralité qui fonde la condition politique des hommes) – Jésus est accueilli par les bergers d'abord, les Rois mages, bientôt. Et l'exultation qui saisit le chœur de l'*Alléluia* s'éclaire et témoigne, pour Arendt, de l'ampleur de la promesse de sauvetage portée par la naissance du divin Enfant certes, mais de toute naissance. Arendt transpose cette symbolique au phénomène même de la naissance. Avec chaque enfant qui paraît, l'espoir que le monde n'ira pas à sa perte, ne sortira pas de ses gonds, dit Arendt avec Shakespeare, se lève – même si cette essentielle nouveauté, cette essentielle imprévisibilité peut se révéler destructrice, meurtrière, on l'a dit. Le nouveau-né, ce peut être Churchill ou de Gaulle aussi bien qu'Hitler ou Staline. À cette dette, initialement contractée envers Haendel, Arendt ajoute dans *La Condition de l'homme moderne* celle, double, qui l'attache à saint Augustin (auquel elle doit cette idée de « commencement ») et à l'Évangile de saint Luc.

Autour de cette idée de la naissance comme commencement gravite une constellation de notions : la « liberté », qui s'atteste dans la capacité proprement humaine à infléchir le cours, en apparence fatal, des choses ; l'« action », reprise active de ce commencement qu'est la naissance, capacité d'introduire du nouveau (en ce sens, « conserver », « empêcher de se défaire », dirait Camus, relève bien de l'action) ou encore disposition à produire des « miracles », terme qu'Hannah Arendt emprunte aux Évangiles : « L'action constitue la réponse de l'homme au fait d'être né, écrit-elle. Nouveaux venus et débutants dans le monde du fait de cette naissance, nous sommes porteurs d'un élément de renouveau. » Cette nouveauté, cette imprévisibilité que recèle l'être humain se révèle à la faveur des circonstances. C'est la configuration du moment qui dévoile « qui » nous sommes, ce que *nous pouvons*. L'homme arendtien est, pour paraphraser saint Augustin, surprise pour lui-même. Maintes grandes figures de la Résistance vérifient la thèse d'Arendt : c'est contre toute attente, déjouant le déterminisme de leur milieu d'origine qu'un Geoffroy Chodron de Courcel ou qu'une Élisabeth de Miribel s'engagent aux côtés du général de Gaulle.

Autre exemple, non moins insigne, de la « méthode » arendtienne : l'élaboration de la notion d'identité. C'est à Karen Blixen qu'elle doit de pouvoir concevoir l'identité personnelle, aussi bien l'identité collective d'ailleurs, comme identité narrative. À la question « Qui êtes-vous ? », il n'est qu'une réponse, dit Arendt, celle du cardinal Salviati de la conteuse danoise : « Permettez-moi [...] de vous répondre à la manière classique, en vous racontant une histoire. » À la manière classique, en effet, car les modernes ont découvert l'introspection, et préfèrent se plonger à l'intérieur d'eux-mêmes. Or, être homme, c'est d'abord être pris dans ce qu'Arendt appelle le « faisceau des relations humaines » et le récit, la narration, dit cette intrication, cette alliance scellée dès la naissance entre l'individu, les autres hommes et le monde. L'homme moderne se délectant de son intériorité, a pour Arendt un « côté fleur coupée », pour reprendre la belle image de Julien Gracq. C'est en outre à la faveur du récit, en tant que travail de mise en forme, que le sens d'une vie apparaît, que l'unicité de chacun est rendue éclatante : « Par rapport à ce quelqu'un qui est unique, écrit admirablement Arendt, on doit vraiment pouvoir dire qu'il n'y avait personne auparavant. »

Un homme capable de gratitude envers le monde

On le voit, Hannah Arendt ne nous abandonne pas sans ressource au funeste constat de la catastrophe anthropologique, civilisationnelle et écologique que représentent nos sociétés productivistes, consuméristes et individualistes (non au sens noble qu'on peut, avec Corneille, attacher à ce mot d'« individu », sujet de la responsabilité, mais d'un individu enfermé dans le cercle étroit de son « moi » et rétréci à la dimension de sa prétendue « identité »). L'homme arendtien, libre, nullement voué à l'impuissance, mais capable de gratitude, se concevant comme l'obligé du monde, soucieux du « visage » que celui-ci offre, n'est-il pas très exactement l'homme dont nous aurions infiniment besoin si nous aspirons réellement à relever les défis qui sont les nôtres, à garantir quelque avenir à la terre mais aussi à nos civilisations dans leur génie propre ? Le destin de la culture et celui de la nature sont liés, insistait Arendt, l'une comme l'autre dépendant de l'existence de cet être qu'est potentiellement l'homme, capable de prendre soin de ce qui lui est confié, capable, autrement dit, d'hériter et de transmettre.

Plutôt que de noyer, avec les antispécistes, l'homme dans le grand bain des vivants, et avant d'enseigner à nos enfants les gestes du tri sélectif et de les flagorner dans leurs indignations et leurs trépignements d'adolescents consuméristes, tout drapés qu'ils soient dans les habits vertueux de la conscience écologiste, ne serait-il pas plus urgent d'éduquer, de former, de cultiver ces nobles dispositions qui font la grandeur et la spécificité, de l'homme – la gratitude, les égards, la responsabilité ? Et donc de se laisser instruire par *The Human Condition*.

Bibliographie sélective

Arendt, Hannah, *Les Origines du totalitarisme. Eichmann à Jérusalem*, édition établie et présentée sous la direction de Pierre Bouretz, Paris, Gallimard, « Quarto », 2002.

–, *L'Humaine Condition*, édition établie et présentée sous la direction de Philippe Raynaud, Paris, Gallimard, « Quarto », 2012.

–, *La Vie de l'esprit*, Paris, PUF, « Quadrige », 2013.

Enegrén, André, *La Pensée politique de Hannah Arendt*, Paris, PUF, 1984.

Eslin, Jean-Claude, *Hannah Arendt. L'obligée du monde*, Paris, Michalon, « Le Bien commun », 1996.

Legros, Robert, *L'Idée d'humanité. Introduction à la phénoménologie*, Paris, Le Livre de Poche, « Biblio Essais », 2006 (contient un lumineux chapitre consacré à Hannah Arendt).

Levet, Bérénice, *Musée imaginaire d'Hannah Arendt. Parcours littéraire, pictural, musical de l'œuvre*, Paris, Stock, 2011.

Roviello, Anne-Marie, Weyembergh, Maurice, *Hannah Arendt et la modernité*, Paris, Vrin, 1992.

Young-Bruehl, Elisabeth, *Hannah Arendt. Biographie*, Paris, Calmann-Lévy, 1999.

RAYMOND ARON
ESSAI SUR LES LIBERTÉS (1965)

Grandeur et fragilité de la liberté politique

Nicolas Baverez

Dans ce livre qui s'inscrit dans la tradition libérale française à la suite de Montesquieu et de Tocqueville, Raymond Aron montre que la liberté politique peut être conciliée avec l'égalité et que le clivage fondamental oppose la démocratie et le totalitarisme. Pour Nicolas Baverez, ces réflexions restent parfaitement actuelles, au moment où la démocratie traverse une crise existentielle, prise sous le feu croisé des démocratures, du djihadisme et des populismes, et où la survie de la liberté politique s'impose comme l'enjeu central du XXI*e* *siècle.*

Raymond Aron avait soixante ans lorsque parut l'*Essai sur les libertés*[1]. Il était alors à l'apogée de sa puissance intellectuelle et de son influence en France comme à l'étranger, notamment aux États-Unis.

1. Raymond Aron, *Essai sur les libertés*, Paris, Calmann-Lévy, 1965.

Le livre est issu de trois conférences données en avril 1963 à l'université de Californie à l'invitation du comité des Jefferson Lectures. Aron choisit de les consacrer à la liberté. Il poursuivait deux objectifs : éclairer la situation des États-Unis des années 1960 à la lumière des principes des Pères fondateurs de la Constitution américaine ; explorer la tension entre la démocratie et les libertés, qui se trouvait au cœur de l'affrontement idéologique et stratégique entre les deux blocs de la guerre froide.

Pour ce faire, Aron s'inscrit dans la filiation d'Alexis de Tocqueville. *De la démocratie en Amérique* reste le livre d'un auteur étranger qui a le plus profondément marqué les Américains et leur conception de leur République. Tocqueville partage par ailleurs avec Jefferson la passion de la liberté politique et l'a placée au centre de son œuvre et de sa pensée. Enfin, comme Montesquieu mais aussi Aron, il se situe au croisement de la sociologie et de la philosophie, de l'analyse des systèmes politiques et de leur jugement au regard de la valeur suprême que tous trois attribuent à la liberté.

Tocqueville, aristocrate devenu démocrate de raison, s'est interrogé sur la capacité de la liberté à résister à l'égalité des conditions qui caractérise l'âge démocratique. Aron se propose d'examiner les chances de survie de cette même liberté à l'âge de la société industrielle, du progrès technique et du système de la guerre froide verrouillé par la dissuasion nucléaire.

Raymond Aron, spectateur engagé au service de la liberté

La vie de Raymond Aron, né en 1905 à la veille de la Grande Guerre, mort en 1983 alors que se déroulait l'ultime crise de la guerre froide autour des euromissiles, se confond avec l'histoire du XXe siècle, dominée par la lutte à mort entre les nations et les empires, les démocraties et les totalitarismes.

Né dans une famille lorraine d'origine juive, profondément patriote et républicaine, Raymond Aron s'affirma rapidement comme un parfait produit du système scolaire et universitaire de la IIIe République, qui le conduisit du lycée Condorcet à l'École normale supérieure puis à l'agrégation de philosophie. Il avait été formé par ses maîtres aux idées de Platon et de Kant, et rien ne le prédisposait à devenir l'analyste le plus juste du siècle des idéologies ni à plonger dans la fureur du débat politique pour se convertir en combattant de la liberté. Rien ne le prédisposait à sauver l'honneur des intellectuels français en s'engageant dans les rangs de la France libre à Londres, puis en s'opposant aux compagnons de route du marxisme durant la guerre froide.

La personnalité et la pensée d'Aron ont été forgées au feu de l'Histoire. Parti en Allemagne pour parfaire sa formation de philosophe, il assista entre 1930 et 1933 à l'agonie de la république de Weimar et à la conquête du pouvoir par Hitler, ce qui le conduisit à rompre avec le socialisme et le pacifisme de sa jeunesse. Mobilisé en 1939, il fut affecté à un poste météorologique situé dans l'axe de la percée allemande des Ardennes et subit de plein fouet le choc de la défaite et de la débâcle. Ayant eu connaissance par sa femme de l'appel du 18 juin, il choisit de rejoindre le général de Gaulle à Londres, fut révoqué de l'Université en application du statut des Juifs et figura sur la liste Otto[1], ce qui entraîna la destruction de ses livres. De retour à Paris à la Libération, il découvrit l'horreur de la solution finale.

La guerre froide marqua un nouveau tournant dans la vie de Raymond Aron qui, du fait de son engagement anticommuniste, et, à titre annexe, de son soutien au RPF, fut mis au ban de l'intelligentsia. Sa rupture avec Jean-Paul Sartre, son petit camarade de la rue d'Ulm, est ainsi restée comme le symbole du mur idéologique qui divisa les intellectuels en France. Il fallut attendre mai 1968 puis le choc des récits d'Alexandre Soljenitsyne pour que la gauche se rallie à l'anti-totalitarisme.

Lors de son retour en France, en 1944, Raymond Aron privilégia le journalisme et devint le principal éditorialiste du *Figaro*. Il effectua son retour à l'Université, rendu difficile par son travail de journaliste et par ses engagements, en 1955, grâce à son élection à la chaire de sociologie de la Sorbonne. Ses travaux scientifiques se déployèrent alors dans trois directions : l'analyse comparée des sociétés modernes ; la critique idéologique de Marx, des marxistes du XXe siècle et des régimes s'en réclamant ; la théorie et la pratique de la guerre. L'*Essai sur les libertés* se situe au croisement de ces deux premières lignes de réflexion.

1. La liste Otto, du nom de l'ambassadeur d'Allemagne à Paris, Otto Abetz, recensait les livres retirés de la vente et interdits par les autorités allemandes à la suite de l'occupation de la France. La première liste, publiée le 28 septembre 1940, comportait 1 060 titres, dont les ouvrages de Raymond Aron, qui furent saisis par la police puis pilonnés.

L'*Essai sur les libertés* au croisement de la philosophie et de la sociologie

La démarche de l'*Essai sur les libertés* s'organise en trois temps : l'exploration des conceptions différentes de la liberté autour de la confrontation entre Tocqueville et Marx ; la compréhension de la situation des démocraties et du monde bipolaire de la guerre froide à la lumière de la tension entre libertés formelles et réelles ; le défi posé à la liberté politique par la technicisation du monde.

Raymond Aron fut à la fois le critique le plus rigoureux de Karl Marx dans la France du XXe siècle et celui qui fit redécouvrir la grandeur d'Alexis de Tocqueville. Tocqueville et Marx ont assisté à l'émergence de la société industrielle et vu dans la démocratie l'avenir de l'humanité. Pour Tocqueville, la démocratie n'est pas un régime politique figé mais un état de la société qui peut conduire vers la démocratie ou vers la tyrannie. Et ce en fonction de la reconnaissance ou du refus de la liberté politique, choix qui prime sur la dynamique de la société industrielle, mise en avant par Auguste Comte, ou sur le développement du capitalisme qui sous-tend pour Marx le sens de l'Histoire à travers la lutte des classes. Pour Marx, en effet, il existe une nécessité historique qui tend vers la révolution, seule à même de libérer les hommes en donnant naissance à un ordre social et politique radicalement nouveau : la société sans classes. D'où l'opposition entre les libertés formelles du système capitaliste et les libertés réelles que promet la révolution marxiste.

Aron souligne que l'histoire du XXe siècle donne raison à Tocqueville. Les démocraties ont en effet réussi à garantir les libertés tout en donnant un contenu réel à l'égalité entre les citoyens et en constituant une vaste classe moyenne dont le niveau de vie a fortement progressé, tandis que le totalitarisme soviétique supprimait et la liberté et l'égalité, asservissant hommes et peuples tout en réalisant la paupérisation des masses. Il n'en demeure pas moins que la démocratie ne peut ignorer la critique de Marx car les libertés ne sont jamais ni acquises ni parfaites et qu'il est nécessaire de leur donner un contenu réel en veillant à ce que chaque citoyen soit effectivement maître de son destin.

Constatant le relatif déclin des idéologies qu'accompagna la déstalinisation et la détente, Aron s'interroge dans un second temps sur la capacité des démocraties libérales à concilier maîtrise des choix individuels, citoyenneté et contraintes imposées par l'efficacité technique qui se trouve au principe de la société industrielle. Il observe tout d'abord que la liberté politique reste indissociable de l'Occident, de son invention par l'Europe puis de sa diffusion aux États-Unis et dans un nombre restreint de pays dans le monde. Il souligne ensuite qu'elle résulte de compromis instables entre des principes contradictoires. Contrairement à Hayek, il estime que le premier risque pour la liberté réside dans les régimes totalitaires et non pas dans les interventions de l'État. Loin d'affaiblir la démocratie, les politiques publiques et la fiscalité progressive qui visent à favoriser l'égalité des chances ou le développement des droits sociaux contribuent à ses yeux à l'égalité réelle sans remettre en question les libertés fondamentales.

Dans un troisième moment, Aron s'interroge sur les chances de survie de la liberté politique face à la menace extérieure du totalitarisme comme face aux risques intérieurs qui peuvent naître d'un capitalisme de plus en plus complexe ou encore de la dénaturation du citoyen en un consommateur désengagé de la vie publique. Au-delà de la diversité des institutions, notamment entre régimes présidentiels et parlementaires, toutes les démocraties sont marquées par la personnalisation croissante du pouvoir, le déclin du Parlement au profit des administrations, la priorité donnée aux questions économiques. Ceci ne suffit pas à vider de son sens la démocratie représentative, le débat public ou la citoyenneté. Mais à la condition de veiller sans cesse à ce que les droits fondamentaux se trouvent adossés à des libertés-capacités, à ce que la logique du développement économique soit mise au service de la citoyenneté.

La valeur suprême, selon Aron, reste ainsi la liberté politique, qui détermine un clivage irréversible entre la démocratie et le totalitarisme. Le totalitarisme est fondamentalement corrompu par le pouvoir absolu et la terreur sur lesquels il repose. La démocratie, malgré ses imperfections et les contraintes qu'imposent le capitalisme et les technologies, demeure le seul régime qui protège les hommes contre l'arbitraire du pouvoir et qui leur offre, à travers l'éducation, la possibilité de décider d'eux-mêmes et d'accéder à une forme de vérité.

La liberté et la démocratie selon Aron

L'*Essai sur les libertés* souligne l'originalité de la conception de la démocratie développée par Raymond Aron. Si pour lui comme pour Tocqueville, la liberté politique est première, ce qui le distingue des tenants de la convergence entre l'Est et l'Ouest, la démocratie n'est ni un principe philosophique, ni un régime politique figé pour l'éternité. Elle peut emprunter des formes très diverses selon les configurations historiques et les sociétés dans lesquelles elle se déploie. D'où l'intérêt d'analyser de manière comparative ses principes, ses institutions et ses mœurs.

De même, la liberté n'est pas une : « Il n'y a pas une formule, et une seule, de la liberté par excellence[1]. » Elle est le produit complexe de multiples libertés, parfois contradictoires, dont il revient au législateur et aux magistrats d'organiser la cohabitation au sein de l'État de droit. La liberté moderne est donc plurielle et hétérogène, car elle juxtapose des principes et des droits différents : droits bourgeois issus des Lumières ; droits citoyens nés des progrès du suffrage universel ; droits sociaux forgés au fil des crises et des mutations du capitalisme d'une part, des conflits du travail et de la mise en place des États-providence d'autre part. Elle s'enracine dans la politique et dans l'Histoire. Elle est toujours imparfaite et inachevée.

Ce qui vaut pour la démocratie s'applique aux totalitarismes, dont Aron refuse de donner une définition philosophique et unitaire. Contrairement à Hannah Arendt qui cherche à définir l'essence du totalitarisme, Aron, dans la lignée de Montesquieu et de Tocqueville, examine leurs points communs, leurs différences et leur évolution. D'où le recours à des concepts multiples, qui constituent autant d'éclairages et qui accompagnent la mutation du phénomène totalitaire, notamment au fil de l'histoire de l'URSS : « tyrannies modernes » et « machiavélismes » durant les années 1930, insistant sur l'opposition frontale avec les démocraties ; « religions séculières » dans les années 1940 et 1950, soulignant l'alliage de foi et de terreur qui assure leur cohésion ; « totalitarisme » au cours de la décennie 1960 pour désigner

1. Raymond Aron, *Essai sur les libertés*, *op. cit.*, p. 229.

leur radicale altérité face aux démocraties dans la sociologie des sociétés industrielles.

La singularité d'Aron réside donc dans la combinaison d'une vision claire de la lutte à mort entre la démocratie et le totalitarisme qui structura l'histoire du XXe siècle et d'un engagement inconditionnel en faveur de la liberté politique, avec une analyse comparée des diverses facettes de ces régimes et de la conception de la liberté dont ils se réclament. D'un côté, il souligne la nature bien réelle des libertés que Marx qualifie de formelles alors qu'elles conditionnent la dignité des hommes, relevant le contraste entre l'indifférence qui les entoure à l'Ouest où elles sont établies et les risques pris, en Hongrie notamment, par les peuples qui se révoltent pour tenter de les conquérir. De l'autre, il reprend à son compte la critique de Marx sur la nécessité pour les démocraties de ne pas se limiter à instituer des libertés ou à ouvrir des droits, mais de garantir leur effectivité et la capacité de tous les citoyens à y accéder.

La démocratie et le totalitarisme composent ainsi les termes de l'alternative ouverte aux hommes du XXe siècle pour établir l'égalité et construire la démocratie. Mais ces deux formes politiques ne se valent pas. Seule la première assure à ses citoyens l'accès à la liberté, au prix d'un effort toujours renouvelé pour lui donner un contenu concret et la concilier avec l'égalité. Sous couvert de liberté réelle, le totalitarisme détruit tant la liberté que l'égalité. Les chances de la démocratie libérale de survivre au défi que lui lance le soviétisme dépendent de sa capacité à désarmer la contestation marxiste en garantissant les libertés fondamentales et en assurant les droits sociaux à l'ensemble de la population, à commencer, dans le cas des États-Unis, par la communauté noire.

Pour Aron, la liberté n'est jamais donnée mais toujours conquise, fragile construction qui repose sur la volonté des citoyens et sur la solidité des institutions, notamment le bon fonctionnement de l'État de droit. La liberté est première ; mais ce primat est historique, à l'exclusion de toute transcendance. Elle est le produit singulier de l'Europe des Lumières, progressivement conforté à l'épreuve des conflits entre les nations et les empires, les démocraties et les totalitarismes. Elle relève donc de l'action des hommes et non pas d'une loi de l'Histoire.

La pensée d'Aron s'inscrit ainsi dans la tradition française du libéralisme politique, illustrée par Montesquieu et Tocqueville. Elle se situe à la confluence de la philosophie, dont elle assume pleinement le jugement de valeur, et de la sociologie, qui fonde la compréhension des institutions politiques, des lois, des structures sociales et des mentalités dans toute leur diversité. Elle est à la fois réaliste, probabiliste, dialectique. Réaliste parce qu'elle refuse tout principe transcendant ou tout moralisme abstrait. Probabiliste parce qu'elle récuse toute forme de déterminisme et reconnaît que l'Histoire reste ouverte, la survie de la démocratie étant possible mais nullement acquise. Dialectique parce qu'elle refuse tout manichéisme pour assumer la complexité et l'incertitude, n'hésitant pas à reprendre à son compte une partie de la critique de Marx pour montrer la nécessité de réformer en permanence le capitalisme et la démocratie.

Cette approche fut validée par le dénouement de l'histoire du XXe siècle qui intervint en 1989, six ans après la disparition d'Aron, avec la chute du mur de Berlin. L'effondrement du soviétisme résulta de la révolte contre la paupérisation des masses et l'absence de liberté, autorisée par la suspension de la terreur décidée par Mikhaïl Gorbatchev avec la *glasnost* et la *perestroïka*.

Par un étonnant paradoxe, les démocraties, notamment les États-Unis, ont alors cédé à la démesure et au mythe d'une fin de l'Histoire assurant leur triomphe définitif. Une double rupture intervint avec le capitalisme régulé imaginé pour interdire une nouvelle Grande Dépression et avec la stratégie occidentale de cantonnement de l'Union soviétique qui avait conduit à son effondrement. La mondialisation associée à la dérégulation, sur fond de révolution numérique, engendra l'économie de bulles qui provoqua en 2008 le pire krach financier depuis celui d'octobre 1929. La paix manquée de 1989, faute d'efforts pour construire un ordre mondial partagé, ouvrit un vaste espace au renouveau des passions nationalistes et impériales, ainsi qu'au fanatisme religieux qui prospérèrent sur les ruines des idéologies du XXe siècle. La perte de contrôle du capitalisme et les guerres perdues en chaîne d'Afghanistan, d'Irak, de Syrie et de Libye ont enclenché la désoccidentalisation du monde. Tous ces bouleversements ont donné naissance dans les années 2010 à l'onde de choc populiste, qui constitue la crise la plus profonde de la démocratie depuis l'entre-deux-guerres.

La liberté politique à l'âge de l'histoire universelle

Le XXIe siècle paraît très éloigné du temps de la guerre froide et de la société industrielle. L'Union soviétique a disparu, emportant les totalitarismes du XXe siècle. Le monde bipolaire verrouillé par la dissuasion nucléaire a cédé la place à une configuration multipolaire hautement instable où se multiplient les guerres sans fin. Le leadership des États-Unis est contesté par la Chine, qui affiche sa volonté de dominer le monde à l'horizon de 2049. Le capitalisme est devenu universel tout en voyant son centre de gravité basculer du Nord vers le Sud, de l'Atlantique vers le Pacifique. La révolution numérique se déploie sur les ruines de la société industrielle, déstabilisant le salariat et les classes moyennes. Les États ont perdu leur monopole dans l'utilisation de la force légitime et sont débordés par la violence qui se libère des barrières mises en place pour la contenir.

Trois cycles historiques majeurs se sont achevés qui composaient la toile de fond de l'*Essai sur les libertés* : la suprématie de l'Occident qui contrôlait l'histoire du monde depuis les Grandes Découvertes de la fin du XVe siècle ; le leadership de la République impériale des États-Unis qui s'était imposé depuis 1917 ; l'ordre mondial mis en place en 1945 pour éviter la reproduction des catastrophes des années 1930 marquées par la Grande Dépression et la montée en puissance des totalitarismes. Pour autant, les réflexions développées par Raymond Aron dans l'*Essai sur les libertés* trouvent une étonnante actualité. Et ce pour au moins six raisons.

1) La liberté politique est de nouveau l'enjeu central de l'Histoire. Le XIXe siècle vit l'opposition entre la démocratie et les sociétés d'Ancien Régime. Les grandes guerres du XXe siècle s'organisèrent autour de la lutte à mort entre les nations et les empires, la démocratie et le totalitarisme. Le destin du XXIe siècle se jouera autour de la confrontation entre la démocratie avec les démocratures et le djihadisme. Et son issue sera largement déterminée par la capacité de la démocratie libérale à répondre au formidable défi que lui lance la démocratie illibérale, portée par les forces populistes.

2) La démocratie, loin d'un avènement universel et définitif dicté par une fin de l'Histoire, reste un régime fragile

et mortel. Pour avoir vécu la contamination de l'Europe par les principes autoritaires durant les années 1930 puis l'effondrement de la France et de la République en 1940, Aron rappelle que la liberté politique est vulnérable, notamment lors des grandes crises du capitalisme, des périodes troublées, des épidémies, qui succèdent aux grandes guerres, des moments de reconfiguration du système géopolitique et d'incertitude sur l'équilibre des puissances. La délicate balance des institutions représentatives peut se dégrader en impuissance, alimentant la défiance envers les dirigeants. La complexité de ces procédures peut ouvrir un vaste espace aux idées fausses mais simples des démagogues. La colère et le déchaînement des passions collectives peuvent amener les citoyens à céder à la tentation autoritaire. La paralysie de la décision publique fait alors le lit des hommes forts, dynamique qui se trouve au cœur de l'actuelle onde de choc populiste.

3) La décennie 2020 s'ouvre sous le signe d'une crise majeure de la démocratie, qui prend sa source dans la tension entre la liberté et l'égalité. Le krach du capitalisme mondialisé en 2008 s'est transformé en séisme démocratique au cours de la décennie 2010. Le moteur en est la déstabilisation de la classe moyenne qui constitue le socle sociologique et politique des nations libres. La mondialisation a entraîné la polarisation des emplois et des revenus, des entreprises et des territoires, provoquant l'explosion des inégalités. La révolution numérique renforce l'individualisme à travers les réseaux sociaux, tandis que la technicisation du monde conforte le sentiment de dépossession et que le défi du réchauffement climatique alimente l'angoisse devant l'avenir. La stagnation des revenus d'une large partie de la population des pays développés et le blocage de la mobilité

sociale sont amplifiés par le désarroi identitaire et culturel, la peur de l'islam et de l'immigration, la montée de la violence. La dialectique entre liberté formelle et liberté réelle est ainsi fondamentale pour expliquer la montée des populismes : la révolte des citoyens et des territoires rejetés à la périphérie s'explique par leur marginalisation économique mais aussi par la conscience d'une relégation dans un statut de second rang et d'un abandon de la part des autorités publiques.

4) La protection des droits individuels et politiques comme la résilience de l'État de droit jouent un rôle fondamental pour la résistance de la démocratie face au populisme. Les libertés que Marx qualifiait de formelles restent la condition première de la démocratie. Elles constituent pour cela la cible prioritaire des dirigeants autoritaires, leur suspension ou leur suppression étant le point de bascule vers la démocratie illibérale comme elles le furent dans les années 1920 et 1930 pour la mise en place des États totalitaires. Or, la quête éperdue de sécurité face à la crise sanitaire, économique et sociale renforce chez les citoyens la tentation de les sacrifier. Dès lors, la remise en marche de l'État de droit constitue l'un des axes majeurs de la réinvention du projet démocratique.

5) La démocratie est nécessairement libérale et la démocratie illibérale constitue un oxymore. La liberté politique repose sur le respect de la souveraineté populaire qui s'exprime à travers le vote, mais aussi sur l'existence de contre-pouvoirs qui encadrent et contrôlent l'action des dirigeants, sur la vitalité de l'État de droit, sur l'esprit de tolérance et la modération des mœurs qui évitent que la majorité opprime la minorité ou que les minorités dénient la légitimité de la majorité. En ne conservant que le vote, qu'elle manipule par la manipulation et la fraude – mobilisant massivement les réseaux sociaux –, qu'elle vide également de sens par l'étouf-

fement de toute opposition véritable, la démocratie illibérale est vraiment illibérale mais faussement démocratique.

6) Raymond Aron nous rappelle enfin que la liberté politique demeure la clé de la dignité des hommes et que la démocratie peut surmonter ses crises si les citoyens conservent la foi dans sa valeur et la volonté de la défendre. Avec les révolutions du XXIe siècle – explosion démographique, pandémies, basculement du capitalisme universel vers l'Asie, ère digitale, impératif écologique, menaces des démocratures et du djihad, émergence de la démocratie illibérale –, la démocratie affronte des problèmes inédits. Mais elle a montré par le passé sa capacité à se régénérer, notamment à la fin du XIXe siècle ou après la Seconde Guerre mondiale. Elle connaît aujourd'hui un inquiétant trou d'air. Elle n'a pas encore perdu et il n'existe aucune fatalité à ce que le dernier mot reste aux autocrates, aux fanatiques et aux démagogues, si elle réussit à réconcilier liberté formelle et liberté réelle. Tout dépendra des hommes du XXIe siècle, qui peuvent trouver dans l'*Essai sur les libertés* non seulement des sources d'inspiration pour refonder la liberté à l'âge de l'histoire universelle mais surtout le sens profond qui justifie de combattre pour la préserver : « La liberté politique contribue à rendre les hommes dignes d'elle, à en faire des citoyens, ni conformistes ni rebelles, critiques et responsables[1]. »

Bibliographie sélective

ARON, Raymond, *L'Opium des intellectuels*, Paris, Calmann-Lévy, « Liberté de l'esprit », 1955 ; « Pluriel », 2010.

1. Raymond Aron, *Essai sur les libertés*, *op. cit.*, p. 235.

–, *Paix et guerre entre les nations*, Paris, Calmann-Lévy, 1962.
–, *Dix-huit leçons sur la société industrielle*, Paris, Gallimard, 1962 ; « Folio Essais », 1986.
–, *Démocratie et Totalitarisme*, Paris, Gallimard, 1965 ; « Folio Essais », 2007.
–, *Essais sur les libertés*, Paris, Calmann-Lévy, « Liberté de l'esprit », 1965 ; « Pluriel », 2014.
–, *Les Étapes de la pensée sociologique*, Paris, Gallimard, « Bibliothèque des idées », 1967, « Tel », 1983.
–, *Les Désillusions du progrès. Essais sur la dialectique de la modernité*, Paris, Calmann-Lévy, « Liberté de l'esprit », 1969 ; « Tel », 1996.
–, *Penser la guerre, Clausewitz*. I, *L'Âge européen*, II, *L'Âge planétaire*, Paris, Gallimard, « Bibliothèque des sciences humaines », 1976, « Tel », 2009.
–, *Le Spectateur engagé. Entretiens avec Jean-Louis Missika et Dominique Wolton*, Paris, Julliard, 1981 ; rééd. Librairie générale française, « Références. Sciences politiques », 2005.
–, *Mémoires*, Paris, Julliard, 1983 ; « Bouquins », 2010.

ALEXANDRE SOLJENITSYNE
LE DÉCLIN DU COURAGE (1978)

Combat pour une liberté responsable

Chantal Delsol

Exilé aux États-Unis, Soljenitsyne a stupéfié l'Occident par ce « discours de Harvard » où il a pointé le désastre d'un individualisme occidental interdisant toute visée du bien commun. Chantal Delsol revient sur cette surprenante critique parallèle du communisme et des démocraties occidentales en récusant l'idée que l'ancien dissident de l'URSS ait été un réactionnaire, mais en le plaçant dans la famille des libéraux-conservateurs.

Si l'on vous fait du mal, un grand mal, vous en aurez de la souffrance. Mais votre souffrance sera sans commune mesure si, non content de vous avoir fait du mal, on prétend encore que ce mal n'a jamais existé. La négation des torts commis et subis est le pire du pire, et c'est pourquoi le négationnisme est considéré comme un crime. C'est ce qui arriva avec le goulag, ce système concentrationnaire horriblement arbitraire et meurtrier, touchant des millions d'innocents sur plusieurs décennies : il fut nié dans son existence, en Union soviétique et partout. En France, après la Seconde Guerre, il suffisait d'y faire allusion pour être traité de nazi. Le malheureux Kravchenko, qui avait subi et dénoncé les camps soviétiques, fut en France accusé pour cela d'être un agent de la CIA, et traîné au procès. Avant de devenir un crime dénoncé envers les victimes du nazisme, le négationnisme a été un crime non dénoncé envers les victimes du communisme.

Du goulag à Harvard

C'est dans ce contexte qu'il faut situer l'histoire de Soljenitsyne. Prisonnier du goulag, il s'est heurté au silence et au déni. Toute sa vie se passe à briser ce déni : dire la vérité du mal, qu'on s'acharne à taire et à démentir. Pendant des années, il quête les documents, interroge les rescapés. *L'Archipel du goulag* est une énorme pièce d'archives qui raconte l'inracontable, déracine les réalités enfouies, brave le négationnisme tout-puissant (au prix de sa vie – une de ses collaboratrices d'ailleurs y perdra la sienne)[1]. Comme on le sait bien, nombre de crimes ne peuvent exister et se perpétuer qu'à l'ombre de leur déni. Et le fait même de les décrire les assigne à la réprobation universelle. Le communisme, dont le XXe siècle tout entier avait été nourri, n'a pas été vaincu par des armées ni par des politiques : mais par la plume d'un écrivain obscur qui dévoilait ses crimes.

1. Elizaveta Voronianskaïa, qui faisait partie des « invisibles » tapant *L'Archipel* de Soljenitsyne et le cachant, fut arrêtée en août 1973 et « interrogée » par le KGB pendant une semaine. Elle se suicida juste après l'interrogatoire.

Le texte qui nous occupe, le « discours de Harvard », concerne la deuxième période de la vie de l'écrivain. Il a été expulsé d'URSS, passe par la Suisse et finalement s'installe en Amérique du Nord. Ce texte appelé *Le Déclin du courage* est une analyse de la mentalité occidentale. Analyse sévère et pour ainsi dire contre-intuitive. Soljenitsyne, qui sort des geôles du communisme, ne canonise pas pour autant la liberté occidentale. Au contraire, il la critique violemment. Il ne sera pas le seul d'ailleurs. On peut retrouver ce genre d'analyse chez Kundera ou Havel. Rien de tel qu'un étranger, arrivé chez nous sur la pointe des pieds, pour dévoiler nos erreurs et nos excès, que nous ne voyons guère de l'intérieur. L'auteur s'inscrit dans le vaste conflit entre courant progressiste et courant conservateur, qui constitue aujourd'hui notre quotidien. Il nous apprend beaucoup sur le conservatisme en général et sur le conservatisme russe en particulier.

Pourquoi et comment un auteur littéralement sauvé par l'Occident, qui lui offre le refuge après une vie de souffrances en pays communiste, en vient-il à stigmatiser l'Occident ? À ceux qui posent la question de cette manière, Soljenitsyne répondra : « Je suis forcé de vivre ici. » Il n'a pas quitté son pays de sa propre volonté : il a été jeté dehors. Et ce qu'il découvre ne lui paraît pas enviable.

Il a d'abord le sentiment d'entrer dans un monde fragile : aux fondements précaires, et hasardeux. Cette précarité provient d'une espèce de perdition, de décalage. L'idée moderne qui façonne la société occidentale est vicieuse parce qu'elle ne prend pas en compte l'humain, ses exigences et sa condition. Ce sentiment, on le verra plus loin, est assez typiquement russe.

Les citoyens occidentaux ont tout : les biens matériels à satiété, la liberté à satiété. Cependant, ils n'ont jamais assez, parce que leur bonheur n'étant défini que par la matière, il en faut toujours plus – seuls les biens spirituels comblent le cœur. La culture moderne occidentale souffre sans doute d'une incompréhension anthropologique. Elle ne sait pas qu'un être humain trop comblé de bien-être (nous dirions « gâté », un mot à double sens qui dit bien ce qu'il veut dire) cesse de penser à l'essentiel et devient esclave de son bien-être matériel.

L'arrogance de l'Occident

Ainsi tout s'est-il emballé : les droits pour commencer. Les droits de l'homme, belle invention de l'Occident protecteur de la personne, se sont amplifiés dans tous les sens au point d'engendrer des exigences sans nombre, qui finissent par rendre difficile l'exercice du pouvoir et par nier jusqu'à la responsabilité des citoyens. La liberté de l'homme individuel et du citoyen, issue des monastères et de l'*Habeas corpus*, en vient à se déployer jusqu'à la nausée, jusqu'à la destruction de soi par l'irresponsabilité assumée. Tout cela par méconnaissance de la matière humaine – les Occidentaux ont tendance à croire, après Rousseau, que le mal ne saurait venir que des institutions, les humains eux-mêmes étant bons par nature. Où va cette liberté débridée ? Par exemple, elle laisse se dire et s'écrire n'importe quoi, sans égard pour la morale. Exaltés par l'idée de la liberté individuelle sans limites, les citoyens en oublient le bien : au lieu de mesurer la liberté à l'aune du bien, ils mesurent le bien à l'aune de la liberté. Le paradoxe étant celui-ci : la grande liberté de la presse n'empêche pas le conformisme de la pensée, et l'obligation dans laquelle chacun se sent de dire ce qui est correct. Il y a une censure par la presse multiple et concurrentielle : un esprit grégaire (la fascination pour la mode de la pensée, beaucoup plus dangereuse que la mode du vêtement) se forme au cœur même de la liberté extrême. La puissance de la presse, outil de la liberté extrême, représente un danger pour Soljenitsyne. Cela lui sera assez reproché : on le décrira comme un partisan de l'autocratie, se fondant surtout sur le fait qu'il réclame « la liberté de ne pas savoir », de ne pas être encombré par les bavardages insipides d'une presse toute-puissante. Pour lui, le citoyen occidental moderne a perdu ses capacités à penser par lui-même, abruti qu'il est par la musique omniprésente, la publicité dévorante, le règne des images.

Cet emballement des droits et de la liberté raconte la croyance en une utopie de la société parfaite : car l'homme moderne croit que lorsqu'il aura éradiqué toutes les inégalités et toutes les hiérarchies, occis tous les démons de son histoire, il vivra dans le paradis. Ce qui le rend fébrile. Sa caractéristique générale : il est à la fois fébrile et superficiel, parce qu'il est un matérialiste qui croit en l'utopie.

Privés d'un sentiment du commun, ne possédant pour patrie que leur propre vie biologique, les individus qui seuls composent la société n'ont aucunement l'envie ni la force pour défendre cette société faite d'atomes. Ils sont faibles et lâches parce qu'ils sont dérisoires. En bon Russe, Soljenitsyne les accuse de manquer de virilité, reprenant le thème russe immémorial de la société occidentale féminisée, c'est-à-dire veule et faible. Et féru d'histoire, il ajoute que toutes les civilisations sont mortes de cela : le manque de courage pour se défendre soi-même – elles oublient vite, emplies de bien-être, que toute culture doit pouvoir se défendre au péril de la vie. Le trop-plein de bien-être recule devant le sacrifice de soi. L'Occident lui-même en mourra.

D'où l'arrogance de l'Occident : « cette supériorité illusoire ». Tout part de là. Les Occidentaux croient leur culture moderne supérieure. Mais surtout, ils la croient universelle, autrement dit, faite pour tous les humains de la terre : ils la croient vouée à s'appliquer partout. Mais ils ne se contentent pas à cet égard de vœux pieux. Ils font tout pour que leur modèle s'applique ailleurs, et ils jugent les autres pays ou cultures selon leur aptitude à les rejoindre. Ce qui est d'une arrogance insupportable. Cette manière de voir signifie simplement que les Occidentaux sont incapables de prendre en compte, et de considérer avec respect, des cultures extérieures et différentes. Ils ne peuvent que jauger les autres cultures selon leur proximité par rapport à eux – manière sauvage, qui consiste à se croire le centre du monde.

Une pensée fondamentalement russe

La critique de l'Occident par Soljenitsyne est celle de l'humanisme moderne, qui place au centre un homme sans Dieu. Lorsque Dieu n'existe plus, sont mis au pinacle les besoins purement biologiques. Le résultat est une sorte de misère, non pas matérielle bien sûr, mais spirituelle et morale.

Il faut maintenant placer l'analyse de Soljenitsyne dans son contexte, et surtout la recadrer par rapport aux commentaires contemporains. On a assimilé l'auteur du « discours de Harvard » aux pires réactionnaires. Ce qu'il n'est pas, et on va montrer pourquoi. Les Occidentaux n'aiment pas les conservateurs. Les origines russes n'incitent pas à l'indulgence. Au fond, les Occidentaux n'ont jamais vraiment pardonné à Soljenitsyne d'avoir donné le coup de grâce à cette belle espérance qu'était le communisme, de l'avoir relégué avec le nazisme au quatrième cercle de l'Enfer, et ensuite d'avoir si violemment dénigré les régimes libres qui l'avaient accueilli.

C'est que la mise en cause de l'Occident, de ses délices et de ses poisons, autrement dit de ses richesses et de ses libertés, est une habitude ancienne dans la culture russe. Au début du XVIIIe siècle, le tsar Pierre le Grand a voulu occidentaliser la Russie, et l'a fait brutalement, comme c'est arrivé en d'autres lieux par exemple plus tard dans la Turquie de Kemal. Une occidentalisation brutale et imposée provoque nécessairement une révolte conservatrice, menée par des courants soucieux de préserver la culture nationale et les coutumes traditionnelles. C'est ainsi que se lève en Russie au début du XIXe siècle le courant dit panslaviste, encore vivace aujourd'hui. Il s'agit pour lui de préserver les principes fondateurs de la Russie, comme l'autocratie, et le mot d'ordre est « religion, autocratie, nationalité ». En même temps, l'Occident, couramment appelé « Occident pourri », est décrit comme décadent en raison de sa liberté folle, de son matérialisme et de son mondialisme. Au moment où après 1989 le communisme s'efface, réapparaît intact à la surface le courant panslaviste que les soviets avaient éteint. On peut dire que Poutine appartient peu ou prou à ce courant (qui comporte de multiples ramifications), et sa « verticale du pouvoir » n'est rien d'autre que la traditionnelle autocratie. Parce que Soljenitsyne au même moment récuse les excès occidentaux, il va être aussitôt jeté du côté des panslavistes. Ce qui est une erreur, car Soljenitsyne est un progressiste. Dans *La Roue rouge*, il a consacré un très long chapitre à brosser un portrait élogieux de Stolypine, le Premier ministre du tsar Nicolas II qui, s'étant attelé à de vastes réformes, fut finalement assassiné en 1911. On peut dire que Soljenitsyne est un libéral-conservateur. Il est adepte d'une démocratie enracinée dans la culture de chaque lieu : Stolypine voulait transformer la Russie en sauvegardant ses traditions. Son modèle est le régime suisse, décentralisé et structuré par le principe de subsidiarité, ce qu'il appelle la « démocratie des petits espaces » ou « autogestion régionale » dont il a rêvé pour la Russie.

QU'EST-CE QUE LE CONSERVATISME LIBÉRAL DE SOLJENITSYNE ?

Certains pensent que l'expression « conservatisme libéral » est un oxymore. Je ne le pense pas. Car les deux termes ne concernent pas les mêmes domaines, et ils peuvent donc s'allier. « Libéral » signifie : qui défend la liberté (par exemple qui préfère la liberté à l'égalité), et donc fait confiance à l'autonomie individuelle et à l'autonomie des groupes. « Conservateur » signifie : qui pose des limites entre ce qui doit changer et ce qui doit demeurer. Un conservateur libéral est quelqu'un qui préfère la liberté, mais qui lui assigne des limites, ainsi qu'à tout le reste.

La défense de l'autolimitation est essentielle dans la réflexion intellectuelle de notre auteur. Elle signifie que notre liberté n'est pas seulement limitée par la liberté de l'autre, ou par le pouvoir, ou autre. Elle est limitée par moi-même : par mes responsabilités envers les êtres, les principes, la mémoire, etc. Dans l'univers de Soljenitsyne, tout est limité. Les droits humains sont limités par les devoirs correspondants, autrement dit les droits intègrent la responsabilité. La description de cette liberté située, c'est-à-dire conditionnelle et non pas absolue, est caractéristique du personnalisme chrétien dans sa classique acception (on retrouve par exemple chez Soljenitsyne les accents de Paul-Louis Landsberg).

Le patriotisme doit être limité et on doit craindre le nationalisme vengeur : l'auteur met en cause l'impérialisme qui est l'un des caractères clés de la mentalité russe. Il ne s'oppose pas au repentir, qui reste l'une des bêtes noires du régime de Poutine et des post-communistes dans leur ensemble. D'une manière générale, il pense que le progrès nécessaire doit être contenu par les exigences humaines, par l'intégrité de la nature. Et à cet égard il serait plutôt favorable au courant de la décroissance. Au fond, le progrès est compris davantage comme un développement intérieur, au sens de l'amélioration morale, de la quête de la sagesse, dont chacun pourrait faire le but de son existence. Si Soljenitsyne rejette le communisme, c'est parce qu'il tue l'homme intérieur, la conscience d'Antigone, la prudence personnelle qui permet à chacun de choisir son existence.

LE COMMUNISME ET LA MODERNITÉ OCCIDENTALE DOS À DOS

Finalement, le communisme et la modernité occidentale sont renvoyés dos à dos (« À l'Est, la foire du Parti, à l'Ouest, la foire du Commerce ») – et c'est probablement cette comparaison, geste de mépris, qui désavoue l'auteur aux yeux des Occidentaux. Le communisme est inacceptable parce que c'est le régime de l'arbitraire : comme les anciens despotes, il ignore la loi et les sujets y sont les jouets de la volonté discrétionnaire, et bientôt perverse, des gouvernants. En Occident, il n'y a que des lois, pas de morale : « un juridisme sans âme » qui anéantit le spirituel dans l'homme, aussi sûrement que le communisme. L'homme occidental est décrit comme dénué de caractère parce que livré à son bien-être sans mesure, c'est là la raison du titre de l'opuscule *Le Déclin du courage*. Soljenitsyne énumère toutes les médiocrités qui caractérisent les périodes historiques calmes et heureuses, sans tragédies : ce sont des époques sans aspérités, privées de grands hommes. Car les grands caractères n'émergent qu'avec les tragédies qui les appellent, et les périodes grises se donnent des gouvernants couleur de muraille.

Devant l'Occident contemporain qui se présente comme une institutionalisation de la solitude, Soljenitsyne prône la responsabilité personnelle. Il représente sans nul doute l'un des piliers de ce conservatisme occidental dont plusieurs expressions se déploient aujourd'hui face à la vision postmoderne des droits de l'homme.

BIBLIOGRAPHIE SÉLECTIVE

LANDSBERG, Paul-Louis, *Pierres blanches. Problèmes du personnalisme*, Paris, Le Félin, 2007.

MAHONEY, Daniel J., *Alexandre Soljenitsyne. En finir avec l'idéologie*, Paris, Fayard, « Commentaire », 2008.

SOLJENITSYNE, Alexandre, *Le Déclin du courage*, préface de Claude Durand, traduit par Geneviève Johannet et José Johannet, Paris, Les Belles Lettres, 2014.

ALLAN BLOOM
L'ÂME DÉSARMÉE (1987)

La dictature du relativisme

Michel De Jaeghere

Modèle indépassable du professeur attentif à ses étudiants, personnalité fantasque et à la vitalité débordante, inlassable passeur des plus grands philosophes, Allan Bloom était aussi un critique de la pensée moderne d'une incroyable acuité. Michel De Jaeghere montre ici combien cette pensée a été motivée par la conviction profonde que l'homme ne pouvait se désengager de la tentative perpétuellement renouvelée de chercher la vérité.

Il avait étudié les idées politiques de Shakespeare, s'était fait le traducteur de *La République* de Platon et de l'*Émile* de Rousseau, le commentateur inspiré du *Rouge et le Noir* et d'*Anna Karénine*. Allan Bloom paraissait appartenir à cette race de professeurs destinés à être vénérés par ceux qui avaient eu la chance d'être leurs disciples, ignorés d'un public étranger à leurs travaux d'érudition. Il n'en éprouvait pas d'amertume. Il savait à quoi il s'était engagé en choisissant ce métier. Son ambition était ailleurs. Un professeur était à ses yeux chargé d'une mission plus haute que la gloire : transmettre à ses élèves la culture générale qui, nourrissant leurs âmes d'exemples plus exaltants que ceux qu'offre la réalité quotidienne, leur permettrait de se gouverner dans l'existence, d'atteindre même, par eux, à une forme de plénitude ; rien de moins que « devenir un homme, envers et contre toutes les formes déformantes de la convention et du préjugé[1] » en faisant l'expérience exaltante de la grandeur[2] ; d'être ce sel de la terre sans quoi une société ne peut, quelle que soit sa capacité à accumuler les biens matériels, se prétendre porteuse d'une civilisation.

Renaissance du conservatisme

Élève et disciple, après-guerre, du philosophe Leo Strauss – lui-même observateur critique de la modernité, contempteur de l'historicisme et du relativisme contemporains –, Allan Bloom avait enseigné la philosophie politique à Yale (1960-1963), à Cornell (1963-1970), à Toronto (1970-1979) et surtout à Chicago (1955-1960 ; 1979-1992). Analyste enthousiaste des grandes œuvres de Platon, Shakespeare, Rousseau, Stendhal, Jane Austen ou Tolstoï, amoureux du roman français (avec une prédilection pour Proust et pour Céline), il s'était imposé, auprès de ses étudiants, par sa verve, sa profondeur, sa gaieté, l'originalité de ses vues, son art de provoquer le débat intellectuel, son génie de créer, avec les grands livres du passé, une intimité qui le conduisait

1. *L'Âme désarmée*, Paris, Les Belles Lettres, 2019, p. 20.
2. *Ibid.*, p. 431.

à abolir les distances : à les interroger, non comme autant de témoignages des mentalités de leur temps, non plus que pour leur dénier, à l'école de la French Theory de Derrida, Barthes ou Foucault, toute signification intrinsèque, autonome, mais pour leur faire exprimer au contraire ce qu'ils avaient à dire de vital et de salutaire sur nous-mêmes. Attentif à l'épanouissement intellectuel de ses étudiants (parmi eux : Pierre Manent, Pierre Hassner ou Francis Fukuyama), fier de leurs accomplissements, débordant d'une générosité à la mesure du « tumulte de mots et de gestes » par quoi s'exprimait sa passion d'admirer, il n'en était pas moins resté lui-même, avant tout, un homme de l'oralité, qui avait porté l'art de la conversation à un degré inouï de virtuosité, mais dont le rayonnement n'avait guère dépassé le cercle de ses élèves, de ses amis et de ses collègues, les salles de classe de ses universités[1].

À cinquante-sept ans, il avait cependant voulu faire le point sur son expérience. Partager le fruit de décennies passées au milieu de ses étudiants. Elles lui avaient donné le sentiment d'assister depuis les années 1960 à une révolution intellectuelle qui avait quelque chose d'un effondrement. Il l'avait racontée dans un livre dont le titre anglais, *The Closing of the American Mind*, ne laissait guère de doute sur le jugement qu'il portait sur la dégradation de la situation, par-delà les apparences trompeuses de la démocratisation de l'enseignement. Il avait voulu qu'il ait la sécheresse d'« un communiqué envoyé du front[2] ».

1. François Furet, « Une grande âme inquiète », *Commentaire*, n° 76, hiver 1996-1997, p. 795 ; Pierre Hassner, « Une vie réussie », *Commentaire*, *op. cit.*, p. 804.

2. *L'Âme désarmée*, *op. cit.*, p. 23.

Paru en 1987, l'essai avait connu un succès inattendu, foudroyant. Il avait valu à son auteur – que son goût immodéré pour les costumes Armani, les bagages Vuitton, les verres en Baccarat et les cigares cubains avait condamné, jusqu'alors, à des exercices d'équilibrisme financier et au surendettement[1] – de connaître sur le tard la fortune et la célébrité. Plus d'un million d'exemplaires vendus, des traductions dans toutes les langues, des invitations à dîner chez Ronald Reagan et Margaret Thatcher, et des polémiques, à foison, qui avaient fait de Bloom la bête noire de la gauche libertaire (un émule de McCarthy quand ce n'était pas de Hitler)[2], en même temps que l'un des pères fondateurs de la renaissance du conservatisme en Occident, dont les admirateurs formeraient désormais une invisible société secrète, où se croiseraient Bernard de Fallois, François Furet, Marc Fumaroli, Jean-Claude Casanova ou Mathieu Bock-Côté[3].

Ce succès, Bloom l'avait dû sans doute à la férocité et à l'humour avec lesquels il avait décrypté, avant même que le phénomène soit identifié, que le terme apparaisse, les ravages du politiquement correct à l'université, et au-delà, dans les élites américaines. Au brio avec lequel il avait décrit les développements de la maladie intellectuelle qui avait fait du dévoiement de l'idée de tolérance l'instrument d'un déclin

1. Saul Bellow, *Ravelstein*, Paris, « Folio », 2004, p. 14-15. *Ravelstein* est un roman à clés sur la maladie et la mort de Bloom.

2. Roger Kimball, « Openness and the Closing of the American Mind », *The New Criterion*, novembre 2007, p. 12 : « Les anathèmes jetés sur Bloom composent un compendium des épithètes politiquement correctes », écrit-il.

3. Lire dans Mathieu Bock-Côté, *Le Nouveau Régime. Essais sur les enjeux démocratiques actuels* (Montréal, Boréal, 2017, p. 303-316), l'épilogue consacré à l'amitié de Bloom et Saul Bellow.

sans précédent, conduisant les esprits les plus raffinés à soutenir des positions que le simple bon sens aurait suffi, dix ans plutôt, à dénoncer comme aberrantes. À la vigueur aussi avec laquelle il avait discerné dans l'alliance du féminisme, du multiculturalisme et de l'égalitarisme libertaire l'idéologie dominante de notre temps : celle qui serait appelée à s'étendre, quelques années plus tard, après la chute du communisme, à tout l'Occident.

L'essai avait conquis un public immense en dépit de l'audace avec laquelle Bloom avait mêlé à sa démonstration témoignages de première main et méditations des grandes intuitions de Platon, Hobbes, Locke, Rousseau, Kant, Tocqueville, Nietzsche, Freud ou Heidegger, réflexion pédagogique et satire sociale, analyse sociologique et recherche philosophique du sens profond de l'existence, de ce qui rend « la vie bonne », dans une profusion quelquefois déconcertante et digne des *Essais* de Montaigne. Comme l'indique, mieux encore que son titre original, celui qu'avait génialement choisi Bernard de Fallois pour son édition française[1], il avait en effet une tout autre portée que celle du pamphlet contre la bêtise et le conformisme contemporains auquel l'ont réduit ses adversaires, et parfois quelques-uns de ses partisans[2]. Il se proposait, bien plutôt, de montrer que la déconstruction générale de tout héritage avait abandonné les

1. Julliard, 1987 ; le livre a été réédité en 2019 aux Belles Lettres avec deux importants chapitres inédits : dans son enthousiasme, Bernard de Fallois n'avait pu attendre qu'ils soient traduits avant d'en lancer la publication ! C'est à cette réédition que renvoient ici les notes en bas de page.

2. C'est ainsi que le définit aujourd'hui la notice de Wikipédia consacrée à Allan Bloom, quand plus de la moitié de ses quelque cinq cents pages sont consacrées à d'exigeantes analyses de philosophie politique.

âmes sur une lande déserte, dépourvue du terreau nécessaire pour qu'y germe la capacité à juger du vrai et du faux, du bien et du mal autrement que par les stéréotypes imposés par la sous-culture de masse de la société marchande. Qu'elle leur avait fait perdre, par là, les moyens de leur liberté.

Le désarmement des esprits

La crise s'était, relevait-il, enracinée dans celle de la famille, qui avait cessé depuis les années 1960 d'être reconnue comme le foyer où se transmet une interprétation du monde, des principes moraux, une hiérarchie des goûts, une manière de vivre, une tradition intellectuelle. Elle avait fini par y renoncer elle-même, laissant les *mass media* (aujourd'hui les réseaux sociaux) se substituer à elle. « Ses membres dînent ensemble, jouent ensemble, voyagent ensemble, mais ils ne pensent pas ensemble. Le foyer est devenu une autoroute sur laquelle passent des camions chargés de détritus, et c'est d'eux qu'il tire sa nourriture intellectuelle[1]. »

La surinformation avait fait, dans le même temps, considérer les anciens savoirs comme superflus au moment où ils auraient été plus que jamais nécessaires pour se déterminer dans l'océan de la communication.

À l'université, la spécialisation d'un enseignement destiné à former des techniciens efficaces avait diffusé, comme Ortega y Gasset l'avait pressenti dès 1929[2], le type de « l'homme masse », étranger à toute culture générale, à toute réflexion morale, mais imbu d'un orgueil du savoir qui lui faisait mépriser le sens

1. *L'Âme désarmée*, *op. cit.*, p. 69.
2. *La Révolte des masses*, Paris, Les Belles Lettres, 2018.

commun, l'humble legs de la sagesse des nations comme un héritage de l'obscurantisme. Les sciences humaines s'y étaient soumises elles-mêmes à des critères politiques conduisant à récuser les hauts faits et les chefs-d'œuvre du passé du fait de leur incompatibilité avec les revendications libertaires, les droits des minorités, ethniques, sociales ou raciales, et à entretenir les esprits dans l'autosatisfaction narcissique, le sentiment de la supériorité morale du monde contemporain sur tout ce qui a pu être fait ou produit avant lui.

Or, soulignait Bloom, la disparition de la lecture des grandes œuvres de la littérature prive les âmes du trésor des expériences psychologiques qu'elles recèlent, et par quoi peut seule être comblée l'aspiration à se connaître soi-même, à comprendre les autres, à vivre sa vocation d'animal social, aspirant par nature à la vie de communauté, à l'amour et à l'amitié ; par quoi peut seule être atteinte « la conscience des profondeurs en même temps que des sommets[1] ».

La relève du roman par le cinéma, dont les sentiments sont par nécessité plus simplistes, ne peut, estimait-il, combler qu'imparfaitement ce manque : sa technique même lui interdit la distance nécessaire pour prendre, à leur égard, du recul, échapper à la dictature de l'émotion submergeante, à la conviction que seul vaut ce qui se passe « ici et maintenant[2] ».

Dans un monde où la technologie moderne permet un accès universel à la musique, sa jouissance solitaire et permanente, le cantonnement de la musique classique, avec ses harmonies destinées à faire naître des sentiments exquis, son pouvoir de domestiquer les passions brutes de l'âme, d'harmoniser la raison avec l'enthousiasme (Bloom était lui-même

1. *L'Âme désarmée*, *op. cit.*, p. 83.
2. *Ibid.*, p. 79.

un amateur passionné de Bach, Mozart, Haydn, Haendel, avec une tendresse particulière pour le baroque italien, les fantaisies de Rossini et les déchirements de Tchaïkovski)[1], avait ouvert de son côté la voie à l'omniprésence du rock, devenu *la* culture des nouvelles générations auxquelles il imposait ses rythmes narcissiques comme ceux-là mêmes d'une vie dédiée à l'assouvissement routinier d'un plaisir déconnecté de l'amour[2]. « Pour vous faire une idée de notre jeunesse, écrit Bloom, imaginez un adolescent de treize ans, assis dans la salle de séjour de ses parents, en train de faire ses devoirs de mathématiques, avec un walkman aux oreilles. Ce garçon bénéficie de libertés acquises au prix d'un dur combat au cours des siècles par l'alliance du génie philosophique et de l'héroïsme politique et consacrées par le sang de nombreux martyrs ; il profite d'un confort et de loisirs procurés par l'économie la plus productive que l'humanité ait jamais connue ; la science a pénétré les secrets de la nature pour lui fournir les merveilleux moyens électroniques qui permettent une reproduction des sons fidèle. Et à quoi aboutit ce faisceau de progrès ? À un enfant au seuil de la puberté dont le corps vibre de rythmes orgiastiques ; dont les sentiments s'articulent selon des hymnes aux joies de l'onanisme ou de l'assassinat des parents ; dont l'ambition est d'acquérir célébrité et richesse en imitant un musicien au sexe indistinct. Bref, l'existence est transformée en un fantasme de masturbation ininterrompu et préemballé commercialement[3]. »

1. Werner J. Dannhauser, « Souvenirs », *Commentaire*, *op. cit.*, p. 786 ; *Ravelstein*, *op. cit.*, p. 78.

2. *L'Âme désarmée*, *op. cit.*, p. 93-94.

3. *Ibid.*, p. 94-95.

À la « relation passionnée avec l'art et la pensée qui sont la substance de la culture générale[1] », avait dès lors succédé sous le nom de culture contemporaine un ersatz, un simulacre étranger à tout sentiment du sublime, et dont l'objet (dûment subventionné) n'est en définitive que de combler le « besoin qu'a le bourgeois de sentir qu'il n'est pas bourgeois et de se livrer à des expériences inoffensives avec l'illimité[2] ».

Délestés de tout passé, comme ils le sont de toute famille, étrangers à tout sentiment d'appartenance nationale, ignorants de toute religion, de toute civilisation, les jeunes gens qui quittent l'université pour aborder la vie professionnelle sont quant à eux devenus des voyageurs sans bagage, seulement préoccupés d'eux-mêmes, libres de devenir « tout ce qu'ils peuvent être » (mariés ou célibataires, athées ou croyants, hétérosexuels, ou homosexuels ou l'un et l'autre à la fois) sans qu'aucune pression sociale, aucune sagesse, aucune raison ne les guident dans une direction particulière[3]. Leur liberté est celle de *L'Étranger* de Camus. Elle n'est que l'indétermination d'un toton tournant, jusqu'à l'absurde, dans le vide.

Plaidoyer pour la vérité

Le livre d'Allan Bloom n'avait rien cependant de la déploration amère d'un intellectuel coupé de son temps, déçu par l'effondrement du monde d'hier. Au contraire de ce qu'ont imaginé certains de ses lecteurs trop prompts à simplifier le mystère des êtres, Bloom était lui-même d'un tempérament

1. *Ibid.*, p. 101.
2. *Ibid.*, p. 100.
3. *Ibid.*, p. 113.

joyeux, fantasque, excentrique, blagueur, bon vivant, joueur de poker, amateur de retransmissions des championnats de basket, fumeur invétéré et consommateur compulsif de friandises en gélatine, célèbre pour son rire communicatif[1], son intarissable volubilité (il fuyait la campagne parce que « les arbres ne parlent pas[2] »), ses conversations interminables au téléphone avec des amis dispersés sur toute la terre (singulièrement à Washington, où ses anciens élèves peuplaient la haute administration républicaine, à Londres et à Paris, la ville de prédilection de ce fervent francophile), sa passion de tout savoir (les grandes affaires où se jouait le sort de la planète, tout autant que les rebondissements des aventures sentimentales de ses étudiants, auprès desquels il jouait souvent le rôle de père de substitution), son sens hors du commun de l'amitié, son amour sans complexe des plaisirs de la vie[3]. Marc Fumaroli le comparait à Pantagruel[4]. Les pages drolatiques qu'il avait consacré aux contradictions de la discrimination positive ou la prescience avec laquelle il avait annoncé, trente ans avant #MeeToo, le choc inévitable qui opposerait un jour partisans de la révolution sexuelle et féministes, encore associés de son vivant, mais destinés à subir la contradiction qui oppose toujours, *in fine*, liberté et égalité, ont quelque chose d'un jeu de massacre. Celles qu'il

1. Celui du cheval blessé de Guernica, dit Saul Bellow dans *Ravelstein*, *op. cit.*, p. 28.

2. Saul Bellow, « Éloge funèbre d'Allan Bloom », *Commentaire*, *op. cit.*, p. 779. Ce numéro de la revue *Commentaire* comporte un passionnant dossier où sont collationnés les témoignages de Werner J. Dannhauser, François Furet, Pierre Hassner, Pierre Manent, Marc Fumaroli (p. 777-833).

3. Saul Bellow, *Ravelstein*, *op. cit.*, p. 28.

4. « Un Américain à Paris », *Commentaire*, *op. cit.*, p. 793.

avait dédiées aux conséquences de la révolution sexuelle, au désenchantement postmoderne, aux traumatismes subis par les enfants du divorce ou aux ravages de la sexualité précoce, de l'émoussement du désir par le rassasiement de satisfactions faciles, cliniques et stériles, ont la couleur automnale des prophéties de Tocqueville. Sa remontée généalogique dans l'histoire des idées politiques à la recherche du moment où fut empoisonnée la source procède d'une érudition étourdissante. Son récit de l'investissement de l'université de Cornell par les partisans armés de l'*affirmative action* et du délitement des autorités académiques devant l'irruption soudaine de la violence du réel avait la couleur d'un reportage, la cruauté d'un conte de Voltaire.

Mais sa première vertu aura été de porter le scalpel dans la plaie avec une netteté sans réplique : d'aller à la cause des causes pour s'éviter de déplorer vainement des conséquences dont il méconnaîtrait les origines. Le livre de Bloom est d'abord, avant tout, un vibrant plaidoyer pour l'idée de vérité. Partant, pour que soit reconnu comme une activité vitale, essentielle, le fait de la rechercher sans répit. « S'il y a une chose dont tout professeur qui enseigne dans une université américaine peut être sûr, écrit-il à la première ligne de son introduction, c'est que chacun de ses élèves, au moment où il entreprend des études supérieures, croit ou dit qu'il croit que la vérité est relative. Si l'on manifeste quelque scepticisme à l'égard de cette opinion, la réaction de l'étudiant ne se fait pas attendre : une incompréhension totale. Qu'on puisse considérer que cette proposition ne va pas de soi, voilà qui le stupéfie, un peu comme si l'on remettait en question le fait que deux et deux font quatre[1]. »

1. *L'Âme désarmée*, *op. cit.*, p. 25.

Aux yeux de ses élèves, ajoute-t-il, « la relativité de la vérité n'est pas une intuition théorique mais un postulat moral, condition d'une société libre[1] ». Parce que toute défense d'une vérité objective leur apparaîtrait comme le signe d'une arrogance insupportable, d'un dangereux penchant à la tyrannie.

Or, toutes les dérives qui affectent la vie intellectuelle occidentale découlent logiquement de ces prémisses :

– l'idée que ce qu'il faut chasser, ce n'est pas l'erreur (qui sommes-nous pour en juger ?) mais l'intolérance propre à toute prétention à croire la vérité accessible, prétention qu'une relecture de l'Histoire présente désormais comme l'origine des guerres, des persécutions, des aliénations subies par le monde jusqu'à l'avènement bienheureux du relativisme. La conviction qu'un lien irréfragable unit toute forme d'oppression à l'idée qu'un Vrai ou un Bien existent. Qu'il est donc vain de convaincre les oppresseurs que la conception qu'ils en ont est fautive. Que c'est bien plutôt l'idée même du Vrai qu'il faut bannir parce que c'est elle qui les pousse, inévitablement, au crime ;

– le refus consécutif d'établir, entre les comportements, la moindre hiérarchie. La stigmatisation du discernement comme une forme perverse de discrimination qui, sous prétexte de chercher un bien illusoire, débouche sur un mépris qui est le seul véritable péché contre l'esprit. La définition du barbare par Lévi-Strauss comme celui qui croit à la barbarie[2] ; de l'ennemi comme celui qui estime que certains hommes peuvent être des ennemis. L'incapacité à « parler

1. *Ibid.*

2. *Race et Histoire*, Paris, « Folio », 1988, p. 22.

avec conviction du bien et du mal[1] ». La substitution aux principes immuables de « valeurs » évanescentes, « feux follets sans substance et sans fondements[2] » condamnés à varier au fur et à mesure qu'évolue l'opinion publique. Le rejet de la raison au nom du rationalisme[3] ;

– le passage d'un refus de principe de l'injustice sociale à l'affirmation d'un droit éminent des minorités ethniques à prendre, avec l'appui d'un gouvernement dont ce sera désormais la tâche essentielle, leur revanche sur la majorité déchue de sa légitimité constitutive. La promotion de leurs coutumes comme un signe que la civilisation dominante ne relève, comme elles, que de préjugés, de tabous. Qu'elle est non seulement relative, mais, seule de son espèce, criminelle, pour avoir prétendu s'imposer à tous ;

– la réduction *in fine* de la mission d'enseigner à la formation des esprits à l'idée que toute connaissance est relative. À terme, l'hégémonie intellectuelle d'une « diversité monotone[4] » qui ne permet plus de communication intime avec l'expérience du passé ou avec les principes des cultures étrangères dans l'espoir de trouver en eux des enseignements sur l'homme et sur la vie, mais se contente de proclamer que tous les styles d'existence sont légitimes. Qui rejette la quête même du Bien comme une dangereuse imposture.

Telle est la révolution qui a conduit au « désarmement des âmes », abandonnées à un nihilisme devenu la seule morale admise[5]. « Que nous soyons nus, écrit Bloom, c'est là une

1. *L'Âme désarmée*, *op. cit.*, p. 185-186.
2. *Ibid.*, p. 73.
3. *Ibid.*, p. 318.
4. *Ibid.*, p. 38.
5. *Ibid.*, p. 317.

notion à laquelle il nous est difficile d'échapper, et tout s'en trouve amoindri[1]. »

L'heure de la fermeture

Mais ce qui donne un caractère irremplaçable à son livre, c'est la virtuosité avec laquelle, développant ici les analyses critiques de Leo Strauss, il fait voir la logique du bouleversement à l'œuvre en démontant la contradiction dans laquelle nous enferme le relativisme. Parce qu'il regarde l'ethnocentrisme comme le mal absolu, celui-ci considère en effet comme un crime de donner aux principes de la civilisation occidentale une valeur éminente, de considérer comme un idéal ce qu'elle tient pour le vrai et le juste. De prétendre seulement que la Vérité ou le Bien sont autre chose que le reflet de préjugés et de tabous. Le relativisme exige au contraire, au nom de l'Ouverture, la promotion de toutes les cultures exotiques, sans voir que ce qu'elles ont en commun de plus solide, comme l'avait souligné, avant Bloom, Lévi-Strauss lui-même[2], c'est justement la certitude que leur conception des choses est supérieure à toute autre : le profond ethnocentrisme qui leur fait proclamer que leur échelle de valeurs est seule fondée, seule légitime. L'ouverture tant vantée débouche dès lors sur un éloge de la fermeture, en même temps que sur la coexistence hostile de cultures antagonistes, sans qu'un langage commun leur permette de débattre sur le Vrai et le Juste, sans qu'il soit concevable que quiconque prétende imposer, entre les manières de voir, les

1. *Ibid.*, p. 72.
2. *Race et Histoire*, *op. cit.*, p. 19-26.

mœurs, les coutumes, le moindre arbitrage, sauf à s'exposer à l'accusation de colonialisme.

Or, comme Allan Bloom le souligne, ce qui a rendu au contraire, depuis la Grèce antique, l'expérience occidentale inimitable, ce qui lui a permis de déborder le cadre étroit d'une culture particulière pour élaborer une civilisation entée sur des principes universels (ce qui l'a d'ailleurs conduite, seule de son espèce, à s'intéresser aux autres cultures, pour en évaluer les réalisations, les principes, les adopter ou les rejeter au terme d'une analyse critique), c'est justement la capacité qu'ont eue les Grecs de distinguer entre le bien commun et le Bien moral, le légal et le légitime, Créon et Antigone ; l'intuition platonicienne qu'il y avait, en dehors de la caverne, un modèle, des idées pures dont nos tentatives de dire le Vrai, le Beau, le Bien n'étaient que le reflet, l'ombre incertaine ; la certitude d'Aristote qu'au-delà des réalités politiques ou culturelles, des diversités des pratiques, des dieux, des modes de vie, les hommes avaient en partage une nature humaine qu'il revenait à l'éducation, aux institutions, aux lois de nous aider à accomplir, comme le sculpteur révèle la statue cachée dans la pierre ; la conviction que l'homme devait certes se dévouer s'il le fallait jusqu'à la mort à la cité, à la communauté qui lui avaient offert le trésor de sa propre culture, mais que la cité, et la communauté panhellénique elles-mêmes se devaient de se conformer à un idéal plus haut, une perfection dont le modèle était accessible à tous les hommes par l'exercice de leurs vertus consubstantielles : la piété, la sociabilité, la raison, le sens de la Justice ; que c'est dès lors en se pénétrant des principes, des méditations, des grands textes, des chefs-d'œuvre de l'art ou de la musique créés par cette civilisation unique que l'âme pouvait trouver, aux éternelles questions qui l'habitent, des réponses autrement plus substantielles que celles que suscitent la convention et le préjugé ; découvrir quelle était sa propre fin et s'efforcer de tendre à sa perfection.

Bloom mettait par conséquent en lumière avec une acuité sans pareille le paradoxe où notre destin se noue : le fait que l'arasement provoqué par l'ouverture à l'Autre et la proclamation de l'équivalence des cultures condamnaient l'Occident à considérer les principes vitaux qui ont rendu son aventure féconde comme le produit de préjugés conditionnés par le statut social, les conditions économiques, les déterminismes culturels, quand même ce qui lui avait été propre, c'est justement l'alliance d'un esprit de curiosité qu'on ne trouve dans aucune autre culture avec un discernement qui lui avait permis de rendre profitable l'expérience d'autrui. « Hérodote, écrit-il, était au moins aussi au courant de la diversité des cultures que nous le sommes aujourd'hui. Mais il considérait ce fait comme une invitation à enquêter sur toutes les cultures pour voir ce qu'il y avait de bon et de mauvais en chacune d'elles pour découvrir ce qu'il pouvait apprendre d'elles sur le bien et le mal[1]. »

Nous n'avons plus de telles ambitions. Car notre tolérance masque en réalité une indifférence à la vérité qui nous condamne à subir la tyrannie de préjugés qu'aucune comparaison ne peut plus mettre en cause, l'invasion de sottises et de vulgarités devant lesquelles, faute de contre-exemples, de croyances enracinées, d'un attachement profond à un ordre des choses qui nous aurait été donné, notre âme est désarmée sans retour. « Nous sommes, écrit Bloom dans une page sublime, pareils à des bergers ignorants qui vivent dans un site où de grandes civilisations ont fleuri jadis. Ces bergers jouent avec des fragments d'objets ou d'édifices qui

1. *L'Âme désarmée*, *op. cit.*, p. 45.

émergent du sol ici et là : ils n'ont pas la moindre notion des belles constructions dont ces vestiges ont été autrefois des éléments, mais il suffirait de fouilles approfondies pour leur faire voir d'exaltantes splendeurs. Nous avons besoin de l'histoire, non pour nous dire ce qui s'est passé jadis, mais pour faire revivre le passé afin qu'il nous explique qui nous sommes, et qu'il rende l'avenir possible[1]. »

Cette exploration enchantée résume, à elle seule, tout le projet de son livre : celui, à vrai dire, de toute une vie. À trente-trois ans de distance, c'est ce qui le fait briller pour nous avec l'éclat sauvage et impoli d'un diamant brut.

Allan Bloom a disparu en 1992, emporté par la maladie cinq années à peine après le triomphe public de son essai. Le succès avait comblé en lui le tempérament de flambeur, la fièvre d'accumuler produits de luxe et gadgets électroniques, de « jeter l'argent par les fenêtres comme depuis un express lancé à toute allure[2] », en même temps qu'il l'avait empli, par son caractère incongru, d'une joie enfantine. Il n'avait pas désarmé son ironie. « Mon père voulait que je sois banquier, racontait-il. J'ai fait de la philosophie politique parce que c'est là que l'on se fait du blé. » Il laissait dire qu'il n'avait entrepris d'écrire son livre qu'afin de pouvoir « filouter son éditeur de quelques milliers de billets verts[3] », et retirer du clou les objets précieux qu'il avait dû mettre en gage pour faire face au manque de liquidités. Il était fier d'être devenu « absurdement riche[4] » en se contentant de coucher sans

1. *Ibid.*, p. 318.
2. Saul Bellow, *Ravelstein*, *op. cit.*, p. 30.
3. *Ibid.*, p. 38.
4. *Ibid.*, p. 28.

concession ses idées par écrit. La souffrance n'éteignit, la maladie venue, ni sa gaieté ni sa soif de transmettre. Luttant contre la paralysie qui le gagnait, il avait trouvé la force de dicter un deuxième chef-d'œuvre, né de la méditation des grandes œuvres de la littérature classique : *L'Amour et l'Amitié*. Il ne paraîtrait que de manière posthume.

Bibliographie sélective

Bellow, Saul, *Ravelstein*, Paris, Gallimard, « Folio », 2004.

Bloom, Allan, *L'Âme désarmée*, Julliard, 1987 ; rééd. Les Belles Lettres, 2019.

–, *L'Amour et l'Amitié*, Éditions de Fallois, 1996 ; rééd. Les Belles Lettres, 2018.

Lévi-Strauss, Claude, *Race et Histoire*, Paris, Gallimard, « Folio », 1988.

Ortega y Gasset, José, *La Révolte des masses*, Paris, Les Belles Lettres, 2018.

Présentation des auteurs

EUGÉNIE BASTIÉ est journaliste aux pages « Débats et opinions » du *Figaro*. Elle a publié *Adieu Mademoiselle. La défaite des femmes* (2016) et *Le Porc émissaire. Terreur ou contre-révolution* (2018).

NICOLAS BAVEREZ, historien et économiste, est éditorialiste pour *Le Figaro* et *Le Point*. Il est l'auteur d'une biographie de Raymond Aron – *Raymond Aron, un moraliste au temps des idéologies* (1983, rééd. 1995 et 2005) –, et plus récemment de *L'Alerte démocratique* (2020) et du *Monde selon Tocqueville* (Tallandier, 2020).

FRANÇOIS-XAVIER BELLAMY est normalien, agrégé de philosophie, et a enseigné en lycée et en classes préparatoires littéraires ; il est l'auteur des *Déshérités ou l'urgence de transmettre* (2014) et de *Demeure* (2018). Il a créé « Les Soirées de la Philo », un cycle de conférences ouvertes au grand public, à Paris et dans plus de vingt villes. En 2019, il a été élu député au Parlement européen.

MATHIEU BOCK-CÔTÉ est sociologue (PhD) et chargé de cours à HEC Montréal. Auteur de nombreux ouvrages, dont notamment *La Dénationalisation tranquille* (2007), *Fin de cycle* (2012), *Exercices politiques* (2013), *Le Multiculturalisme comme religion politique* (2016), *Le Nouveau Régime* (2017), *L'Empire du politiquement correct* (2019), et il est aussi chroniqueur au *Journal de Montréal* et au *Figaro*.

MICHEL DE JAEGHERE est directeur du *Figaro Hors-série* et du *Figaro Histoire*. Il a publié *Le Menteur magnifique. Châteaubriand en Grèce* (2006), *Les Derniers Jours. La fin de l'Empire romain d'Occident* (2014), *La Compagnie des ombres. À quoi sert l'histoire ?* (2016) et *Un automne romain. Journal sans moi* (2018).

CHANTAL DELSOL est professeur émérite des universités en philosophie politique, auteur d'ouvrages de philosophie, d'essais et de romans traduits en une vingtaine de langues, chroniqueur au *Figaro*, membre de l'Institut (Académie des sciences morales et politiques).

Journaliste aux pages « Débats et opinions » du *Figaro*, ALEXANDRE DEVECCHIO est en charge du *FigaroVox* et des pages « Esprits libres » du *Figaro Magazine*. Il est également l'auteur de deux essais : *Les Nouveaux Enfants du siècle* (2016) et *Recomposition, le nouveau monde populiste* (2019).

FRANÇOIS HUGUENIN, essayiste et historien des idées, est notamment l'auteur de *L'Action française. Une histoire intellectuelle* (2011), *Histoire intellectuelle des droites. Le conservatisme impossible* (2013) et *Le Pari chrétien. Une autre vision du monde* (Tallandier, 2018). Il enseigne l'histoire des idées politiques à l'Ircom de Lyon et collabore régulièrement à l'hebdomadaire *La Vie*.

CHARLES JAIGU est normalien et agrégé de philosophie. Chroniqueur au *Figaro* et grand reporter au *Figaro Magazine*, il est l'auteur de *Sarkozy, du Fouquet's à Gaza* (2009). Il a contribué aux ouvrages suivants : *Les Grands Duels qui ont fait la France* (2014), *Le Deuil du pouvoir* (2017), *Dans la bibliothèque de nos présidents* (2020).

LUCIEN JAUME, philosophe et historien des idées politiques au Cevipof, directeur de recherche émérite au CNRS, enseigne à Sciences Po et a publié une douzaine de livres sur la Révolution française, le libéralisme, la pensée de Hobbes. Notamment : *Tocqueville, les sources aristocratiques de la liberté* (2008, prix Guizot de l'Académie française), *Le Religieux et le politique dans la Révolution française* (2015). Il prépare une histoire de la citoyenneté et un ouvrage sur les sources de la laïcité.

Ancien élève de l'École normale supérieure, agrégé de philosophie, GASPARD KŒNIG est président du think-tank GenerationLibre qu'il a fondé en 2013. Romancier, essayiste, il est aussi reporter. Il a notamment publié *Les Aventuriers de la liberté* (2016), *Voyages d'un philosophe aux pays des libertés* (2018) et *La Fin de l'individu (Voyage d'un philosophe au pays de l'intelligence artificielle)* (2020). Depuis cinq ans, ce fervent libéral parcourt le monde pour confronter ses idées à la réalité.

BÉRÉNICE LEVET, docteur en philosophie qui a consacré sa thèse à Hannah Arendt, essayiste, est l'auteur du *Musée imaginaire d'Hannah Arendt* (2011), de *La Pensée des images. Entretiens sur l'art et le christianisme* (avec

François Boespflug, 2011), *La Théorie du genre ou le Monde rêvé des anges* (2014), *Le Crépuscule des idoles progressistes* (2017) et *Libérons-nous du féminisme ! Nation française, galante et libertine, ne te renie pas !* (2018).

GUILLAUME PERRAULT, ancien élève de khâgne au lycée Henri-IV, diplômé de Sciences Po, est rédacteur en chef de *FigaroVox* et des pages « Débats » du *Figaro*. Maître de conférences à Sciences Po sur les institutions politiques et l'histoire politique française, il est l'auteur de quatre ouvrages, dont *Conservateurs, soyez fiers !* (2017).

PHILIPPE RAYNAUD est ancien élève de l'ENS Saint-Cloud, agrégé de philosophie et de science politique. Professeur de science politique à Paris-II, il est membre du comité de rédaction de la revue *Commentaire*. Il a développé une œuvre d'historien des idées politiques et de politologue, parmi laquelle on peut notamment retenir *Trois Révolutions de la liberté* (2009), *La Politesse des Lumières. Les lois, les mœurs, les manières* (2013) et *La Laïcité. Histoire d'une singularité française* (2019).

JACQUES DE SAINT VICTOR, historien du droit, est professeur des universités (Sorbonne-Paris-Nord et Sciences Po Paris, où il enseigne l'histoire des idées politiques et l'histoire du pouvoir). Parmi ses derniers ouvrages, *Histoire de la République, des origines à nos jours* (avec Thomas Branthôme, 2018), *Blasphème. Brève histoire d'un crime imaginaire* (2016, prix du livre d'histoire du Sénat), *Un pouvoir invisible. Les mafias et la société démocratique* (2012, prix de l'essai de l'Académie française). Il est aussi l'auteur de plusieurs romans, dont, récemment, *Via Appia* (2016) et

Casa Bianca (2019). Il est chroniqueur au *Figaro littéraire* et à la *Revue des Deux Mondes*.

JEAN-MARIE SALAMITO est professeur d'histoire du christianisme antique à Sorbonne-Université, dont il dirige l'école doctorale « Mondes antiques et médiévaux ». Il a codirigé les *Premiers Écrits chrétiens* de la « Bibliothèque de la Pléiade » (2016). Son prochain ouvrage sera un recueil commenté de textes politiques de saint Augustin.

PAUL-FRANÇOIS SCHIRA, haut fonctionnaire diplômé de l'ÉNA, enseignant à Sciences Po ainsi qu'à la Sorbonne, est essayiste. À vingt-huit ans, il a publié un essai prônant l'enracinement de nos communautés politiques pour faire échec à l'individualisme et aux idéologies totalitaires qui menacent de le remplacer (*La Demeure des hommes*, Tallandier, 2019).

FRANÇOIS SUREAU, avocat au Conseil d'État et à la Cour de cassation, a obtenu le grand prix du roman de l'Académie française pour *L'Infortune* et a publié deux ouvrages de défense des libertés publiques, *Pour la liberté* (Tallandier, 2017) et *Sans la liberté* (2019). Son dernier ouvrage est *L'Or du temps* (2020).

Haut fonctionnaire, chargé de cours à l'université de Paris-Est-Créteil, essayiste, MAXIME TANDONNET est l'auteur de nombreux ouvrages historiques dont *1940, un autre 11 novembre* (Tallandier, 2009), qui relate la manifestation des lycéens et étudiants parisiens sous l'Arc de Triomphe contre l'occupation allemande et la collaboration.

ÉLOGE DE LA POLITIQUE

VINCENT TRÉMOLET DE VILLERS est directeur adjoint de la rédaction du *Figaro*, notamment en charge des pages « Débats et opinions » et du *FigaroVox*, qu'il a fondé en 2014 avec Alexandre Devecchio. Il a lancé, en 2015, les « Grandes Rencontres du *Figaro* », qui se déroulent, chaque mois, salle Gaveau. Il participe depuis trois ans à l'émission *28 minutes* sur Arte comme co-interviewer aux côtés d'Élisabeth Quin.

Table

Réalisation : Nord Compo à Villeneuve-d'Ascq
Dépôt légal : octobre 2020
ISBN : 979-10-210-4354-1
N° d'édition : 4510
Impression en Italie